두 번 다시, 경험하고 싶지 않은 나라

두 번 다시, 경험하고 싶지 않은 나라

기대할 것 없는 정권, 기댈 곳 없는 국민

김종혁 지음

백년
동안

차례

III. 귀족진보의 역사 왜곡

IV. 보수, 너는 누구냐

프롤로그

'빅 브라더' 유령들이 출몰하는 세상

세상이 지옥으로 변해가는 이유는 그것을 천국으로 만들려는 욕심 때문이라는 말이 있다. 공허한 이상주의에 대한 준엄한 경고일 것이다.

그 경고를 입증하듯 모두가 평등한 세상을 꿈꿨던 공산주의도 모두가 굶주림 앞에서만 평등한, 저주받은 사회를 만들어내고야 말았다.

그리스 신화에 나오는 '프로크루스테스의 침대'처럼 사람의 몸(욕망)에 맞춰 침대(경제)를 만드는 게 아니라 침대의 크기에 맞춰 팔다리를 잘라내거나 늘리려던 이데올로기의 실패는 당연한 것이었다.

인류가 환상에서 깨어나 현실을 바라보기까지는 무려 74년이 걸렸다. 1917년 10월 공산주의 혁명으로 탄생했던 소련이 1991년 12월 역사의 무대로 사라져버릴 때까지의 기간이다.

현실의 공산주의는 몰락했지만 이상주의는 살아남았다. 공산주의에 대한 떨치지 못한 미련도 여전하다. 꿈과 희망으로 살아가는 인간에게 이상理想은 반드시 필요할 것이다. 문제는 권력을 잡은 자들이 현실과는 동떨어진 철지난 이상을 앞세워 세상을 점점 더 지옥으로 만들어 간다는 사실이다.

이제 임기가 1년 남짓 남은 문재인 정부를 생각하면 참으로 안타까운 생각이 든다.

2017년 5월 9일 문재인 정부가 탄생했을 때 국민들의 기대는 컸다. 문재인 후보는 대선에서 불과 41.08%를 얻었다. 경쟁자였던 홍준표(24.03%), 안철수(21.41%), 유승민(6.76%) 후보의 득표를 합치면 그보다 많았다. 촛불시위와 대통령 탄핵이라는 초유의 사태를 거친 뒤 바로 치러진 선거였음을 고려한다면 문재인의 득표수는 결코 많다고 할 수 없다.

하지만 당선 한 달 뒤 치러진 여론조사에서 국민들은 문 대통령에게 80%가 넘는 압도적인 지지를 보내줬다. 대선에서 그를 찍지 않았던 국민들도 "이제는 정말 나라다운 나라를 만들어 달라"는 간절한 염원으로 새 정부를 응원했다.

문재인의 취임사는 달콤했다.

그는 "오늘부터 저는 국민 모두의 대통령이 되겠습니다. 저를 지지하지 않는 국민 한 분 한 분도 저의 국민이고 우리의 국민으로 섬기겠습니다"라고 다짐했다. "분열과 갈등의 정치를 바꾸겠다"면서 야당을 국정의 동반자로 여기고, 정례적으로 만나 대화하겠다고 약속했다. 그리하여 "문재인 정부에서 기회는 평등하고, 과정은 공정하고, 결과는 정의로울 것"이라고 선언했다.

국민들은 환호했다. 새로운 세상이 눈앞에 펼쳐지는 것만 같았다.

그로부터 4년 가까운 시간이 흘렀다. 많은 사람들이 지적하듯 문재인 대통령의 약속 중 지켜진 것은 딱 하나다. 국민들은 그야말로 '한 번도 경험해보지 못한 나라'를 고통스럽게 견뎌내고 있다.

문재인은 어떤 대통령으로 기억될까

문재인 정부를 특징짓는 세 가지가 있다. 무능, 위선 그리고 종북從北이다. 아, 한 가지가 더 있다. 뻔뻔스러움이다.

무엇보다 1987년 민주화 이후 집권한 7명의 대통령들 가운데 집권 4년차에 접어들 때까지 문재인처럼 업적이 없는 대통령은 아무도 없었다. 순서대로 살펴보자.

'물태우'라는 조롱을 받았던 노태우는 북방외교를 통해 중국, 소련과의 수교를 성공시켰다. 분당과 일산에 신도시를 조성했다. 인천 영종도 공항과 고속철도KTX가 건설된 것도 노태우 때다.

김영삼은 군부 내 사조직인 '하나회'를 척결해 더 이상 쿠데타가 두렵지 않은 세상을 만들었다. 금융실명제, 공직자 재산공개도 단행했다.

김대중은 한국경제가 국제통화기금IMF 관리체제에서 벗어나는 데 역할을 했고, 대한민국이 정보통신IT 강국이 될 수 있는 토대를 닦았다. 그는 또 일본과의 관계를 개선해 '고노 담화'를 이끌어 냈고 한일 문화 개방시대를 열어 한류韓流가 탄생할 수 있는 계기를 만들었다.

노무현은 권위주의적 정치문화를 스스로 탈피하려는 모범을 보였다. 지지층의 반대에도 불구하고 한미자유무역협정FTA을 체결하고, 국익을 앞세워 이라크에 파병하고, 제주도 강정마을에 해군기지를 건설했다.

이명박은 2008년 전 세계를 강타한 미국발 금융위기를 효율적으로 극복했다. 부동산 시장도 안정적으로 관리했다. 탄핵을 당한 박근혜 전 대통령도 골칫거리였던 공무원 연금개혁을 단행했다.

문재인 정부는 어떤 실적이 있을까. 코로나19 방역성공? 그걸 내세우는 게 왜 터무니 없는지는 다음 장에서 자세히 설명하려 한다. 그렇다면 다른 무엇이 있나. 아무리 애써 봐도 구체적으로 떠오르는 게 없다.

문재인 정부는 국민들의 삶을 향상시키려고 노력하는 대신 '검찰개혁'이라는 다분히 정략적인 목표에만 매달려 국민을 분열시키고 상호 적대감만을 증폭시키며 허송세월을 했다. 온 나라를 싸움판으로 만들어 놓은 것이다.

추락하는 수출과 식어버린 성장동력, 사라진 일자리, 심화되는 양극화, 재앙에 가까운 부동산 정책, 후반기 경제대책이라고 발표한 '그린경제'의 엉성함 등을 종합해 보면 남은 집권기간 동안 문재인 대통령이 뭔가를 이룩해낼 가능성은 거의 없어 보인다. 나라와 국민 모두에게 참으로 불행한 일이다.

단순히 능력 부족만의 문제라면 어떻게든 참아 보겠다. 하지만 위선은 어찌해야 하는가. 문재인 정부에서 한자리를 차지하는 사람들을 상징하는 표지標識가 돼버린 위선 말이다.

전 법무장관 조국이 쏟아냈던 황홀할 만큼 아름다운 말들과 그가 실제로 살아온 삶의 터무니없는 괴리가 보여주듯 문재인 정부에선 입으론 온갖 고상한 말을 내뱉으면서 현실에선 정반대의 삶을 사는 인사들이 수두룩하다. 아마도 '내로남불(내가 하면 로맨스, 남이 하면 불륜)'이라는 신조어는 앞으로도 오랫동안 문재인 정부를 떠오르게 만드는 단어가 될 것이다.

더 어이가 없는 건 위선을 부끄러워하거나 민망해하는 게 아니라 온갖 사특한 주장을 동원해 남들을 윽박지른다는 사실이다. 자기들만 똑똑하고 국민들은 바보로 여기는 게 분명하다. 사람들을 어리둥절하게 만드는 그 당당하고 뻔뻔스러운 태도에 분노가 치밀어 오른다.

문재인 정부는 줄기차게 '남북평화'를 언급한다.

하지만 그 단어는 '남북평화'라고 쓰고 '종북'이라고 읽어야 마땅할 것이다. 비무장 상태의 대한민국 국민이 바다 위에서 북한군이 쏜 총탄에 무참히 살해당해도 문재인 정부는 김정은이 보낸 친서 하나에 감읍해 한다. 심지어 김정은을 계몽군주라고 부르는 어용지식인과 제 나라 국민이 살해당한 사건을 남북관계 개선에 이용하자고 분위기를 몰아가는 전직 장관까지 등장했다.

도대체 이들이 말하는 통일은 누구를 위한 것이며 한반도 평화 프로세스의 실체는 과연 뭘까. 문재인 정부 인사들에게 묻고 싶다. 평화이고 통일이기만 하다면 '김정은 장군님' 아래서 살아도 좋다고 생각하는가.

객관적인 지표를 살펴보면 문재인 정부의 무능과 위선과 종북은 캄캄한 밤중에 훨훨 타오르는 모닥불처럼 뚜렷하고 분명하다. 그럼에도 불구하고 이들이 안하무인격으로 행동하는 이유가 있다. '대깨문(대가리가 깨져도 문재인)'이라는 강력한 지지집단이 있기 때문이다.

문재인 정부의 주축을 이루고 있는 건 '586 운동권'(50대의 나이에 80년대에 대학을 다닌 60년대생)이다. 이들은 과거 군사정권과 싸우며 어떻게 하면 대중을 컨트롤할 수 있는지 체득했다. 나치 이론가 칼 슈미트의 말처럼 적과 동지를 가른 뒤 상대방에 대한 불타는 적개심을 불어넣으면 된다는 사실을 잘 알고 있는 것이다.

정치적 라이벌을 악마로 만드는 방법은 비교적 쉽다. '민족주의'를 강조하면서 '국뽕(국가+히로뽕)'을 동원하면 된다. 일제 식민지지배에 분개하는 대한민국 국민들은 '친일'이라는 단어를 들으면 즉각적으로 반감을 갖게 마련이기 때문이다.

역사적으로 민족주의는 독재자들에 의해 국가동원 이데올로기로 악용돼왔다. 선진국들이 민족주의를 억제하고 국제적 협력과 인권 같은 인류의 보편적 가치를 강조하는 것은 그 때문이다. 하지만 문재인 정부는 정반대의 길을 가고 있다.

정의독재의 세상이 왔다

이제 대한민국은 이상한 나라가 됐다. 대통령 문재인의 생일축하 광고가 지하철역에 공공연히 나붙고, 일반인들 눈에는 보이지 않는 투명완장을 찬 '대깨문'들이 대통령에게 불경不敬했다는 이유로 여야 정치인, 종교인, 법조인, 언론인, 소설가, 만화가, 소상공인, 군인, 관료, 연예인, 학생 등 대상을 가리지 않고 무자비하게 댓글 공격을 퍼붓는 세상이 왔다.

조지 오웰이 『1984』에서 묘사한 국민 모두를 감시하는 전체주의 국가의 '빅 브라더 유령'들이 21세기 대한민국에서 출몰하고 있는 것이다.

나는 전두환 대통령이 취임한 1981년 대학에 입학했다. 요즘 세대는 믿기 어렵겠지만 당시 캠퍼스에는 곳곳에 사복 경찰들이 죽치고 앉아 혹시라도 학생들이 반정부 시위를 벌이지 않는지 감시했었다. 공영방송 KBS는 밤마다 저녁 9시 '땡'하는 소리와 함께 "전두환 대통령은 오늘~" 하면서 '땡전뉴스'를 읊어댔다. 그런 '용비어천가'로 국민을 우민화하는 꼴을 참고 견디기 어려워 나도 운동권 서클에 들어갔고 어느 봄날 새벽에 경찰서로 연행돼 실컷 두들겨 맞고 강제징집을 당해 최전방으로 끌려갔었다.

그로부터 40년 가까운 세월이 흘렀다. 그동안 나는 대한민국이 민주화되고 경제적, 문화적으로 발전해가는 모습을 자랑스럽게 지켜보며 살아왔다. 만족할 만한 수준은 아니지만 우리는 분명 더 나은 미래를 향해 뚜벅뚜벅 걸어가고 있었다. 대학시절 내가 했던 그 손톱만한 희생도 보람 있었고, 가슴 뿌듯했다.

하지만 요즘 나는 새롭게 등장한 이상한 세상을 두려운 마음으로 지켜보고 있다.

'군사독재'와는 사뭇 다른 '정의독재正義獨裁'의 세상이 왔다. 군사독재가 물리적 독재라면 이 새로운 독재는 이념과 정신의 독재다. 자신들의 세계관과 역사관만이 정의롭다고 주장하면서 거기에 동의하지 않으면 모조리 '역사와 진실의 적'으로 몰아가는 독재다.

과거 군사독재는 반대편을 총칼로 탄압하고 감옥으로 보냄으로써 그들을 더욱 강력한 투사와 순교자로 만들어 내는 어리석음을 저질렀다. '정의독재'는 다르다. 자신들과 코드를 맞추지 않는 사람들에게 '적폐' '골통보수' '토착왜구'와 같은 경멸의 딱지를 붙인 뒤 인터넷 인민재판을 통해 사회적으로 매장시키는 과정을 반복하고 있다. 그러면서 입으로는 정의와 개혁을 외친다. 군사독재보다 훨씬 교활하고 더 잔인하다.

1987년 6월 민주화 운동 당시 대학생이던 나는 광화문과 시청 앞에서 진압경찰에 맞서 시위를 벌이다 그해 10월 신문사에 들어갔다. 경찰과 시위대 양쪽을 오가며 취재할 수 있게 된 것이다.

학생 때는 독재정권의 하수인이라며 경찰을 꽤나 미워했다. 그들을 향해 돌과 화염병도 던졌다. 하지만 진압 경찰들의 모습을 가까이서 지켜볼 수 있게 됐을 때 드는 느낌은 측은함이었다. 내가 시위대 속에 있을 때는 경찰이 쏘는 직격 최루탄이 두려웠다. 하지만 경찰 쪽에 서보니 시위대로부터 날아오는 돌과 화염병 역시 겁나긴 마찬가지였다. 여기저기 멍들고 화상을 입은 채 도로에 널브러져 있는 경찰들의 모습을 보며 "경찰이나 시위대나 참으로 불행한 시대를 살아가고 있구나" 하는 탄식이 절로 나왔다.

존재가 의식을 규정한다고 했던가. 불과 몇 달 전, 불과 몇백 미터도 안 되는 물리적 시간과 거리의 차이였지만 어느 곳에 서 있느냐에 따라 세상은 전혀 다르게 보였다. 그 후 30년 넘게 기자 생활을 하면서 세상을 선과 악으로 양분하는 건 지극히 단순하면서도 위험한 사고방식이라는 걸 절감하며 살아왔다.

나는 아버지 세대에게는 미안하고 아들 세대에게는 부끄럽다. 우리 때는 대학을 다니면서 수업을 빼먹고 줄기차게 시위만 했어도 졸업을 할 때는 일자리가 차고 넘쳤다. 지금 우리 젊은이들은 정규직은 고사하고 아르바이트 자리조차도 얻지 못해 길거리를 헤맨다. 이것이 나를 포함해 그 잘났다는 586이 만들어 놓은 세상이다. 그래서 뒷세대의 다음과 같은 질타가 가슴을 때린다.

> 우리는 지금 대한민국에서 가장 크고, 가장 강력한 세대라 할 수 있는 386세대를 바라본다. 가난과 전쟁 탓에 못 먹고, 못 입고, 못 배운 부모 세대 등에 올라타 독재자(박정희)가 허용한 효율과 성장의 과실을 맛보며 10대를 보내고, 두 번째 독재자(전두환)가 교육의 평등을 설파하며 내건 교육개혁조치의 수혜로 20대를 열었던 386세대. 이어 반半 독재자(노태우)가 내민 200만 호 아파트 건설과 청약통장 덕에 일찌감치 내 집 마련의 기회를 얻어 중산층에 진입했으며, IMF 외환위기의 파고조차 비껴간 운 좋은 세대. 시대가 선사한 거듭된 운을 실력이라 믿으며 불운한 뒷세대에게 '우리는 안 그랬다'며 '노오력'을 강조하는 사람들 말이다.(김정훈, 심나리, 김항기, 『386 세대유감』, 웅진지식하우스, 2019 – 여기서 386은 현재의 586세대를 의미하며 괄호는 이해를 돕기 위해 추가한 것임.)

영국의 정치가 액튼 경은 "절대 권력은 절대적으로 부패한다"는 명언을 남겼다. 하지만 부패하는 것이 권력만은 아닐 것이다. 가치관과 인간관계, 이데올로기, 심지어는 사랑조차도 그것을 절대화하는 순간 부패하고 타락하기 시작한다. 그것이 세상의 이치다.

빈사상태에 빠진 보수

문재인 정부와 '586 운동권'도 처음에는 선의善意로부터 출발했을 것이다. 그 사실을 믿어 의심치 않는다. 하지만 스스로의 정의正義를 절대화하면서 그들은 시나브로 괴물로 변해 버렸다.

"괴물과 싸우는 사람은 그 싸움 속에서 스스로 괴물이 되지 않도록 조심해야 한다. 우리가 심연深淵을 오랫동안 들여다본다면, 그 심연 또한 우리를 들여다보게 될 것이다"라던 프리드리히 니체의 경고처럼 말이다.

그들은 자신들이 옳다는 환상에 사로잡혀 브레이크 없는 자동차의 가속페달을 마구 밟고 있다. 낡고 고루한 성리학의 이념체계에 빠져 조선이 최고라는 '정신승리'를 구가하다 나라를 망친 노론老論들처럼 자신들의 편협한 정의관이 대한민국과 민주주의를 얼마나 망가뜨리고 있는지 알지 못한다. 더 나은 세상을 만들어보겠다는 선한 의도와 노력이 독선과 결합하면 그 정반대의 결과를 불러온다는 사실은 슬픈 아이러니다.

인간은 불완전하다. 그 집합체인 국가와 사회도 모순으로 가득하다. 하지만 실망할 필요는 없다. 인류는 수많은 시행착오를 겪으면서도 더 많은 자유, 더 큰 복지, 보다 현실적인 평등을 향해 끊임없이 전진해왔기 때문이다.

인간의 불완전성과 사회의 모순을 혁명으로 한꺼번에 해결할 수 있다고 믿는 대신 개혁을 통해 꾸준히 고쳐나가려고 애쓰는 것, 그것이 보수의 정신일 것이다. 국민들의 배를 채워주고 과거보다 더 나은 오늘을 만들어낸 것은 언제나 허황된 이상주의가 아니라 겸손한 현실주의였다.

요즘 대한민국에서는 '보수=악惡', '진보=선善'이라는 가당치도 않은 등식이 진실인양 통용되고 있다. 공산주의가 붕괴한 뒤 방황하던 '진보좌파'가 슬그머니 '좌파'라는 단어를 떼어버리더니 '진보개혁'이란 이름으로 스스로를 포장해 국민들을 현혹하고 있기 때문이다.

문제는 이 같은 거짓 선전전宣傳戰에 맞서 싸워야 할 보수우파가 가치와 이념의 빈사상태에서 허우적대고 있다는 점이다.

해방 이후 북한 김일성 공산주의와 목숨 걸고 싸워 지켜낸 자유민주주의공화국에 대한 긍지는 사라졌다. 세계를 깜짝 놀라게 했던 경제기적에 대한 자부심마저 시들해졌다. 대한민국의 미래에 대한 보수의 비전이 무엇인지도 불투명하다. 한마디로 보수는 길을 잃었다.

조국 전 법무장관의 위선을 폭로한 이른바 '조국흑서'의 공동저자 5명이 모두 진보진영 인사라는 사실은 보수진영의 담론 형성 능력의 한계를 여실히 보여주는 것이다. 그런 책이라면 당연히 보수 지식인들이 썼어야 했다. 어쩌면 보수는 이제 진보의 허울을 벗겨낼 기력마저도 바닥나버린 것은 아닌지 모르겠다.

사이비교주가 된 위선자들

나는 '586운동권'을 중심으로 한 문재인 정부의 핵심세력을 '귀족진보'라고 생각한다. 그들은 입으로만 진보일 뿐 사실은 진보를 참칭하면서 귀족이 누리는 권력과 기득권을 꿈꾸는 자들일 뿐이다. 사회적 약자, 정의, 평등, 공정 등의 구호는 스스로 저지르는 위선에 대한 부끄러움을 덮어버리고 국민들을 현혹하기 위한 주문呪文에 불과하다.

그들이 대한민국을 점점 더 분열되고, 정의롭지 못하고, 불공정한 세상으로 만들어 가고 있다는 절박한 위기감에 이 책을 쓴다. 하지만 '조국흑서'의 저자들처럼 진보 내부의 관점에서가 아니라 보수의 시각에서 귀족진보가 왜 문제인지를 비판하려는 것이다.

그들의 무능·위선·종북이 대한민국을 어디로 끌고가는지, 국민을 통합 대신 분열로 몰고가는 이유가 무엇인지, '대깨문'이라는 21세기 홍위병들을 동원해 사람들의 입을 틀어막고 중국에는 절절 매면서 반일감정만 극대화하는 게 왜 역사에 죄를 짓는 일인지를 밝히려고 한다.

동시에 끊임없는 '피해자 코스프레(흉내)'로 남들을 단죄하면서 더 많은 권력과 더 큰 보상을 요구하는 귀족진보들에게 평론가 진중권의 표현을 빌리자면 "당신들의 그 빌어먹을 업적, 사회가 넘치도록 보상해 드렸으니 더 이상 요구하지 말라"고 말하고 싶다.

이 책을 젊은 세대가 읽어주기 바란다. 대한민국의 젊은이들이 귀족진보가 걸어놓은 '사이비 민족주의'와 '가짜 애국주의', 그리고 '평화 통일을 앞세운 종북'의 주술呪術에서 깨어나기를 간절히 바라기 때문이다. 그래야 우리 젊은이들은 다른 나라 젊은이들과 어깨를 나란히 견주며 세계사의 보편적 흐름에 발맞춰 걸어갈 수 있다. 21세기 대한민국은 나라의 문을 걸어 잠근 채 몰락을 향해 치달아 갔던 19세기 조선의 전철을 밟으면 안 된다.

보수우파는 진보좌파와의 논쟁을 회피하다 결국 담론 시장의 주류主流에서 밀려나고 말았다. 보수지식인들은 사석에서는 귀족진보의 문제점을 조목조목 지적하다가도 정작 자신의 이름을 걸고 비판에 나서기는 꺼린다.

앞으로 더 많은 양심적인 보수 지식인들과 논객들이 용기를 내고, 적극적으로 담론의 현장에 뛰어들어 귀족진보의 문제점을 지적해주기 바란다.

인간 세상에서 위선이 완전히 사라질 수는 없을 것이다. 하지만 위선이 드러난 자들이 오히려 위선을 지적하는 사람들에게 버럭 성을 내고 그런 위선자들을 사이비교주처럼 떠받드는 어리석음이 횡행하는 세상이 다음 세대까지는 이어지지 않기를 간절히 소망한다.

진심으로 이런 나라, 두 번 다시 경험하고 싶지 않다.

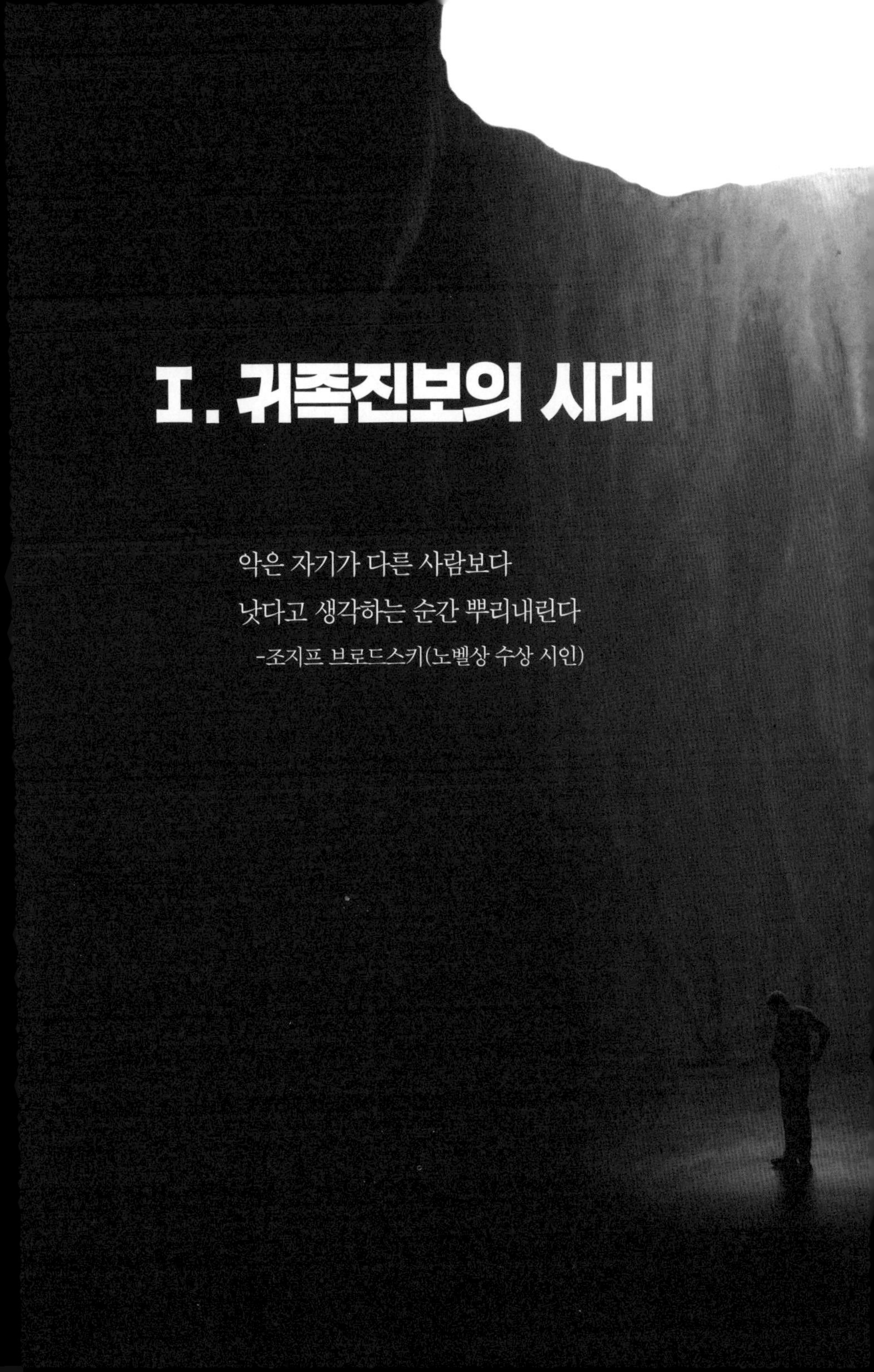

Ⅰ. 귀족진보의 시대

악은 자기가 다른 사람보다
낫다고 생각하는 순간 뿌리내린다
-조지프 브로드스키(노벨상 수상 시인)

귀족진보 그들은 누구인가

긴 이야기를 시작하기에 앞서 분명히 해두고 싶은 게 있다. 오해를 피하기 위해서다.

나는 보수의 입장에서 귀족진보를 비판하려고 하지만 진보 그 자체를 공격하려는 게 아니다.

인간은 어느 누구도 100% 완벽한 보수이거나 진보일 수 없다. 변화를 수용하는 태도를 기준으로 나눠지는 보수와 진보는 하나의 경향일 뿐이기 때문이다. 아무리 보수적인 사람도 몇몇 사안에 대해서는 진보적인 입장을 취한다. 그 반대도 마찬가지다. 보수와 진보는 서로 갈등하면서 영원히 함께 갈 수밖에 없는 관계인 것이다.

내가 비판하려는 건 2017년 박근혜 대통령 탄핵을 통해 권력의 자리에 오른 '586운동권'을 주축으로 한 귀족진보다. 그들이 당당하고 태연하게 저지르는 위선이 한평생 법과 질서를 지키며 살아온 수많은 사람들로 하여금 스스로의 삶이 잘못된 것이 아니냐는 번민과 회의에 빠지도록 만들고 있기 때문이다.

귀족진보는 말로는 특권철폐를 외치지만 자신들이 특별대우를 받는 건 당연하게 받아들인다. 모든 국민은 평등해야 한다고 주장하면서도 제 자식들은 개천의 가재, 붕어, 개구리가 아닌 용龍이 되도록 만들기 위해 수단과 방법을 가리지 않는다.

사람들은 대부분 자기 말에 책임을 지고 살아가려고 애쓴다. 귀족진보는 그렇지 않다. 남들에게는 하지 말라고 비난하며 위법과 위선을 버젓이 자행한다. 그러면서도 떳떳한 건 마음속 깊은 곳에 자신들은 특별하다는 인식이 뿌리박혀 있기 때문일 것이다.

귀족진보는 궤변론자들이다.

검찰 압수수색을 앞두고 한밤중에 컴퓨터를 바꿔치는 건 증거인멸이 아니라 증거보존이고, 극악한 독재자인 김정은은 계몽군주로 둔갑한다. 국회에서 27번이나 "보좌관과 접촉한 사실이 없다"고 거짓말을 해놓고 보좌관에게 전화번호를 전달한 증거가 나오자 "그게 지시는 아니다"라고 강변한다. 나중에는 그마저 기억이 안 난다고 한다.

귀족진보는 언어의 보편성을 파괴하는 자들이다.

우리 편이냐 아니냐에 따라 사용하는 용어 자체가 달라진다. 누구는 '성폭력 피해자'가 되고 누구는 '피해 호소인'으로 전락한다. 우리 편의 무자비한 댓글은 '양념'일 뿐이고 상대편의 댓글은 '참을 수 없는 명예훼손'이다.

대한민국은 의사소통이 안 돼 무너져 내렸다는 성경 속의 바벨탑처럼 되어가고 있다. 옳고 그름에 대한 귀족진보와 그 추종자들의 정의定義가 일반의 통념과는 너무나 다르기 때문이다. 그들은 조지 오웰의 소설 『동물농장』에 나오는 지배계급 돼지들처럼 "모든 동물은 평등하다. 하지만 어떤 동물은 '더' 평등하다"라고 믿는 게 분명하다.

귀족진보는 인간의 착하고 선량한 심성을 교묘히 악용하는 자들이다.

위안부 할머니들이 말년에라도 편안히 사시라며 저금통을 털어 윤미향의 정의기억연대에 기부했던 따뜻한 마음, '장자연 사건'에 숨겨진 진실이 있다는 말을 믿고 그것을 증언하겠다는 윤지오에게 후원금을 보냈던 정의로운 마음, 미국산 쇠고기를 먹으면 정말로 광우병에 걸리는 줄 알고 그걸 막기 위해 길거리로 쏟아져 나왔던 절박한 마음, 검찰과 언론이 보다 공정해지기를 바라는 마음, 세월호로 희생된 학생들에 대한 안타까운 마음, 평화와 통일을 바라는 마음, 대한민국이 더 좋은 나라가 되기를 바라는 마음.

귀족진보는 그런 수많은 선한 마음들을 정치적 동원의 대상으로 삼아 권력을 잡는 수단으로 악용했다. 위선과 궤변을 일삼고, 정의를 앞세워 사람들의 선의를 악용하고, 자신들에 대한 특권은 당연시하는 그들은 결코 진보가 아니다. 그들은 퇴보다.

완장 찬 기회주의자여

늦었지만 진보진영 내부에서 귀족진보에 대한 비판이 나오기 시작한 건 그나마 다행스러운 일이다.

『강남좌파 1·2』의 저자인 전북대 교수 강준만, 『나는 빠리의 택시운전사』를 쓴 진보지식인 홍세화, 『한 번도 경험해보지 못한 나라』의 공저자들인 진중권·서민·김경률·권경애·강양구, 진보진영의 원로학자인 최장집과 한상진 교수, 민주당 전 국회의원 금태섭 등 수많은 사람들이 하나 둘씩 귀족진보의 위선과 반反민주성을 비판하는 대열에 서고 있다.

대표적인 민중가수 안치환은 2020년 7월 「아이러니」라는 제목의 노래를 만들었다.

일 푼의 깜냥도 아닌 것이
눈 어둔 권력에 알랑대니
콩고물의 완장을 차셨네
진보의 힘 자신을 키웠다네
아이러니 다 이러니 다를 게 없잖니
꺼져라! 기회주의자여

그를 분개하게 만든 완장 찬 진보 기회주의자가 누군지는 각자의 해석에 맡긴다.

이렇듯 진보진영 내부에서도 분노의 목소리가 터져 나오지만 아직도 많은 사람들은 귀족진보에 대한 환상에서 벗어나지 못하고 있다.

그럴만한 이유가 있다. 20대는 귀족진보의 실제 모습을 잘 모르고(적어도 조국 사태 전까지는 그랬을 것이다), 30대는 청소년 시절 '미선이 효순이' 시위와 광우병 촛불시위 등을 경험하며 보수에 대한 반감을 키워왔고, 40~50대는 1980~90년대 민주화 운동 시절의 정서에 영향을 받은 세대이기 때문이다.

게다가 박근혜 탄핵 사태를 거치면서 대한민국에서는 '진보'라는 단어에 환호하는 것이 유행이 돼버렸다. 박근혜와 최순실과 정유라를 비판했으니 문재인과 조국과 윤미향은 정의로울 것이라고 믿는다. 아니, 단순한 믿음을 넘어 "그분들은 (진실과는 상관없이) 정의롭다고 믿어져야만 한다"는 '믿음 강제'의 차원으로까지 비약하고 있다.

하지만 진실은 언젠가는 드러나기 마련이다. 비록 지금은 적지 않은 국민들이 귀족진보를 멋있고 정의롭다고 믿고 있고, 눈에 '콩깍지'가 씌어 있지만 환상에서 벗어날 날이 반드시 올 것이다.

진보는 모두가 평등한 세상을 만들어야 한다고 주장한다. 우리는 법 앞에서 평등해야 한다. 하지만 모두가, 모든 면에서 평등한 세상은 그 어디에도 존재하지 않는다. 사실은 그래서도 안 된다.

인간에게는 각자의 고유한 욕망이 있다. 남들과 다른 자신만의 정체성을 추구하고, 경쟁에서 이기고 싶어 한다. 간혹 모든 욕망에서 초월한 종교인들이 있지만 특별하고 이례적인 분들일 뿐이다.

인간의 욕망과 이기심은 적절한 통제를 받아야 하지만 비난의 대상이 되면 안 된다. 오히려 남들보다 더 잘하고, 더 잘살고 싶다는 욕망과 이기심이 있기 때문에 사회가 발전한다.

『국부론』을 쓴 아담 스미스가 "우리가 오늘 저녁을 먹을 수 있는 것은 푸줏간 주인, 양조장 주인, 빵 굽는 사람들의 호의 때문이 아니라 그들이 자신의 이익을 위해서 일했기 때문이다"라고 지적했듯이 말이다.

인간의 본성과 욕망을 부인하며 "모두가 평등하다"고 외쳐대던 공산주의는 결국 붕괴했다. 문재인 정부가 내세운 "사람이 먼저다" 역시 알맹이 없는 달콤한 구호에 불과하긴 마찬가지다. 결국은 실체가 드러나고 말 것이다. 진보진영 내부에서 분열이 시작된 걸 보면 그럴 날이 멀지도 않은 것 같다.

귀족진보를 극복하기 위해서는 화려한 치장과 분장이 벗겨진 그들의 민낯을 봐야만 한다. 동양철학자 임건순의 표현대로 대한민국의 '정의자본'과 '윤리자본'을 모두 독점한 것처럼 행세하는 귀족진보가 실제로는 정의와 윤리로부터 얼마나 아득히 멀리 떨어져 있는지를 깨달아야 한다. 그들이 주장하는 민주주의가 결국은 전체주의로 귀결된다는 사실을 역사적 사례들을 통해 설명할 수 있어야 한다.

그래야 귀족진보를 향해 당당하게 "위선 좀 그만 떨라"고 질타할 수 있을 것이다. 그래야 주변 사람들에게도 "귀족진보에 대한 환상에서 벗어나시라"고 말할 수 있다. 지금부터 '귀족진보'의 실체와 그들이 주장하는 논리의 허구성을 파헤쳐 보자.

도대체 얼마나 더 보상을 원하나

오늘의 대한민국을 지탱하고 있는 세 기둥은 건국과 산업화와 민주화다. 셋 중 어느 하나 중요하지 않은 게 없다. 인민공화국이 아닌 자유민주공화국 대한민국이 세워졌기에 산업화가 가능했다. 산업화를 바탕으로 민주화도 이뤄졌다. 박정희 시대의 경제성장을 통해 형성된 중산층은 민주화의 허리가 됐다. 따라서 민주화가 박정희의 덕을 봤다는 역설적 논리도 전혀 엉터리는 아닐 것이다.

'운동권 586'이 민주화에 공헌한 건 사실이다. 그들은 감시받고, 체포되고, 고문당하고, 감옥에 가고, 군대에 끌려가면서 1980년대를 힘겹게 보냈다. 하지만 그런 고통과 고난의 세월이 길지는 않았다.

1987년 6월 29일 전두환의 신군부가 대통령 직선제 개헌을 수용하는 6·29선언을 발표했다. 국민적 저항 앞에 손을 든 것이다. 그 순간부터 운동권은 더 이상 피해자가 아니었다. 승리자로 대우받았고, 실제로 자신들도 그렇게 행동했다.

헌법이 개정되고 6공화국이 출범하자 학생운동권을 포함한 진보진영은 서서히 정치권에 발을 들여놓기 시작했고 그 같은 흐름은 김대중 정부가 들어서면서 본격화됐다.

2000년 치러진 제16대 총선에서 학생운동권 출신 18명이 국회에 진출했다. 30대의 나이에, 80년대에 대학을 다녔고, 60년대생인 이른바

'386정치인'들이 탄생한 것이다. 4년 뒤 제17대 총선에서 운동권 출신은 전체의원 270명 중 63명으로 대폭 늘어났다. 이들의 평균 나이는 39세였다. 그때부터 이들은 486, 586으로 변신해가며 수십 년 동안 정치권 주변을 위성처럼 맴돌았다.

2016년 144명이던 586 국회의원들은 2020년 4·15 총선을 거치면서 174명이라는 압도적 다수로 늘어났다. 하지만 단순히 숫자만의 문제가 아니다.

김대중과 노무현 대통령 당선으로 진보는 이미 10년간 권력을 잡아본 경험이 있다. 그 뒤 이명박과 박근혜의 보수정권이 9년을 집권했지만 2017년 5월 다시 문재인이 당선됨으로써 진보는 지금 세 번째 집권 중이다.

진보정권이 들어설 때마다 1980년대 학생운동권 출신들은 권력을 한껏 향유했다. 운동권 출신이라는 것 외에는 별다른 경력이 없어도 청와대에 입성하고, 장차관이 되고, 국회의원이 되고, 낙하산을 타고 공기업 임원이 됐다.

"대학생 시절 3~4년 했던 운동경력을 곰탕처럼 평생 우려먹고 산다"는 비아냥이 나올 만큼 수많은 특혜를 누리며 살았다.

1999년 12월 민주화 운동 보상법이 만들어졌다. 5·18을 비롯해 1980년대 민주화 운동 과정에서 숨지거나, 투옥됐거나, 기타 피해를 입은 사람들을 보상하기 위해서였다. 피해 당사자와 유족들에게 수천만 원에서부터 수십억 원까지 보상금이 지급된 것으로 알려졌지만 정확한 명단과 액수는 공개되지 않았다.

그런데 그것만으로는 부족했나 보다.

민주화 운동 보상법이 만들어지고 21년이 흐른 2020년 9월, 민주당 우원식·우상호·윤미향·정청래 의원 등 20명은 정기국회에서 또다시 '민주화유공자에 관한 법률'이란 걸 발의했다.

이 법안에 따르면 각 대학은 민주화 유공자 당사자나 가족 혹은 유가족을 일정 비율 내에서 입학시켜야 한다. 수업료는 국가가 부담한다. 수십 년 전 민주화 운동을 했던 사람이 지금 대학에 들어갈 리는 만무하니 결국 그 자녀들에게 특혜를 주라는 것이다.

국가기관, 지방자치단체, 군부대, 공기업은 물론 일정 규모 이상의 사기업도 의무적으로 해당자들에게 5~10%의 가산점을 줘야 한다. 공공의료기관, 위탁병원 등의 치료비도 국가가 대준다. 주택구입자금을 장기 저금리로 대출해주고, 자녀양육과 양로 요양도 지원한다.

이 법안이 논란이 되는 과정에서 새로운 사실들도 드러났다. 운동권 출신 자녀들에 대한 입시특례는 이미 오래전부터 제공되고 있었다는 게 확인된 것이다.

교육부가 국회에 제출한 자료에 따르면 2016~2020년까지 연세대 30명, 고려대 3명, 아주대 3명, 전남대 21명 등 총 98명이 민주화 운동 관련자로 특례입학을 했다. 연세대의 경우 입학이 하늘의 별따기인 의예과, 치의예과에도 각 1명씩 입학했다. 이화여대도 2013~2020년 사이에 '민주화 관련자' 21명이 특례로 입학했다.

공개된 게 이 정도니 실제 숫자는 훨씬 많을 것이다.

도대체 얼마나 대단한 민주화 운동을 했기에 자녀들까지 그런 특혜를 받는 걸까. 혹시 그 특례의 와중에 슬쩍 끼어들어간 권력자들의 자녀는 없을까. 당연히 그런 의문이 든다. 하지만 교육부와 각 대학은 특례 입학자들의 명단 공개를 거부하고 있다.

5·18 광주 민주화 운동이 벌어진 지 40년의 세월이 흘렀다. 1987년 민주화가 이뤄진 지도 벌써 33년이다. 그동안 운동권은 물질적, 정신적 보상을 받을 만큼 받았다. 경제적 보상뿐 아니라 명예도 챙겼고 권력도 거머쥐었다. 그런데 그것도 모자라 몇십 년이 지난 뒤 자식들한테까지 특권을 달라고 요구하고 있다. 전 세계 어느 나라에 이런 법이 있는가.

'한평생 보상받자'는 뜨거운 맹세

운동권은 이제 확실히 대한민국의 특권계급이 됐다. 왕조시대의 양반 신분처럼 그 특권을 세습까지 하려고 한다. 민주당이 2020년 정기국회에서 발의한 민주화유공자 법안은 그동안 국민들 몰래 받아오던 특권을 아예 법으로 제정해 대놓고 받겠다는 뜻이다. 국회에서 압도적 절대 다수의 의석을 차지하고 있으니 못할 게 없다.

평론가 진중권은 2020년 7월 자신의 페이스북에 다음과 같은 글을 올렸다.

(…) 학생운동이든, 노동운동이든, 시민운동이든, 다 우리가 좋아서 한 겁니다. 누가 그거 하라고 강요하지 않았습니다. 누가 희생해 달라고 요구하지도 않았습니다. 그냥 우리가 '옳다'고 생각해서, 내 삶을 바칠 '가치가 있다'고 생각해서 했던 일입니다. 그거 훈장으로 내세우지 마세요. "사랑도 명예도 이름도 남김없이" 한평생 나가자고 뜨거운 맹세를 했죠? 그 맹세, 지켜야 합니다.

더군다나 운동이 '경력'이 되고 '권력'이 된 지금, 명예 타령하지 마세요. 당신들 강남에 아파트 가졌잖아요. 인맥 활용해 자식 의전원 보냈잖아요. 운동해서 자식들 미국에 유학 보냈잖아요. 청와대, 지자체, 의회에 권력 가졌잖아요. 검찰도 가졌고, 곧 사법부도 가질 거잖아요. 그 막강한 권력으로 부하직원들 성추행까지 하고 있잖아요. 이미 가질 건 가졌는데, 뭘 더 바라십니까?

과거에 무슨 위대한 일을 하셨는지 모르지만, 더 이상 보상을 요구하지 마세요. 당신들의 그 빌어먹을 업적, 이 사회는 넘치도록 보상해 드렸습니다. '명예'를 버린 건 당신들 자신입니다. 자신들이 내다버린 명예, 되돌려 달라고 사회에 요구하지 마세요. 나를 포함해 운동권, 그렇게 숭고하고 거룩하지 않습니다. 우리들도 어느새 잡놈이 됐습니다. 그걸 인정해야 합니다.

나 역시 1980년대를 목격하며 살아왔던 입장에서 하고픈 말이 있다. 민주화는 결코 지금 살아남아 영화를 누리고 있는, 당시 학생운동 지도

부였다가 정치권에 진입한 '운동권 586'들만의 힘으로 이룩한 게 아니다.

경찰의 고문을 받다 숨진 박종철과 최루탄에 사망한 이한열이 대표적으로 기억되고 있지만 실제로는 이름 없이 스러져간 수많은 젊은이들의 희생이 있었다.

시청·명동성당·남대문시장 앞에서 진압경찰에 쫓기는 학생들을 숨겨주던 상인들, 점심시간에 길거리에 나와 시위대를 응원하던 '넥타이 부대' 형님들(이들은 지금은 60대 중반~70대의 나이일 것이다), 자동차 경적을 누르며 동조를 표시했던 택시기사들, 그리고 민주화를 열망했던 모든 시민들의 동참과 노력이 있었다.

귀족진보가 지금 태극기부대라고 조롱하는 국민들 상당수도 1980년대 민주화 운동에 함께 했었다는 사실을 모른 척 하면 안 된다. 귀족진보는 '피해자 코스프레'와 '보상요구'를 중단해야 한다.

독일계 유태인으로 나치 독일치하에서 살아남은 베르톨트 브레히트는 1944년 「살아남은 자의 슬픔」이라는 시를 발표했다. 동료들의 희생과 죽음을 딛고 살아남은 자의 자괴감을 표현한 것이다.

물론 나는 알고 있다.
오직 운이 좋았던 덕택에
나는 그 많은 친구들보다 오래 살아남았다.
그러나 지난 밤 꿈속에서 이 친구들이
나에 대하여 이야기 하는 소리가 들려왔다.

"강한 자는 살아남는다."

그러자 나는 자신이 미워졌다.

1980년대를 딛고 일어나 민주화된 세상에서 살고 있는 나를 포함한 '586세대'는 이름 없는 수많은 희생자들에게 빚을 지고 있다. 그들이 새로운 운동권 특권계급의 출현을 보기 위해 희생을 치른 것은 아니다. 우리는 살아남은 자로서의 슬픔과 고마움과 겸손함을 가져야 한다.

병실의 김대중 찾아간 전두환

귀족진보의 정치적 스승은 김대중 대통령이다. 젊은 학생운동권 출신들과 재야인사들은 김 대통령 덕분에 정치에 입문할 수 있었다.

김대중은 박정희 정권의 최대 피해자였다. 정치적 탄압을 받았고 체포와 투옥, 가택연금과 망명을 되풀이했다. 그래도 그는 박정희 시대가 이룩한 놀라운 경제성장의 성과를 결코 부인하지 않았다. 야당 정치인 시절에는 정부의 경제정책을 신랄하게 비판하기도 했지만(지지자들을 의식했을 것이다) 정작 본인이 대통령이 된 다음에는 그 시대의 성취를 기꺼이 인정했다.

그는 어떻게 하면 박정희를 뛰어넘는 경제성장을 달성할 수 있을지를 고민했다. 수많은 반대를 물리치고 서울 상암동에 박정희 기념관도 세웠다.

김대중과 전두환의 관계 역시 참으로 특이하다.

1996년 1월과 2월 전두환·노태우 전 대통령을 포함한 신군부 인사 10여 명이 내란죄 및 반란죄 혐의로 기소됐다. 김영삼 정부가 '5·18 민주화 운동 등에 대한 특별법'이라는 소급입법을 만들었기 때문이다. 1심재판에서 전두환은 사형, 노태우는 징역 22년 6개월을 선고받았다. 항소심에서는 각각 무기와 징역 17년으로 감형됐다.

하지만 정작 전두환 정권 때 사형선고까지 받았던 김대중은 대통령에 당선된 뒤 이틀 만에 전두환, 노태우 두 사람을 사면해줬다. 김대중 당선자가 퇴임하는 대통령인 김영삼과 협의하는 형식을 통해서였다.

김대중은 재임 중이던 1998년 7월 최규하·전두환·노태우·김영삼 등 전직 대통령 부부 모두를 청와대로 초청해 만찬을 함께 했다. 노벨평화상을 수상한 2001년에는 전두환 부부만 따로 청와대로 초청했다. 적어도 전두환에 대해서는 '원수를 은혜로 갚은' 셈이다.

전두환 부부는 김대중이 숨지기 나흘 전인 2009년 8월 14일 세브란스 병원을 찾아가 이희호 여사에게 위로와 고마움을 표시했다.

5·18 희생자 유가족들의 입장에서는 못마땅했을 것이다. 하지만 김대중 본인이 피해 당사자였기 때문에 더 이상의 논란은 없었다.

27년간이나 감옥살이를 했지만 용서와 관용으로 흑백 인종갈등을 종식시킨 남아프리카공화국의 넬슨 만델라처럼 김대중도 정치적 관용을 선택한 것이다.

아무리 과거가 고통스럽고 잊기 힘들어도 언제까지 거기에 매달려 있을 수는 없다. 우리는 과거가 아니라 미래를 살아가야 하기 때문이다. 그러려면 어느 시점에서는 매듭을 지어야만 한다.

김대중이라면 건국 이후를 '친일파가 득세한 오욕의 역사'로 몰아세우면서 지난 정권들에 대해 마구잡이로 칼을 휘둘러대는 귀족진보에게 무슨 말을 할지 궁금하다.

"정치를 그렇게 하면 안 된다. 그 칼은 결국 부메랑이 되어 당신들에게 돌아가게 된다." 이렇게 충고하지 않았을까.

가면 쓴 권력, 시민단체

문재인 정부 하에서 시민단체는 결코 해서는 안 될 짓을 하고 있다. 권력과의 야합이다.

시민단체는 NGO(Non-Government Organization)라는 약자가 말해주듯 비정부기구이어야만 한다. 권력을 견제하는 역할을 하기 위해 정부와 거리를 두는 것이 원칙인 것이다. 소금이 짠맛을 잃으면 소금이 아니다. 시민단체도 권력과 결탁하면 더 이상 시민단체가 아니다. '가면 쓴 권력기관'일 뿐이다.

김영삼 정부 시절이던 1994년 9월 10일 '참여민주사회와 인권을 위한 시민연대(참여연대)'가 창립됐다.

권력의 횡포를 감시하고 시민들의 정치적, 경제적 권리를 확대하겠다는 것이 창립취지였다. 참여연대는 사법개혁운동, 부정부패척결운동, 국민생활최저선확보운동, 재벌개혁소액주주운동, 작은권리찾기운동, 정치인 낙천·낙선운동 등을 벌이면서 대한민국의 대표적 시민단체로 성장했다. 2018년 1월 기준으로 회비와 후원금을 내는 회원이 1만 5,000여 명이나 된다.

문제는 권력을 감시하겠다고 출범한 참여연대가 『지킬박사와 하이드』라는 소설의 주인공처럼 두 얼굴이라는 것이다. 참여연대가 말하는 권력 감시는 엄밀히 말해 '그것이 보수정권일 경우'라는 수식어를 덧붙

여야만 한다. 왜냐하면 진보정권이 들어서면 참여연대는 감시는 고사하고 권력과 결탁하고, 그 권력을 연장해주기 위한 권력 외곽단체로 행동하기 때문이다.

특히 문재인 정부가 들어선 이후의 참여연대는 시민단체가 타락하면 어떻게 되는지를 여실히 보여주고 있다.

요즘 사람들은 참여연대를 '정권 참여연대'라고 부른다. 참여연대 출신들이 무더기로 권력핵심부에 진입한 데 대한 조롱이다. '만사참통'이라는 말도 나왔다. 모든 게 참여연대로 통한다는 뜻이다. '586운동권'이 슬금슬금 귀족진보로 변해 갔듯이 시민단체인 참여연대도 어느새 유사 권력기관이 돼버린 것이다.

언론보도에 따르면 문재인 정부가 출범하고 1년이 지난 2018년을 기준으로 볼 때 선출직을 포함해 권력의 핵심자리에 진출한 참여연대 인사는 60여 명에 달한다.

청와대에는 장하성 정책실장, 조국 민정수석, 김수현 사회수석, 김성진 사회혁신비서관 등이 입성했다. 정부와 공공기관에서는 김연철 통일부 장관, 김상조 공정거래위원장, 정현백 여성가족부 장관, 이효성 방송통신위원장, 정해구 대통령 직속 정책기획위원장, 박은정 국민권익위원장, 김용익 국민건강보험공단 이사장, 김영준 한국콘텐츠진흥원장 등이 참여연대 출신이다. 한 눈에 봐도 권력의 핵심자리에 골고루 포진해 있다는 걸 알 수 있다.

민주화 이후 사라진 줄 알았던 '끼리끼리 돌려먹기'도 재등장했다.

소득주도성장을 주도했던 장하성 정책실장이 주중 대사로 발령나자 그 자리를 김수현 사회수석이 이어받았다. 7개월 뒤에는 김상조 공정거래위원장이 다시 그 자리로 갔다. 권력의 실세 중 실세라는 청와대 정책실장을 참여연대 출신 세 명이 돌아가며 차지한 것이다.

군사정권 시절에는 '하나회'라는 군부 내 사조직이 있었다. 육사를 졸업한 대구경북TK 출신들끼리 군의 주요보직을 끌어주고 밀어주면서 나눠먹었던 사조직이다. 전두환 신군부의 핵심도 하나회 출신들이었다. 김영삼은 대통령이 되자마자 하나회를 해체해버렸다.

시민단체인 참여연대는 문재인 정부의 '하나회'라는 비판을 받아 마땅하다. 민주화가 이뤄진 세상에서, 하나회를 가장 맹렬히 공격했던 사람들이 집권한 나라에서, '하나회 현상'을 다시 목격하게 될 줄은 몰랐다.

참여연대는 언젠가는 시민단체를 빙자해 권력과 유착하고 그 대가로 권력을 누린 데 대해 참회록을 써야 할 것이다.

참여연대뿐만이 아니다. 수많은 다른 진보 시민단체 인사들도 문재인 정부하에서 줄줄이 권력의 사다리를 탔다.

정부부처 고위직 중에서는 조명래 환경부장관(환경정의시민연대), 이정옥 여성가족부장관(여성평화외교포럼), 이미경 한국국제협력단이사장(정대협), 한상혁 방송통신위원장(민주언론시민연합) 등 시민단체 출신들이 즐비하다.

민변(민주사회를 위한 변호사모임) 회장을 지낸 김선수·이석태 변호사는 각각 대법관과 헌법재판관에 임명됐다. 문재인 대통령이 전화를 걸어 "권력기관 개혁"을 당부했다는 비례대표 국회의원 최강욱 전 청와대 비서관도 민변 출신이다.

교수들 사이에서 "출세를 하려면 무조건 진보단체에 명함을 걸어둬야 한다"는 비아냥이 나도는 이유다.

돈은 국민이, 생색은 자기들이

세상에 공짜 점심은 없다. 돈 나오는 곳에서 명령이 나온다. 따라서 제대로 된 시민단체라면 정부의 지원에 매달리지 않기 위해 노력해야 한다. 하지만 문재인 정부는 진보 시민단체들의 사실상의 '돈줄'이 됐다.

윤미향의 정의기억연대는 박근혜 정부 때인 2016년에 1,600만 원의 보조금을 받았다. 하지만 문재인 정부가 들어선 2017년 보조금이 1억 5,000만 원으로 늘어났고 2018년 4억 3,000만 원, 2019년 7억 4,708만 원으로 수직상승했다. 3년 만에 무려 50배가 오른 것이다. 상식적으로는 불가능한 일이다.

정의기억연대가 국세청에 제출한 공시자료에는 2016년부터 2019년까지 받은 국고보조금 13억여 원 중 8억여 원이 누락돼 있다. 야당은 정의기억연대에 지급한 보조금 자료를 공개하라고 요구했지만 여성가족부는 이를 거부하고 있다.

윤미향은 민주당 비례대표 국회의원으로 변신했다. 하지만 검찰은

2020년 9월 그를 업무상횡령, 기부금법 위반, 준사기, 보조금관리법위반 등 8가지 혐의로 기소했다.

윤미향은 "검찰 수사결과 발표가 일본군 위안부 문제 해결운동의 30년 역사와 대의를 무너뜨릴 수 없다"고 반발하면서 "지금까지 그래왔듯 앞으로도 국민들께서 일본군 위안부 문제 해결을 위해 함께 해주시리라 믿는다"라고 말했다.

어처구니없다. 30년 위안부 운동의 역사와 대의를 무너뜨린 건 검찰 발표가 아니라 바로 윤미향 본인이 아닌가.

한때 페미니즘 운동에 참여했다가 환멸을 느끼고 『페미니즘은 어떻게 괴물이 되었는가』 등의 책을 펴낸 오세라비(본명 이영희)는 윤미향의 정의연이 실제로는 위안부 문제의 해결을 원치 않는다고 주장했다.

그는 언론 인터뷰에서 "정의연은 정대협과 통합했는데 아직도 각기 다른 법인 자격으로 여성가족부에서 보조금을 따로 받는다"면서 "보조금 문제뿐 아니라 이들에겐 위안부 활동이 마치 거대한 산업이 돼 버렸다. 위안부 문제가 진짜 해결되고 나면 정의연의 존재가치는 사라질 테니까 위안부 문제를 정말 해결할 생각이 있는지 의문이 드는 거다. 위안부 문제를 하루라도 빨리 해결하려면 정의연 같은 시민단체에 맡길게 아니라 처음부터 끝까지 정부가 직접 책임지고 나서야 한다"고 말했다.

1987년 한국여성단체연합(여연)이 생기고 3년 뒤인 1990년에 한국의 진보좌파 여성단체 36개가 모여 정대협(한국정신대문제대책협의회)을 만들었다.

586운동권 권력과 여성단체 운동은 쌍생아이고 여성운동과 윤미향, 정대협과 정의연은 같은 연장선상에 있다는 오세라비의 지적은 정확할 것이다. 하지만 정의연 대신 정부에 맡겨야 해결이 된다? 글쎄, 문재인 정부와 이런 단체들이 결국 '한통속'이라면 그것은 해법이 되지 못할 것이다.

대한민국에서 정부 보조금을 받는 시민단체는 2017년 2만 9,021곳이었다. 2018년에는 3만 3,733곳으로 16%가 늘었다. 이렇게 많은 단체들이 정부 지원을 받는다는 사실을 알고 있는 국민은 별로 없을 것이다. 이 단체들이 받는 지원금은 전부 세금이다. 따라서 국민들은 세금이 누구에게, 무슨 근거로, 어떻게 쓰였는지 알 권리가 있다.

하지만 정부의 보조금 심사과정은 공개되지 않는다. 신청을 했다가 탈락해도 이의를 제기할 수 없도록 돼 있다. 그야말로 '엿장수 맘대로' 보조금을 줄 수 있게 만들어 놓은 것이다.

문재인 정부 출범 이후 지난 3년간 지원금을 받는 시민단체의 60% 이상이 교체됐다. 대부분 보수성향 단체들이 잘려나갔다.

안보교육을 하던 '블루유니온', 황장엽 전 북한 노동당 비서가 설립한 '북한민주화위원회', 이승만 동상 건립 모금활동을 한 '대한민국사랑회' 등 보수 단체 수십 곳의 보조금이 끊기거나 축소됐다.

권력에 대한 비판과 견제는 시민단체의 존립 근거다. 그런데 정부를 비판하면 보조금이 끊기고, 정부를 옹호하면 보조금이 몇 배, 몇십 배씩 늘어난다. 정부와 시민단체가 '악어와 악어새'의 관계가 돼버린 것이다.

인기 유투버 한모 씨는 슈스스(슈퍼스타 스타일리스트) TV에서 '내돈내산(내 돈으로 내가 산)'이라는 제품소개 콘텐츠로 인기를 끌었었다. '내돈내산'은 유행어가 되기도 했다. 하지만 기업들로부터 돈을 받고 영상을 찍었다는 사실이 밝혀져 한씨는 방송을 접어야 했다. 객관적인 평가라고 믿고 제품을 산 소비자들을 기만했기 때문이다.

문재인 정부가 출범한 이후의 진보시민단체들이 이 사례와 얼마나 다른가. 과연 권력에 대한 견제와 비판을 정상적으로 수행중인가, 아니면 실제로는 권력 외곽단체이면서 '시민'이라는 이름을 내세워 국민들을 현혹하고 있는가.

나는 후자라고 생각한다. 많은 국민들도 그럴 것이다.

다행스러운 것은 귀족진보와 마찬가지로 진보시민단체들의 이중적 실체 역시 하나씩 폭로되고 있다는 점이다. 그 계기는 조국 전 법무장관 사태였다.(만일 조국이 아니었더라면 국민들은 여전히 귀족진보의 실체를 몰랐을 것이다. 그는 역설적으로 참 큰일을 했다.)

참여연대는 2019년 9월 조 전 장관에 대한 검찰수사를 맹비난했다. "청문회를 앞둔 장관 후보자 가족에 대해 무더기 압수 수색을 진행하는 초유의 사태이고 검찰의 견문발검見蚊拔劍(모기보고 칼 빼 든다)식 수사, 망신주기식 수사"라는 것이다.

참여연대뿐만이 아니었다. 상당수 진보시민단체들이 서울서초동 검찰청사 앞으로 몰려가 '조국수호운동'에 동참했다.

하지만 참여연대 경제금융센터소장과 공동집행위원장을 지낸 회계사

김경률은 "참여연대는 부끄러운 줄 알라"며 "조국수호세력은 위선자"라고 맹공을 퍼부었다. 참여연대는 그를 징계하려다 비판 여론이 비등하자 취소했다. 김 위원장은 스스로 참여연대를 떠났다.

조혜경 참여연대 경제금융센터 실행위원도 "조국 사태를 통해 참여연대는 25년 역사에 씻기 어려운 오점을 남겼고 관변 시민단체로 전락했다"고 공개비판한 뒤 참여연대를 탈퇴했다.

진보시민단체들의 정치적 편향성은 오래전부터 꾸준히 제기돼 왔다.

진보시민단체들은 부패정치인 낙선운동을 벌여 2000년에는 대상 정치인 86명중 59명을, 2004년에는 206명중 129명을 낙선시켰다. 그런데 대상이 된 정치인들은 대부분 보수진영이었다. 이 때문에 "부패정치인을 떨어뜨린다는 명목으로 진보진영을 밀어주는 정치행위"라는 비판이 제기됐었다. 하지만 시민단체가 제기한 대의명분 자체에는 정당성이 있었기 때문에 대부분 침묵할 수밖에 없었다.

진보시민단체들은 또 이라크파병반대(2003년), 한미FTA 폐기요구(2006년), 미국산 쇠고기 수입반대(2008년), 제주해군기지 저지(2011년) 등 시민운동이라기보다는 정치운동에 가까운 행동들을 무수히 해왔다. 그러면서도 '시민'을 앞세워 공격과 비판을 피했다.

어찌된 일이지 '평화'와 '인권'과 '국민건강'을 끔찍이 생각한다는 진보시민단체들은 북한문제만 나오면 태도가 돌변한다. 북한에서 자행되는 기막힌 독재와 굶주림과 인권유린과 왕조적 권력 세습에 대해 변변한 비판을 해본 적이 거의 없다.

한반도의 평화를 외쳐대면서도 북한이 한반도에서 6차례나 핵실험을 하고 수십 차례 미사일을 발사하는데도 침묵을 지킨다. 그러다가 북한의 공격에 대비하는 한미 합동 군사훈련이 시작되면 '여성단체' '평화단체' '인권단체' '반핵단체' 등 온갖 진보성향 단체들이 일제히 비난성명을 내기 시작한다. 도대체 앞뒤가 안 맞는다.

죽어버린 여성운동의 시체

2020년 7월 8일 박원순 시장의 비서가 박 시장을 성추행 혐의로 고소했다. 박 시장이 2017년부터 텔레그램으로 음란성 사진을 전송하고, 비서의 사진을 요구했으며, 시장집무실과 침실 등에서 신체 접촉을 했다는 내용이었다.

박 시장은 1993년 이른바 서울대 조교 사건을 통해 성추행이 불법이라는 판결을 이끈 인권변호사이고 진보진영의 대표적인 인물이다. 파장은 클 수밖에 없었다. 하지만 박 시장은 고소 사실이 언론에 알려지기 전인 7월 9일 스스로 극단적 선택을 했다.

박 시장이 숨지자 집단적이고 조직적인 미화가 시작됐다.

"박 시장이 맑은 분이라 세상을 하직할 수밖에 없었다."(민주당 박범계 의원), "삶을 포기할 정도로 자신에게 가혹하고 엄격한 그대가 원망스럽다."(조희연 서울시교육감), "피해를 호소하는 분의 피해와 박 시장이

가해자라고 하는 점을 기정사실로 하는 건 사자 명예훼손이다."(민주당 진성준 의원)

하지만 그 정도는 약과다.

친문 성향의 온라인 커뮤니티에서는 "미니스커트를 입고 (시장을) 유혹한 거 아니냐" "이순신 장군이 관노와 잤다고 해서 이순신을 욕할 수 있느냐" 라면서 피해자를 조롱하는 글들이 차고 넘쳤다.

압권은 당시 대구지검 검사 진혜원일 것이다. 대표적인 친문으로 평가받는 그는 박 시장 등 두 명의 남자와 팔짱 낀 사진을 페이스북에 올린 뒤 "덥석 팔짱을 끼는 방법으로 성인 남성 두 분을 동시에 추행했다. 페미니스트인 제가 추행했다고 말했으니 추행"이라고 썼다. 그러면서 "여자가 추행이라고 주장하면 추행이라니까!" "님 여자예요?" "머시라? 젠더감수성 침해? 빼애애애~~~"라고 덧붙였다. 결국 피해자가 추행이 아닌데도 고소장을 낸 것처럼 비난하고 있는 것이다.

진 검사는 또 피해자를 '꽃뱀' '순수하고 순결한 척하기'라는 등의 표현을 써 폄훼하는가 하면 박 시장의 성추행 사실을 인정한 재판부를 '극우 테러에 재미를 본 나치 돌격대'에 비유했다.

고소장을 낸 피해자가 2020년 7월 13일 입장문을 발표했다.

"거대한 권력 앞에서 힘없고 약한 저 스스로를 지키기 위해 공정하고 평등한 법의 보호를 받고 싶었습니다. 용기를 내어 고소장을 접수하고 밤새 조사를 받은 날, 저의 존엄성을 해쳤던 분께서 스스로 인간의 존엄을 내려놓았습니다. 50만 명이 넘는 국민의 호소에도(박 시장의 서울시장 장례 반대 청원을 의미) 바뀌지 않는 현실은, 제가 그때 느꼈던 위력의 크기를 다시 한 번 느끼고 숨이 막히도록 합니다."

하지만 이 어처구니없는 스토리는 여기서 끝이 아니다.

성추행 피해자에 대해 이렇게 무지막지한 공격이 자행되는데도 진보 여성단체들과 민주당 여성 국회의원들은 피해자를 보호해주기는커녕 입을 굳게 다물었다. 여성인권과 양성평등, 진보와 사회적 약자를 목 놓아 외치던 분들이 왜 그랬던 것일까. 그 비밀은 박 시장이 숨지고 다섯 달도 더 지난 2020년 12월 말 서울북부지검의 발표를 통해 드러났다.

그동안의 미스터리 중 하나는 박 시장이 자신에 대한 고소장이 접수된다는 사실을 어떻게 알고 극단적 선택을 했느냐는 것이었다. 누군가 그 사실을 미리 박 시장에게 알려준 것이 분명했다.

검찰이 밝혀낸 내용은 다음과 같다.

피해자와 변호사는 박 시장의 막강한 권력이 두려웠기 때문에 여성단체들의 도움을 얻기 위해 상의를 했다. 이 과정에서 정보를 얻은 한국여성단체연합(여연) 상임대표 김영순은 전임대표이자 민주당 의원인 남인순에게 이 사실을 알렸다. 남인순은 자신의 보좌관 출신으로 서울시 젠더특보를 맡고 있는 임순영에게 연락했다. 임순영이 확인에 나서자 박 시장은 '이 파고는 내가 넘기 힘들 것 같다'는 메시지를 남기고 사라졌고, 숨진 채 발견됐다. 따라서 만일 이들이 미리 정보를 유출해 박 시장에게 알리지 않았다면 상황이 어떻게 전개됐을지 아무도 모른다.

더 파렴치한 건 남인순과 김영순 등 여연의 전현직 대표들이 검찰 발표 전까지 몇 달 동안 완전히 오리발을 내밀고 있었다는 사실이다. 여연은 발표가 나오자 뒤늦게 "피해자를 위한 활동을 펼쳐야 하는 단체로서 책무를 다하지 못한 점에 대해 책임을 통감한다"는 입장문을 냈다.

그런데 사고를 친 김영순이 물러나겠다고 밝힌 자리들이 놀랍다. 국무총리 소속 양성평등위원회 위원, 한국여성인권진흥원 비상임이사, 서울시 성평등위원회 위원, 대법원 양형위원회 자문위원, 대통령 직속 일자리위원회 위원. 여연의 대표쯤 되면 그렇게 대여섯 개 자리 정도는 꿰차게 되는가 보다.

정작 남인순은 검찰 발표가 난 뒤에도 "임순영에게 '박 시장 관련 불미스러운 얘기가 도는 것 같은데 무슨 일 있느냐'고 물어봤을 뿐"이라며 책임을 부인했다.

박 시장 사건이 재조명되면서 민주당이 왜 피해자를 피해호소인이라고 부르게 됐는지도 밝혀졌다. 민주당 여성의원들끼리 만든 인터넷 대화창에서 남인순과 한국여성민우회 상임대표 출신인 김상희 국회부의장이 주도해 피해호소인이란 호칭이 만들어졌다는 것이다.

앞에서도 인용했던 반페미니스트 오세라비는 "정치와 얽힌 K페미니즘은 괴물이 됐다"고 말한다. 그는 "여연, 한국여성민우회, 한국성폭력상담소, 한국여성의전화를 한 바퀴 돌면 무조건 차례차례 국회 비례대표로 진입한다"며 "지금까지 여연에서만 11명이 총리, 장관, 국회의원이 됐다"고 지적했다.

문제는 이들이 움켜진 권력과 돈과 명예가 사회밑바닥이나 보통의 일반 여성들과는 아무런 상관이 없는 그야말로 '그들만의 리그'라는 것이다. 오세라비는 엘리트 여성운동가들이 일반 여성운동가와 여성들을 도구로 쓰고 있을 뿐이라고 지적했다.

어찌 보면 이 '엘리트 페미니스트'들의 삶은 586운동권 귀족진보의 삶과 놀랍도록 유사하다. 뻔뻔스럽고 위선적이고 역겹다.

박 시장 성추행 피해자에 대한 2차 가해는 2021년 1월 현재까지도 가라앉지 않고 있다. 1월 18일 피해자와 그 아버지, 어머니, 동생이 각각 쓴 입장문이 공개됐다. 박 시장 열성 지지자들로부터 계속되는 위협 때문에 공포에 떨면서 온 가족이 "다 같이 죽자"고 했다가 "살아서 진실을 밝히자"며 서로 부둥켜안고 운다는 내용도 있다.

1월 23일 친문 시민단체인 적폐청산국민참여연대는 박 시장을 고소했던 피해자를 무고 및 미필적 고의에 의한 살인죄로 고발하겠다고 밝혔다.

"미투를 가장한 정치공작에 의해 억울하게 돌아가신 박원순 시장님의 명예회복을 위해 반드시 진실을 밝혀 저들을 구속수사하고 중형의 실형을 선고받게 해야 한다"는 것이다. 이 단체는 박 시장의 성추행을 인정한 재판부를 직권남용 권리행사방해, 사자명예훼손 등의 혐의로 경찰에 고발하기도 했다.

2021년 1월 5일 서울 영등포구 한국여성단체연합 건물 앞에 대자보가 붙었다. 자신을 여성단체 막내 활동가로 소개한 글쓴이는 이렇게 말했다.

"여기까지 걸어오게 된 당신의 발자취는 당신들의 썩어 문드러진 조직 문화가 이끄는 방향 그대로 걸어온 것이 결과이다. 지금 상황은 당신들 운동의 끝이 어디에 있는지를 드러내는 순간이다. 더 이상 피해자가 고립되지 않도록 조직의 위계질서를 타파하고 정치권과 결탁 없는 운동을 이어나갈 것을 촉구한다."

이 젊은 활동가는 이런 말도 했다. "당신들이 떠난 자리에 남아 있는 것은 당신들의 2차 가해로 인한 상처와 죽어버린 여성운동의 시체뿐이다."

부디, 당신들이나 잘하세요

2021년 4월 7일 서울과 부산에서는 시장 보궐선거가 치러진다. 838억 원의 국민 세금이 들어간다. 박원순과 성추행으로 사퇴한 오거돈 두 사람으로 인해 국민이 부담해야 할 '생 돈'이다.

이에 대한 비판이 제기되자 시민단체 출신 이정옥 여성가족부 장관은 "국민 전체가 성性인지성을 집단 학습할 기회"라고 말했다. 국민들에게 성추행을 하면 안 된다는 걸 학습할 기회를 주는 것이니 그 정도 세금은 쓸 수 있다는 얘기다. 민주당 의원 설훈은 "국민도 이런 교육을 받을 필요가 있다"고 거들었다.

정말 왜들 이러나. 박원순 성추행 피해자가 무슨 학습교재라도 된다는 말인가. 성추행은 자기들이 저질러 놓고 왜 국민들이 그 엄청난 세금을 써가며 학습을 받아야 하는가. 모든 성폭력 피해자들을 대신해 분한 마음을 이렇게 표현하고 싶다.

"국민 들먹이지 말고 제발 당신들이나 잘해라."

문재인 대통령은 2015년 새정치민주연합 당 대표 시절 '당 소속 선출직 공직자가 부정부패 사건 등 중대한 잘못으로 그 직위를 상실하여 재보궐 선거를 실시하게 된 경우 후보자를 추천하지 아니한다'는 당헌 조항을 만들었다.

그렇다면 박원순, 오거돈의 성추행 때문에 치러지는 서울과 부산시장 보궐선거에 후보를 내지 말아야 한다. 하지만 민주당은 2020년 11월 "후보를 내지 않는 것은 유권자 선택권의 지나친 제약"이라며 당헌을 바꿔버렸다. 그럼 유권자의 선택을 제약하는 규정을 당초에 왜 만들었나. 결국 쇼였음을 자인하는 것 아닌가.

아무래도 민주당은 유권자가 우습게 보이는 것 같다. 온갖 그럴듯한 약속을 했다가 아무렇지도 않게 그걸 깬다. 2020년 4·15총선 때도 위성정당은 절대로 만들지 않겠다고 했지만 손바닥 뒤집듯 약속을 깼다. 하지만 민주당의 약속위반을 질타한 진보시민단체는 거의 없었다. 이제는 이해할 수 있다. 한통속인 걸 알았으니까.

안희정 전 충남지사·오거돈 전 부산시장·박원순 전 서울시장에 대해, 장자연을 내세워 후원금을 챙기고 캐나다로 달아난 윤지오에 대해, 수많은 진보 여성단체들은 변변한 성명 한 장 내지 않았고 오히려 가해자의 편을 들었다.

이들의 행동은 두고두고 여성운동사의 수치이자 흑역사로 기록될 것이다.

이제 진보시민단체들에 대한 환상에서 벗어나야 한다. 그 단체들을 먹여 살리는 것은 정부의 지원금, 그러니까 국민들이 낸 세금이다. 하지만 그들의 상당수는 가면을 쓴 권력단체일 뿐이고 그들의 이름에 들어가 있는 '시민'은 위장보호막에 불과하다.

진보진영의 대표적 학자인 최장집 교수는 "진보정부가 성립 운영되는 데 진보정당이 아닌 시민운동이 동원됐고, 시민운동은 (정부에 대한) 지지와 (정부로부터의) 혜택이란 구조 속에 국가에 흡수됐다"고 비판했다.

특권에 안주하던 기득권 보수는 대통령 탄핵과 총선 등을 통해 국민들로부터 이미 준엄한 심판을 받았다. 그렇다면 이제는 귀족진보와 가면을 쓴 진보시민단체들에 대해서도 제대로 된 평가와 비판이 이뤄져야 한다. 진보시민단체가 걸어놓은 주문呪文에서 깨어나 위선과 기만으로 얼룩진 그들의 본모습을 직시해야 할 때다.

대깨문과 악의 평범성

1960년, 수백만 명의 유태인을 학살한 홀로코스트의 실무 집행자 아돌프 아이히만이 아르헨티나에서 체포돼 이스라엘 예루살렘에서 재판이 열렸다. 아이히만이 극악무도한 악인일 거라고 생각했던 사람들은 그가 평범하고 가정적일 뿐 아니라 선량하기까지 했다는 증언들에 충격을 받았다. 아이히만을 검진한 정신과 의사들은 그가 너무 정상이어서 오히려 자신들이 이상해진 것 같다고 말했다.

정치학자 한나 아렌트는 이 재판을 지켜보며 '악의 평범성Banality of evil'을 언급했다. 악은 끔찍한 악당들뿐만이 아니라 극히 정상적인 사람들에 의해서도 얼마든지 저질러질 수 있으며 자기가 무엇을 하는지 비판적으로 되돌아보지 않는 무사유無思惟야말로 악이라는 것이다.

"전체주의의 가장 이상적인 대상은 확신에 찬 나치주의자도 공산주의자도 아니고 사실과 허구, 참과 거짓을 더는 분간하지 못하는 일반 사람들"이라는 것이 아렌트가 내린 결론이다.

남의 나라에서 있었던 옛날이야기가 아니다. 대한민국에서도 종종 비슷한 일들이 벌어지고 있기 때문이다.

코로나19 사태가 한창이던 2020년 2월 9일, 문재인 대통령은 충남 아산 온양전통시장을 방문했다. 한 반찬가게 앞에서 문 대통령은 "(경기가) 어떠세요"라고 물었다. 반찬가게 사장은 "거지 같아요"라고 대꾸했다. 장사가 안 돼 힘들다는 하소연이었다.

이런 대화가 오갔다는 보도가 나간 뒤 반찬가게 사장은 테러를 방불케 하는 신상 털기와 협박공세에 시달렸다. 반찬가게 상호와 주소, 사장의 휴대전화 번호까지 모두 공개됐다. 대통령에게 감히 '불경'하게 말했다는 이유에서다. 불경이라니, 대통령이 무슨 신神이라도 되는가.

1960~70년대 중국 문화혁명 당시에는 마오쩌둥毛澤東 주석의 말씀대로 따르고 행동하지 않는다는 이유로 수많은 '반동분자들'이 붉은 완장을 찬 홍위병들에 의해 처단됐다. 그 어처구니없는 정치적 우상숭배의 유령이 이제는 대한민국에서도 출몰하기 시작한 건 아닌지 두려울 뿐이다.

독재자 반열에 올라선 문재인

사람들은 대개 자신이 속한 단체나 조직의 이름에 부정적인 단어가 들어가는 것을 기피한다. 하지만 문재인 대통령을 지지하는 사람들은 스스로를 '대깨문(대가리가 깨져도 문재인)'이라고 부를 뿐 아니라 그 이름이 상징하는 맹목성을 오히려 자랑스러워한다. 이들은 또 공격을 받으면 집요하게 반격한다는 벌꿀오소리에 빗대 자신들을 '문꿀오소리'라고도 부른다.

'대깨문'은 노무현을 지지했던 '노사모(노무현을 사랑하는 모임)'가 뿌리다. 인적으로는 일부 중첩되기도 한다. 하지만 두 조직은 기본적인 행동 양태와 성격이 완전히 다르다.

'노사모'도 노 대통령을 지지하고 옹호했다. 하지만 노 대통령을 비판한다고 해서 상대방을 무자비하게 공격하거나 주장 자체를 못하게 하지는 않았다. 자유민주주의와 공화주의, 언론자유에 대한 최소한의 원칙을 지켰다.

'대깨문'은 다르다. 그들에게 문 대통령은 일종의 신성불가침이다. 대통령에 대한 손톱만한 공격도 일종의 '신성모독'으로 받아들인다.

'대깨문'의 공격대상에는 제한이 없다. 보수야당과 보수언론만 공격받는 게 아니다. 어제까지 한솥밥을 먹던 진보진영 인사들, 우호적인 기사를 써주던 친여매체 기자들도 문 대통령의 심기를 조금이라도 거스를만한 발언을 잘못 했다가는 무자비한 비난과 공격의 대상으로 전락한다.

법무부장관 인사청문회를 전후해서 조국에 대한 비판적 입장을 밝혔던 민주당 금태섭, 박용진, 조응천 의원 등은 '대깨문'들로부터 조리돌림을 당했다. 새벽에 전화 걸어 욕설 퍼붓기, 문자폭탄 보내기, 조롱의 의미로 18원 후원금 보내기 등 다양한 방법들이 총동원됐다. 같은 편으로부터 받는 공격이 훨씬 고통스럽다는 말이 있다. 아무리 강심장이라도 이쯤 되면 견뎌내기 힘들다.

민주주의 국가에서 국민이 대통령을 비판하는 건 하나도 이상한 일이 아니다. 대한민국은 최고 존엄에게 말 한마디 잘못했다가 인생이 절단 나버리는 북한이 아니기 때문이다. 그런데도 '대깨문'들은 문 대통령에 대한 별 것 아닌 비판에 대해서도 부들부들 떤다. 도대체 왜 이럴까.

'대깨문'들의 의식구조는 그들이 자주 사용하는 '불경不敬'이라는 단어에서 엿볼 수 있다. 불경은 종교적인 뉘앙스가 강한 단어다. 신성한 대상에 대해 외경심畏敬心(두려워하며 공경하는 마음)을 갖지 않는 심리상태를 말한다.

불경은 국민들에 의해 선출되는 대통령에게 쓸 수 있는 단어가 아니다. 21세기 대한민국은 임금의 한마디에 온 백성이 고개를 땅에 처박고 사시나무처럼 떨어야 하는 조선이 아니기 때문이다. 불경은 히틀러나 무솔리니, 김정은 같은 전체주의 국가 독재자들에게나 쓸 수 있는 용어다. 따라서 '대깨문'들은 불경이라는 단어를 사용함으로써 자발적으로 문재인을 독재자의 반열에 올려놓고 있는 셈이다.

주문에 걸려있는 사람들

평론가 진중권은 '대깨문'을 '문천지교 신도들'이라고 부른다. 사이비 종교 신도들이 교주를 떠받들 듯 문 대통령을 대한다는 것이다.

안철수는 한걸음 더 나아가 노예에 비유했다. "주인이 돼야 할 사람들이 노예가 된 것을 깨닫지 못하고 문재인 정권의 이익을 위해 동원되고 있다. 게다가 과거와 현재, 때와 장소에 따라 언행이 180도 달라지니 국가와 사회 전체가 정신병을 강요당하는 상황"이라면서 "이들의 행태를 멀쩡한 정신으로 납득할 수 있느냐"고 비판했다.

오스트리아 태생의 영국 경제학자 하이에크는 『노예의 길The Road to Serfdom』에서 전체주의에 빠지는 이유로 '열등감'을 들었다. 스스로 전체 속의 하나가 됨으로써 열등감을 극복할 뿐 아니라 일종의 우월감도 느낀다는 것이다.

하이에크의 주장을 정리하면, ① 사람들이 전체주의(혹은 집단주의)에 빠지는 것은 열등감 때문일 경우가 많고 ② 집단과의 일체감을 통해 자신이 우월하다고 착각하게 되며 ③ 집단의 이름으로 금지된 행동을 하면서 해방감을 만끽한다는 것이다.

그 분석틀을 적용해보자. 예를 들어 서울 서초동 검찰청사 앞에서 열린 조국수호 집회에 참가한 '어떤 대깨문'이 있다고 치자.

하이에크의 분석대로라면 그는 사회자의 선창에 맞춰 일제히 플래카드를 들어 올리고 목이 터져라 '조국수호'와 '검찰개혁'을 외치면서 커다란 해방감을 맛 볼 것이다. 평소에는 꿈도 못 꿀 도로점거를 마음대로 할 수 있다는 사실에서 짜릿한 흥분을 느끼고, 다 함께 내지르는 함성을 통해 집단의 아우라(광휘)를 만끽하게 된다. 막강한 집단의 구성원이 됐다는 사실에서 커다란 안도감과 희열을 느끼는 것이다.

물론 서초동 조국수호 집회 참가자의 상당수는 전교조, 민노총, 진보시민단체, 민주당 관계자 등 문재인 정권과 이해관계가 일치하는 사람들이었을 것이다.

하지만 '나도 강남 좌파야' 혹은 '이래 봬도 나 운동권이야'와 같은 정신적 허영을 충족하기 위해 참석한 '대깨문'도 적지 않았을 것이다.

진중권은 사이비 종교 신도라고 불렀고, 안철수는 노예라고 비판했지만 정작 '대깨문'은 스스로 '깨시민'이라고 주장한다. 노무현 전 대통령이 퇴임사에서 민주주의 최후의 보루라고 언급했던 깨어있는 시민 말이다.

하지만 엄청난 오독誤讀이다. 최고 권력자를 맹목적으로 추종하고, 안 그러는 사람들을 증오하고, 최고 권력자의 측근들에 대해서는 무조건 면죄부를 부여하는 사람들을 민주주의 보루라고 할 수는 없다. 그들은 민주주의의 파괴자다. 단지 깨어있는 것처럼 착각하게 만드는 주문에 걸려 있을 뿐이다.

'대깨문'은 처음엔 "우리 이니(문 대통령의 애칭), 하고 싶은 대로 다 해"에서부터 출발했다. 이제는 "우리 이니, 건드리는 놈들은 다 죽어"라는 단계까지 발전한 것 같다. 그러다가 "이니를 위해 우리 모두 죽자"라는 마지막 단계로까지 치닫지는 않을지 걱정된다. 그렇게 해서 전체주의가 완성되기 때문이다.

2009년 노무현 대통령이 스스로 목숨을 끊은 뒤 '지못미'라는 단어가 한동안 유행했었다. 지켜주지 못해 미안하다는 것이다.

그럴 만도 하다. 노 대통령이 퇴임 후 검찰수사를 통해 뇌물을 받았다는 사실이 알려졌을 때 한겨레와 경향신문을 비롯해 수많은 진보언론들이 노무현을 '진보의 부끄러움'이라며 맹공격했었다. 그러다 노 대통령이 스스로 목숨을 끊자 진보진영은 그를 공격했던 것에 대한 커다란 회한과 자책감에 시달려야 했다.

문 대통령에 대한 맹목적인 옹호에는 더 이상 노무현의 전철을 밟아서는 안 된다는 강박적 무의식이 강하게 작용하는 것으로 보인다. 이해는 된다. 하지만 이제는 그것이 민주주의 자체를 위협할 수준이 돼버렸다.

도대체 '대깨문'은 그들이 조롱하고 비판하는 태극기부대와 다른 게 무엇인가. 익명성匿名性뒤에 숨어 손가락 댓글로 사람들을 짓뭉개고 인격 살인을 저지르는 대깨문들보다는 길거리에서 태극기를 흔들며 고함을 지르는 태극기부대가 더 솔직하고 순진한 것 아닌가.

스탈린, 히틀러, 마오쩌둥 그리고 북한의 김일성이 이미 보여줬다. 독재자가 신격화되고, 그 가짜 신을 위해 기꺼이 순교하겠다는 신도들이 등장하면 광란의 파티가 시작되는 것이다. 그때 멸망으로 가는 지옥의 문도 함께 열린다. 그것이 역사가 인류에게 가르쳐 준 교훈이다.

네 이름을 남몰래 쓴다, 민주주의여

한동안 나는 문재인 정부의 성격을 잘못 이해하고 있었다. 인권변호사 출신인 문재인 대통령은 선량하고 민주주의를 수호하려는 강력한 의지가 있는데 '대깨문'들에게 어쩔 수 없이 끌려 다니고 있다고 생각했었다. 팬들의 성화 때문에 연예인들이 종종 하기 싫은 일도 해야 하는 것처럼 말이다. 적어도 언론자유 그리고 인권과 관련해서는 그렇게 생각했었다.

하지만 아무래도 틀린 것 같다. '대깨문' 때문이 아니라 문재인과 귀족진보 스스로가 권위주의를 추구하면서 절대 권력을 향해 달려가고 있다는 다양한 증거들이 속속 드러나고 있기 때문이다.

2019년 6월 11일 중앙일보에 칼럼 하나가 실렸다. '남정호의 시시각각-김정숙 여사의 버킷리스트?'라는 제목이었다. 요지는 다음과 같다.

> 문재인 대통령은 취임 후 25개월간 19번 출국했는데 관광지를 자주 찾는다는 느낌을 지울 수 없다. 김정숙 여사는 당일 출장이었던 일본을 빼고 18번 동행했는데 캄보디아 앙코르와트, 인도 타지마할과 후마윤 묘지, 체코 프라하, 베트남 호이안, 바티칸 성베드로 성당 등 유네스코 문화유산인 세계 최고 관광지들을 찾았다. 프라하는 체코 대통령이 없을 때 방문했다. 문 대통령 내외는 이번 노르웨이 방문에서도 이틀 일정 중 하루를 세계 최고 절경의 도시 베

르겐 방문에 쓴다.

김정숙 여사는 지난해 11월에는 대통령 2호기를 타고 혼자 인도에 가 총리를 면담하고 인도의 최대 축제 '디왈리'와 타지마할을 보고 귀국했다. 이러다보니 야당에서 "부부동반 세계일주하냐" "김 여사 버킷리스트가 있지 않냐"는 비아냥이 쏟아지고 있다.

청와대로서는 꽤 아픈 지적이었을 것이다. 하지만 언론으로서는 얼마든지 이슈를 제기해 봄직했다. 대깨문에겐 불경일지 모르지만 적잖은 국민들이 김정숙 여사의 해외여행에 대해 마뜩찮은 시선을 보내고 있으니 그걸 지적하는 건 언론이 마땅히 해야 할 일이었다.

하지만 기사가 나가자 청와대는 곧바로 한정우 부대변인을 통해 "칼럼이 사실관계를 왜곡했다"며 정정을 요구하고 나섰다. 한 부대변인은 ① 노르웨이 베르겐 방문일정은 노르웨이의 요청에 따라 결정됐고 ② 수도 오슬로 이외 제2의 지방도시를 방문하는 것은 노르웨이 국빈방문의 필수 프로그램이며 ③ 김정숙 여사의 인도 방문은 인도측이 요청했다고 주장했다. 청와대는 남정호의 칼럼이 외교적 결례이며 국익에 도움이 되지 않는다고 비판했다.

곧바로 한 친여親與인터넷 매체가 '왜곡의 정수를 보여준 중앙일보 남정호'라는 제목의 칼럼을 썼다. 이 매체는 청와대 대변인을 대변이라도 하듯 '심성이 비뚤어진' '저열하고 교묘한' '웃고 있지만 살의가 가득한' '무식한' 등의 표현을 써가며 남정호 논설위원 개인을 공격하고 청와대를 옹호했다.

이 칼럼은 "만일 인도총리의 요청이 없었는데 마치 요청이 있었던 것처럼 허위의 근거를 만들어서 인도관광을 다녀온 게 사실이라면 기업으로 치면 배임행위에 해당하는 범죄고, 거기에 소요된 비용은 횡령죄에 해당한다. 정부 비용을 사용했으니 국고손실죄에 해당한다. 남정호는 지금 이런 무식한 주장을 하고 있는 것이다"라고 주장했다. 도대체 무슨 근거로 청와대가 주장한 건 다 옳다고 믿는 것일까. 그게 정말로 어리석은 건 아닐까.

실제로 누가 진짜 무식했던 건지 확인되는 데는 그리 오랜 시간이 걸리지도 않았다. 중앙일보가 정정보도를 거부하자 청와대 비서실이 소송을 걸었고 재판이 시작됐다.

재판과정에서는 청와대가 내놓았던 해명자료 자체가 논란이 됐다. 중앙일보가 해당 국가 대사관들로부터 취재한 내용을 바탕으로 ① 노르웨이 베르겐 방문을 요청한 건 노르웨이가 아니라 한국이었고, ② 베르겐 방문은 국빈방문의 필수 프로그램이 아니며 ③ 김정숙 여사의 인도 방문도 인도 측이 요청하지 않았다며 재반박했기 때문이다.

청와대 변호인측은 법정에서 이런 취재를 뒤집을만한 반론을 내놓지 못했다. 따라서 청와대가 허위사실에 근거해 언론에 정정을 요구했고, 국민들에게도 공개적인 거짓말을 했다는 비판을 받아도 할 말이 없게 된 것이다.

서울중앙지법 민사14부는 2020년 7월 15일 청와대의 청구를 기각했다. 해당 칼럼은 의견 또는 논평을 표명한 것이므로 정정보도의 대상이 될 수 없고, 칼럼 내용 역시 진실된 사실이 아니라고 보기 어렵다는 것이 재판부의 결론이었다.

재판부는 한 걸음 더 나아가 청와대 비서실이 김정숙 여사를 비판하는 칼럼의 소송 당사자로 나선 것이 문제라고 지적했다. 재판부는 판결문에서 "업무를 보좌한다는 이유만으로 보도에서 직접 다루어지지 않고 있는 조직이나 개인까지도 보도로 인하여 피해를 입은 자로 넓게 인정한다면 힘 있고 돈 있는 집단을 이끄는 사람들은 전면에 나서지 않고도 그들에게 비판적이라고 생각하는 언론기관이나 언론인을 상대로 각종의 법률적 다툼을 벌임으로써 언론의 자유나 표현의 자유를 부당하게 위축시킬 수 있다"고 밝혔다.

재판부는 따라서 청와대 비서실이 애초에 김정숙 여사를 대신해 소송을 걸 자격이 있는 당사자가 아니라고 밝혔다. 하지만 1심에서 패소한 청와대는 법원의 지적을 무시한 채 또다시 청와대 비서실이 소송의 주체로 나서 항소를 제기한 상태다.

이명박, 박근혜는 쥐와 닭이라더니

청와대가 구체적인 사실관계를 보도하는 기사가 아니라 각자의 관점과 의견을 제시하는 칼럼에 대해 소송을 제기한 것은 적어도 1987년 대한민국이 민주화가 된 이후에는 거의 유례가 없는 일이다.

하지만 기자들은 자기 방어권 행사에 있어 일반 국민보다 유리한 위치에 있는 게 사실이다. 권력이 진실을 은폐할 경우 남정호의 재판과정에서 벌어진 것처럼 정부 발표의 진위여부를 추적해 취재할 수 있고, '국경 없는 기자회' 같은 국제단체에 억울함을 호소할 수도 있기 때문이다.

정말로 심각한 건 '사람이 먼저'라는 문재인 정부에서 정작 '보통사람들'은 대통령의 심기를 거슬렀다는 이유로 끔찍한 곤경에 처하고 있다는 사실이다.

2019년 7월 국회 분수대 주변에 문재인 대통령과 박원순 서울시장 등 여권 인사들을 비판하는 전단을 살포했던 김모 씨의 경우를 보자.

그는 넉 달 뒤인 11월 '대통령 문재인 등에 대한 모욕(비방) 내사 사건'의 참고인으로 서울 영등포경찰서에 불려갔다. 그 후 석 달간 휴대전화를 압수당하고 10차례 포렌식 조사를 받는 등 강도 높은 수사를 받았다.

'모욕' 혐의는 친고죄다. 피해자의 고소가 있어야 공소를 제기할 수 있다. 하지만 언론보도에 따르면 경찰은 김씨에게 고소가 된 건지, 됐다면 고소인이 누구인지를 알려주지 않았다.

김씨는 "경찰에 고소인이 누구냐고 질문하면 '절차대로 진행되고 있다'는 말만 하더라"면서 "'대통령님 욕하면 되느냐'는데 국민이 대통령을 비판할 자유도 없느냐"라고 되물었다. 그는 또 "수사 초기에 경찰이 내게 'VIP(청와대)에 다 보고됐다. '북조선의 개'란 표현이 특히 문제였다. VIP에서 콕 집어 처벌하라고 하더라'고 했다"며 "청와대 하명으로 표현의 자유를 억누르려는 것"이라고 주장했다.

하지만 영등포경찰서 관계자는 "경찰이 김씨에게 그런 말을 했을 리 없다"면서 "친고죄라도 공소제기 가능성이 있다면 수사할 수 있어 적법하게 한 것"이라고 반박했다. 기자가 "문 대통령이나 청와대가 김씨를 모욕죄로 고소했느냐"고 질문하자 경찰은 "수사사항은 확인해줄 수 없다"고 답변했다. (2020년 6월 10일자 중앙일보 보도 참고)

대선을 앞 둔 2017년 2월 9일 더불어민주당 대선후보이던 문재인은 JTBC 〈썰전〉이라는 토크 프로그램에 출연했다. 그는 "만약 대통령이 된다면 납득할 수 없는 비판이나 비난도 참을 수 있습니까"하는 질문에 "참아야죠, 뭐. 국민은 얼마든지 권력자를 비판할 자유가 있죠"라고 말했다. 진행자가 "(대통령이 되면) 어떤 비난, 비판에도 청와대는 절대 고소·고발하지 않는다고 해 달라"고 하자 "그렇게 권력자를 비판함으로써 국민이 불만을 해소할 수 있고, 위안이 된다면 그것도 좋은 일 아닙니까"라고 답변했다.

감동적인 답변이었다. 하지만 결국 입에 발린 소리에 불과했다.

또 다른 사례도 있다.

대학생 김모 씨는 2019년 11월 단국대 천안캠퍼스에 들어가 문재인 대통령을 비판하는 대자보를 붙였다. 문재인 정부의 친중親中정책과 홍콩 민주화 운동과 관련한 중국 유학생들의 행태를 풍자, 비판하는 내용이었다. 검찰이 '건조물 침입' 혐의로 약식기소해 벌금형을 내리자 김씨는 정식재판을 청구했다. 이명박, 박근혜 전 대통령은 동물에까지 비유했는데

문 대통령에 대해선 국정운영도 비판하지 못하느냐는 억울한 생각 때문이었다.

2020년 5월 20일 대전지법 천안지원에서 재판이 열렸다. 이날 검찰 측 증인으로 출석한 단국대 학생팀 과장은 "업무협조차 (대자보가 붙은 사실을) 경찰에 알렸을 뿐이고, 이로 인해 피해를 본 적도 없다. 표현의 자유가 있는 나라에서 이게 과연 재판까지 가야할 문제인지 모르겠다"고 증언했다. 그는 또 자신이 피해자로 돼 있다는 것도 처음 알았다고 했다. 검찰이 피해자로 지목한 사람이 재판정에서 오히려 피고인에게 유리한 증언을 하는 코미디가 벌어진 것이다.

하지만 대전지법 홍성욱 판사는 김씨에게 벌금 50만원을 선고했다. 김씨는 자신의 신원이 알려질 경우 취직에도 불이익을 받고, 무자비한 신상털이 공격을 받을 것이 두려워 언론과의 접촉을 피하고 있다.

이 모든 게 군사정권 때의 얘기가 아니다. 촛불혁명으로 정권을 잡았다는 문재인정부에서 일어난 일이다.

거꾸로 가는 타는 목마름

군사정권 시절, '586운동권'들은 눈만 뜨면 이 대학, 저 대학을 돌며 반정부 대자보를 붙였다. 그때 그들은 '표현의 자유'와 '언론자유'를 입에 달고 살았다.

김지하의 시 “네 이름을 남몰래 쓴다, 타는 목마름으로 타는 목마름으로, 민주주의여 만세”를 목이 터져라 외쳤다. 그러던 사람들이 정권을 잡았는데 세상은 거꾸로 돌아가고 있다.

조국 사태 때 ‘대깨문’의 눈 밖에 난 민주당 박용진 의원은 “나도 학생 시절 다른 학교로 가서 대자보를 많이 붙였다”면서 “민주주의에서 가장 중요한 집회·결사의 자유를 위해 그렇게 싸웠는데 이제 와서 처벌한다면 민망스러운 일”이라고 말했다.

이제 분명해진 게 있다.

문재인과 귀족진보는 이미 전체주의적 권위주의자들로 변해 버렸다. 이해찬 전 민주당 대표가 국민들 앞에서 ‘진보가 앞으로 20년을 집권해야겠다. 아니 50년을 집권해야 한다’면서 떠들어댄 게 단순한 말실수가 아니었다. 이제는 집권 기간도 국민이 아니라 자신들 맘대로 정할 수 있다고 생각하는 것, 그것이 그들의 사고방식이다.

‘인민에게 권력을’이라고 외치며 권력을 잡은 공산주의자들이 결국 인민들로부터 모든 권력을 빼앗아 갔듯이, ‘민주주의여 만세’를 외치며 집권한 귀족진보들로 인해 대한민국의 민주주의는 서서히 죽어가고 있다. 아니, 이미 많이 죽었다.

귀족진보는 김대중 전 대통령을 자신들의 계보에 갖다 놓는다. 하지만 나는 귀족진보가 이미 오래전에 김대중을 버렸다고 생각한다. 김대중은 1980년대 운동권이 정치권에 진입하기 위한 징검다리에 불과했을 뿐이다.

김대중은 박정희와 치열하게 싸웠지만 민주주의 투사였을 뿐, 전체주의자나 유사 파시스트가 아니었다.

아마도 노벨평화상에 대한 정치적 갈망이 그를 햇볕정책에 대한 집착으로 몰아갔을 것이다. 하지만 측근들에게 밝혔듯이 그는 햇볕정책을 북한 체제의 민주화를 위한 '트로이의 목마'로 생각했지 거꾸로 남한 체제의 종북화從北化를 바라본 건 아니었다. 귀족진보는 다른 것 같다. 그들이 지향하는 것은 아무리 봐도 자유민주주의라고 하기는 어렵다.

김대중은 "행동하지 않는 양심은 비겁"이라고 말했다. 맞는 말이다. 지금은 귀족진보로 인해 죽어가는 대한민국의 민주주의를 위해 행동이 필요한 때다.

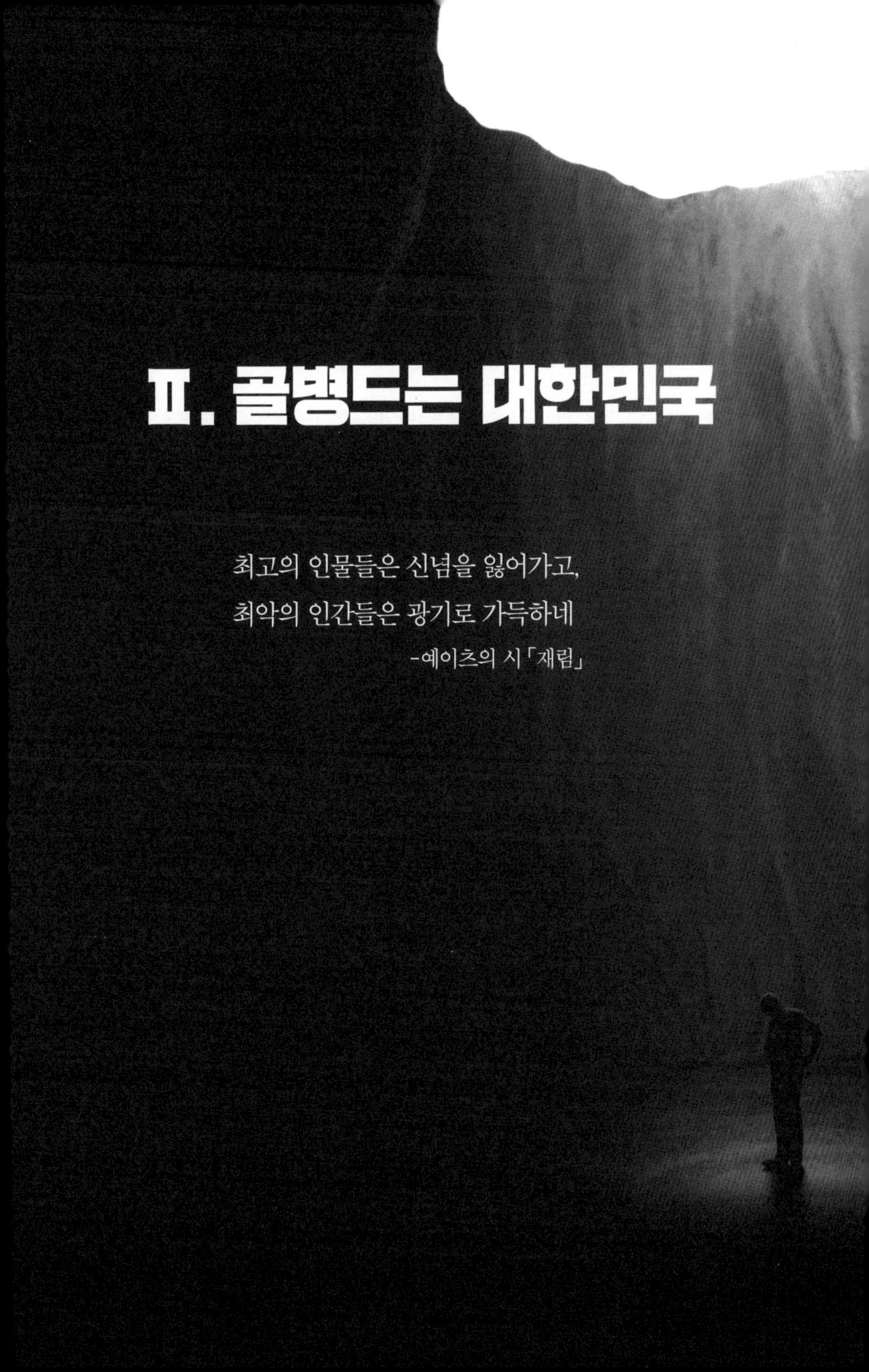

Ⅱ. 골병드는 대한민국

최고의 인물들은 신념을 잃어가고,
최악의 인간들은 광기로 가득하네
-예이츠의 시 「재림」

골고루 엉망이 돼버린 나라

문재인 대통령이 집권한 지 벌써 4년이 다 돼간다. 결코 짧지 않은 시간이다. 그런데 나는 아직도 문 대통령과 귀족진보가 어떤 세상을 만들려는 건지 잘 모르겠다.

적폐청산을 앞세워 전직 대통령 이명박·박근혜와 전직 대법원장 양승태까지 구속시키는 걸 보면서 '저렇게 추상秋霜(가을서리) 같이 엄격한 걸 보니 깨끗한 나라를 만들겠다는 각오가 대단하구나' 하고 생각했었다. 하지만 그런 엄격함이 자기 패거리는 빼고 남들에게만 적용된다는 뜻인 줄은 몰랐다.

'사람이 먼저'와 '저녁이 있는 삶'을 외치기에 중소기업과 영세 자영업자들이 허리를 펴고 사는 나라가 올 줄 알았다. 그와는 정반대로 눈물을 머금고 폐업하는 사람들이 속출하게 될 줄은 몰랐다.

비정규직을 철폐하겠다고 큰소리치기에 그게 가능한 줄 알았다. 인천국제공항 사태에서 확인됐듯이 대책 없이 질러만 놓고 나 몰라라 할 줄은 몰랐다.

재벌기업을 범죄 집단처럼 몰아가기에 그들 없이도 한국 경제를 이끌고 나갈 묘책이 있는 걸로 믿었다. 묘책은커녕 개뿔도 없다는 걸 몰랐다.

강남 집값만큼은 때려잡겠다고 기염을 토하기에 서민들의 상대적 박탈감이 줄어들 줄 알았다. 정부가 대책을 발표할 때마다 강남이 떼돈을 버는 '불로소득 주도성장'이 만개하고, 세입자들은 전셋집을 구하기 위해 장사진을 치는 광경을 목격하게 될 줄은 몰랐다.

정말 몰랐다. 젊은이들 일자리 구하기가 하늘의 별따기가 되고, 중년층은 국가 재정이 고갈돼 늙어서 국민연금이나 제대로 받을 수 있을지 걱정하며 살아야 할 줄 몰랐다.

중국 시진핑과 북한 김정은에게는 설설 기고, 미국 트럼프에게는 아부하고, 일본에 대해선 반일 감정만 앞세우는 나라가 될 줄은 몰랐다. 한마디로 대한민국이 이렇게 빨리, 그리고 골고루 엉망이 될 줄은 몰랐다.

이런 지적을 하면 '대깨문'들은 펄쩍 뛴다. 대한민국이 OECD 국가들 중에서 코로나19도 제일 잘 극복하는 중이고, 경제도 제일 낫다면서 그게 다 문재인 대통령 덕이라고 주장한다. 그들은 언제나 기·승·전·문재인 덕이다.

하지만 기가 막힌다. 코로나19가 처음 터졌을 때 정부의 대응이 얼마나 엉망진창이었는지 벌써 다 잊어버렸나. 게다가 코로나19 정국에서 대한민국 경제가 선방하고 있는 게 문재인 정부가 잘해서인가. 그게 아니라 문재인과 귀족진보가 때려잡지 못해 안달을 하던 바로 그 재벌기업들이 노력한 덕분이 아닌가.

예를 들어 보자. 문재인 정부에서 '대역죄인' 취급을 받는 삼성전자는 2020년 3분기(7~9월)에 매출 66조 원, 영업이익 12조 3000억 원의 성과를 올렸다. 2분기에 비해 매출 24.6%, 영업이익 50.9%가 늘어난 것이다. 2019년과 비교해도 매출은 6.4%, 영업이익은 58.1%가 늘었다. 코로나19

여파로 전 세계 기업들이 모두 죽을 쑤고 있는 마당에 그나마 한국경제의 숨통을 틔워놓은 것이다.

현대나 SK, LG를 비롯해 다른 대기업들 역시 코로나19 위기를 극복하려고 각자 혼신의 노력을 다하고 있다.

그런 기업들에게 문재인 정부가 해준 건 뭔가.

중국이 롯데를 사실상 강제추방하고 다른 한국 기업들에 대해서도 걸핏하면 얼토당토않은 횡포를 부리지만 문재인 정부가 중국 정부에게 항의 한 번 했다는 소리를 들어본 적이 없다. 코로나19로 힘겨운 기업들을 돕기 위해 정부가 나섰다는 얘기 역시 듣지 못했다. 도대체 무슨 염치로 정부가 잘해서 한국경제가 선방하고 있다고 자화자찬하는지 알 수 없다.

문재인 정부가 출범한 뒤 국가부채는 천문학적으로 늘어났다. 지난 4년간 무려 285조 원이 늘어나 국가부채가 총 945조 원이 됐다. 국가부채 비율은 2020년 말에 36.0%에서 45.0% 이상으로 올라갔다. 또 문 대통령이 퇴임하는 2022년에는 국가부채가 1,070조 3,000억 원으로 늘어난다.

역대정부의 국가부채 증가액은 김대중 85.4조 원, 노무현 165.8조 원, 이명박 180.8조 원, 박근혜 170.4조 원이었다. 하지만 문재인 정부는 410.1조 원이다. 김대중·노무현·이명박 정부의 국가부채 증가액을 다 합친 것과 맞먹는다.

코로나19 사태 때문에 적자재정 편성이 불가피했던 건 사실이다. 하지만 문재인 정부는 코로나19 이전부터 노인들의 일자리 사업 등에 엄청난 예산을 퍼부어 왔다. 2021년이면 국민 한 사람이 갚아야 할 국가부채가 1825만 원으로 늘어난다. 정권은 떠나면 그만이지만 국민들은 끝까지 빚을 갚아야 한다. 미안하지도 않은가.

정작 헛웃음이 나오는 건 문 대통령 본인은 야당일 때 적자재정을 맹비난했다는 사실이다.

2015년 박근혜 정부가 지출을 3% 늘리는 예산안을 내자 당시 민주당 대표 문재인은 "국가채무 비율이 사상 처음 재정건전성 마지노선인 40%를 깨게 된다"며 "박근혜 정부 3년 만에 나라 곳간이 바닥났다"고 공격했다. 민주당은 심지어 2016년에는 국가부채 증가율을 국내총생산GDP의 0.35% 이내로 제한하자는 '부채 제한법'까지 발의했었다.

그러다가 집권하자 태도가 돌변했다. "미래에 대비해 재정 여력을 비축해야 한다"는 지적이 나오자 문 대통령은 "채무 비율 40%가 마지노선이라는 근거가 뭐냐"고 되물었다. 고민정 당시 청와대 대변인은 "재정을 곳간에 두면 썩는다"고 했다.

이 정권의 '내로남불'은 익히 알려진 사실이지만 참으로 후안무치厚顔無恥하다는 생각이 든다.

박근혜가 대통령이면 마스크 안 쓰나?

문 대통령과 귀족진보가 꿈꾸는 나라가 뭔지는 모르지만 대한민국이 어떤 나라가 됐는지는 안다. 대한민국은 '증오 공화국'이 됐다.

집주인과 세입자, 의사와 간호사, 어용언론과 저항언론, 교사와 학생, 검찰과 경찰, 판사와 검사, 태극기와 대깨문, 586세대와 다른 세대, 여혐女嫌과 남혐男嫌, 조국 반대와 조국 지지, 강남과 강북, 서울과 지방 등 사방천지에서 싸움판이 벌어지고 있다. 국민들끼리 서로에 대한 미움과 혐오가 넘쳐난다. 그것을 권력자들이 앞장 서 부추기고 있다.

추미애 법무장관은 "대검(사실상 윤석열 검찰총장)을 저격하라"는 말까지 했다. 문화혁명 당시 마오쩌둥이 "사령부를 포격하라"고 홍위병들을 부추겨 정적들을 제거했던 사례를 연상시킨다.

만일 코로나19 사태가 없었더라면 문재인 정부는 국정운영에 대한 혹독한 비판을 피해갈 수 없었을 것이다. 하지만 느닷없이 터진 코로나19가 문재인과 귀족진보를 살렸다. 국가적 위기상황이 되자 국민들의 안정추구 심리가 발동했고, 그 결과 2020년 4·15총선에서 민주당이 압승했기 때문이다.

코로나19가 만들어 낸 왜곡과 착시는 총선 이후에도 이어지고 있다.

2020년 10월 셋째 주 갤럽 여론조사에서 문재인 대통령에 대한 긍정평가는 43%였다. 긍정평가의 가장 큰 이유는 '코로나19 대처를 잘한다(32%)'였고 그 다음이 전반적으로 잘한다(6%), 열심히 한다·복지확대(각 5%) 순이었다. 역설적으로 말하자면 코로나19를 빼고 나면 정부가 내세울 건 거의 없다는 뜻이다.

그런데 코로나19 대처를 잘한 게 과연 문재인 대통령의 공功인가.

한국에서는 버스나 지하철에서는 물론이고 길거리에서도 마스크를 쓰지 않은 사람을 찾아보기 어렵다. 회사에 출근해서도, 식당 종업원들도 하루 종일 마스크를 쓰고 일한다. 다른 나라에서는 보기 드문 광경이다.

하루에 수천, 수만 명의 확진자가 나오는데도 "마스크를 쓰고 안 쓰는 건 시민들의 자유"라면서 마스크 착용을 거부하는 사람들이 적지 않은 미국이나 유럽과는 문화 자체가 다르다. 그러니 대한민국에서 확진자 숫자가 외국보다 상대적으로 적은 건 어찌 보면 당연한 결과다.

만일 문재인 정부가 아니라 탄핵을 당해 쫓겨난 박근혜 정부였다면 우리 국민들은 마스크를 안 쓰고 다녔을까. "나는 대통령이 싫어서 마스크를 못 쓰겠다"고 했을까. 천만의 말씀이다. 누가 대통령이든 상관없이 우리 국민들은 꼬박꼬박 마스크를 쓰고 다녔을 것이다.

착각에서 벗어나야 한다. 문재인 정부가 잘해서 국민들이 코로나19 위기를 극복하고 있는 게 아니라 그 반대다. 국민들 덕분에 코로나19 위기가 극복되고 있고, 문재인 정부의 무능과 정책실패가 그 와중에 묻혀 가고 있는 것이다.

코로나19 대처를 정말 잘한 건 대만과 베트남, 뉴질랜드와 호주다. 그런 나라들은 슬쩍 건너뛰고 K방역 잘했다고 홍보예산을 1,200억이나 쓴다고 한다. 염치없는 정권이다.

코로나19가 만들어 낸 착시에서 벗어나려면 그것이 처음 국내에 유입됐던 2020년 1월부터 지금까지 벌어졌던 일들을 천천히 복기해 보면 된다. 타임머신을 타고 시간여행을 하듯 지금부터 과거의 기억 속으로 되돌아 가보자.

반쯤 죽었다 살아난 정권

중국 우한에서 폐렴과 비슷한 감염병이 발생했다는 사실이 알려진 건 2020년 1월 10일 경이었다. 한국과 중국의 빈번한 인적 교류를 감안할 때 국내에서 환자가 발생하는 건 시간문제였다. 총선이 불과 몇 달밖에 남지 않았으니 청와대와 민주당은 긴장할 수밖에 없었다.

예나 지금이나 역병이 발생하면 민심이 흉흉해진다. 방역 과정에서는 크고 작은 정부의 실책이 불거지게 마련이고 그게 집권여당에 악재가 될 것은 불 보듯 뻔한 일이다.

감염병이 터지자마자 대한의사협회는 "감염원인 중국으로부터의 인력유입을 시급히 차단해야 한다"고 주장했다. 하지만 정부는 어떻게 해서든 중국의 심기를 건드리지 않으려고 애쓰는 모습이 역력했다.

문재인 대통령은 2020년 2월 13일 경제계 주요 인사들과의 간담회에서 "방역당국이 긴장을 늦추지 않고 최선을 다하고 있기 때문에 코로나19는 머지않아 종식될 것"이라고 자신감을 피력했다. 그로부터 5일 뒤 대구에서 집단감염이 터졌다.

그동안은 질병 앞에 '일본 뇌염' '홍콩 독감'처럼 발생국가나 지역의 이름을 붙이는 게 일반적이었다. 하지만 중국은 '우한 코로나19'라는 표현에 거세게 반발했다. 중국 정부를 대변이라도 하듯 대한민국에선 정부가 앞장서서 '코로나19'로 불러야 한다고 분위기를 몰아갔다.

지난 2000년 벌어졌던 국산 마늘 파동을 떠올리면 문재인 정부의 처지가 이해는 된다. 당시 김대중 정부는 중국산 마늘 관세를 대폭 인상했다가 중국이 핸드폰 수입 금지로 보복하자 사실상 항복을 했다.

이제는 중국이 정치·경제·군사적으로 훨씬 막강해졌으니 더 신경이 쓰였을 것이다. 게다가 남북관계 개선에 사활을 건 문재인 정부로서는 북한에 대한 중국의 영향력을 고려해서라도 중국의 기분을 어떻게 해서든 상하지 않게 하고 싶었을 것이다.

하지만 감염병은 국민의 생명과 직결된 문제다. 국민의 생명과 재산을 지키는 것이 정부의 존재이유다. 중국 아니라 그 어떤 나라를 상대하더라도 마찬가지다. 문재인 정부는 그걸 소홀히 한다는 인상을 줬다.

여권 관계자들의 구설수도 이어졌다.

홍익표 민주당 수석대변인은 "대구·경북 지역에 최대한의 봉쇄조치를 취해야 한다"고 주장했다가 "중국엔 입도 뻥긋 못하더니 자기나라 국민은 봉쇄한다는 것이냐"는 거센 반발을 불러일으켰다. 그는 수석대변인 자리에서 물러났다.

박능후 보건복지부 장관은 국회법사위에 출석해 "코로나19 확산의 가장 큰 원인은 중국에서 들어온 한국인"이라며 "열도 기침도 없는 한국인이 감염원을 가져온 것"이라고 말했다. 우한에서 오는 중국인을 입국차단해봐야 실효성이 없다는 취지였겠지만 불쾌하기 짝이 없는 발언이었다.

2월 20일, 대구에서 코로나19로 인한 첫 사망자가 발생했다. 대만의 경우 최초 사망자가 발생했을 때 질병본부 책임자가 울먹이며 뉴스브리핑을 했다. 국가적 애도 분위기였다.

의도한 건 아니었겠지만 문재인 대통령은 최초 사망자가 발생한 날 청와대에서 영화 〈기생충〉의 제작진을 초청해 김정숙 여사가 만들었다는 '짜파구리(영화에 나온 라변으로 만든 요리)'를 먹으며 오찬을 했다. 김 여사가 파안대소하는 사진이 보도됐고, 그 장면은 국민들의 억장을 무너지게 했다.

코로나19, 월드컵 그리고 정치

2020년 1월부터 총선이 있었던 4월까지 문재인 대통령 지지율 추이는 민심의 변화를 고스란히 보여준다.

코로나19가 본격화되던 1월 셋째 주부터 문 대통령에 대한 부정적 평가(잘못하고 있다·46%)가 긍정적 평가(잘하고 있다·45%)를 넘어서기 시작했다. 2019년에 있었던 조국사태가 정리되기도 전에 코로나19 사태가 터졌고, 정부가 자국민들보다 중국에 더 신경을 쓰는 듯한 모습을 보였으니 여론이 좋을 리 없었다.

2월에는 마스크 대란 사태까지 터졌다. 약국 앞에는 마스크를 구입하려는 시민들이 장사진을 쳤다. 마스크 가격은 폭등했고, 시민들은 분노했다. 정부의 무능한 대처에 대한 실망이 갈수록 확대되면서 문 대통령에 대한 부정과 긍정은 50% 대 41%까지 벌어졌다. 당시 여론조사는 선관위 홈페이지에서 확인할 수 있다.

이때까지만 해도 두 달 앞으로 다가온 4·15 총선에서 정부 여당이 대패할 것이라는 예상이 압도적이었다. 문재인 대통령을 탄핵하라는 청와대 국민청원이 금방 50만 명을 넘겼을 만큼 분위기가 심각했다.

하지만 예상치 못한 반전 드라마가 펼쳐지기 시작했다. 코로나19가 아시아를 넘어 전 세계로 확산되기 시작한 3월부터 상황이 급변한 것이다.

중국, 한국, 일본, 대만과 동남아 국가들의 코로나19를 불구경하듯 바라보던 유럽과 미국에서도 확진자와 사망자가 걷잡을 수 없이 늘어나기 시작했다. 이탈리아의 경우 수십만 명의 중국노동자들이 의류, 신발 같은 명품 제조공장에서 일하고 있었는데 이들이 고향에서 설 연휴를 보내고 돌아온 뒤 코로나19가 급속히 확산됐다.

유럽은 코로나19 같은 감염병이 확산될 최적의 조건을 갖추고 있다. 무엇보다 셍겐 조약으로 EU 국가들간 국경이 철폐돼 대규모 인적이동이 수시로 이뤄진다. 또 중국발 황사와 미세먼지를 겪으며 마스크에 친숙해진 한국과는 달리 마스크 착용에 대한 거부감이 강하다. 정부가 시민의 자유를 제약하는 조치를 취하기 어려운 것도 애로사항일 것이다.

이유가 무엇이든 미국과 유럽에서의 코로나19 확산을 지켜보며 대한민국 국민들은 깜짝 놀랐다. 그동안 문재인 정부가 무능하다고 비판해왔는데 정작 선진국들의 대응이 한국보다 훨씬 못하다는 걸 알게 됐기 때문이다.

외신들 역시 대한민국을 성공 모델 삼아 보도하기 시작했다. 정부 지침을 국민들이 일사분란하게 따르고, 자발적으로 감염테스트를 받고, 환자가 발생하면 무료로 치료해주는 모습 등은 서구 언론의 시각으로는 놀라운 것이었다.

만족감은 대부분 상대적이다. 내가 아무리 힘들어도 남들보다는 처지가 낫다고 생각하면 안도하기 마련이다. 코로나19가 딱 그랬다. 3월에 접어들면서 국민들의 생각은 바뀌었다. 대한민국이 다른 선진국들보다 훌륭하다는 자부심이 한껏 고양됐다. 그것은 곧바로 애국심으로 이어졌다.

이런 경우 수혜자는 정부여당이 되기 십상이다. 누가 뭐래도 대한민국을 대표하는 구심점은 대통령이기 때문이다. 문재인 대통령에 대한 지지도는 다시 역전됐다. 빠른 속도로 긍정적 평가가 부정적 평가를 넘어서기 시작했다.

이와 비슷한 사례는 과거에도 있었다.

대한민국 축구 국가대표 '붉은악마'가 4강 신화를 썼던 2002년 월드컵 때다. 사람들은 길거리로 뛰쳐나가 "대~한~민~국"을 목 터져라 외치며 붉은악마를 응원했다. 너나없이 어깨동무를 하고 대한민국 국민임을 자랑스러워했다.

당시 임기 막바지이던 김대중 대통령은 세 아들의 뇌물수수 의혹인 이른바 '3홍 비리(세 아들의 이름이 홍일·홍업·홍걸이어서 그런 명칭이 붙었다)'가 터지는 바람에 심각한 정치적 위기를 겪고 있었다.

만일 월드컵이 아니었더라면 김 대통령 임기 마지막 해는 고통의 연속이었을 것이다. 정권을 재창출할 동력도 상실했을지 모른다.

하지만 월드컵이 시작된 뒤 붉은악마가 폴란드, 미국, 포르투갈에 이어 세계 최강팀 중 하나인 이탈리아까지 꺾자 대한민국은 온통 축제분위기로 변했다. 꿈에 그리던 월드컵 4강 진출. 대한민국은 다함께 뭉쳐 하나가 됐고, 대통령 아들들의 비리 따위는 국민들의 관심 밖으로 밀려났다.

따지고 보면 1996년 김영삼 정부가 극적으로 따낸 월드컵 한일 공동개최가 김대중 대통령을 살린 셈이다. 평생 라이벌이었던 두 사람의 관계를 생각하면 아이러니다. 하지만 그런 게 정치고 돌고 도는 세상사다.

돈 준다는데 싫다는 사람 없다

2002년 월드컵과 2020년 코로나19는 서로를 연결하는 공통점이 없다. 하나는 축구고 다른 하나는 감염병이다. 하지만 둘 다 국민들의 애국심을 극대화하는 계기가 됐다는 점에서는 같다. 월드컵은 즐거움을, 코로나19는 공포감을 줬지만 사람들은 좋을 때만 뭉치는 건 아니다. 두려울 때도 단합한다. 어쩌면 후자가 더 절박하고 강력할지도 모른다. 살아남아야 하니까.

공교롭게도 2020년 4·15 총선은 코로나19로 곤두박질쳤던 정부여당에 대한 지지가 대반전을 이루면서 정점에 오른 절묘한 시점에 치러졌다.

게다가 선거 막바지에는 문재인 정부의 결정타가 나왔다. 4인 가구당 100만원씩의 긴급재난지원금을 지급하겠다고 발표한 것이다.

평상시 같으면 야당과 언론은 돈 선거고 선심 공세라고 맹공을 퍼부었을 것이다. 하지만 그럴 분위기가 아니었다. 코로나19로 인해 국민들이 고통을 겪는 건 분명한 현실이고 다른 선진국들도 막대한 재난 자금을 살포하고 있었기 때문이다. 야당에게는 불행하게도 그것이 선거시기와 맞물린 것이다.

긴급재난지원금 살포가 여당의 총선승리에 도움을 줬다고 하면 민주당은 "국민의 수준을 무시한다"고 반발한다. 자신들이 잘해서 몰표를 받았을 뿐이라는 것이다.

과연 그럴까. 솔직히 말해 불법만 아니라면 돈을 준다는데 싫어할 유권자는 거의 없다. 총선을 즈음해 시중에서는 "야당이 승리하면 지원금을 깎거나 안 준다더라"는 소문이 퍼졌다. 지원금을 받으려면 여당을 찍어야 한다는 얘기다.

민주당 한정애 정책위원장은 2020년 9월 7일 방송에 출연해 진실을 말했다. 정부가 원래는 취약 계층을 중심으로 재난지원금을 주려다가 민주당이 우기는 바람에 전 국민 지원으로 돌아섰다는 것이다. 진행자가 "전 국민에게 지급하자는 주장에 선거논리가 개입돼 있었다는 말 아니냐"고 단도직입으로 묻자 한 위원장은 "일정부분 그런 게 있었다"고 시인했다.

그에 비해 미래통합당(국민의힘 전신)의 대응은 한심하기 짝이 없었다. 선거기간 내내 긴급재난지원금에 반대하다 분위기가 심상치 않자 총선을 불과 열흘 앞두고 갑자기 방향을 선회했다. 전 국민에게 50만원씩을 주자고 한 것이다. 하지만 민심은 이미 등을 돌린 뒤였다.

'추경예산을 편성해 어려운 국민을 지원하려고 애쓰는 정부여당' 대 '무책임한 비판만 일삼다 갑자기 돈을 주겠다고 나선 야당'이라는 정치적 프레임이 형성된 것이다.

3월 중순부터 4월 초에 접어들면서 유권자들의 인식은 그렇게 고착됐다. 총선도 진보여당의 압승과 보수야당의 역사적인 패배로 끝났다.

코로나19는 분명 문재인 정부에게는 '신의 한 수'였다. 하지만 정부가 잘해서 그런 결과가 나온 게 아니다. 단지 미국과 유럽이 코로나19로 무너지는 바람에 엉겁결에 반사이익을 얻게 된 것이다.

"정부 기구인 질병관리본부와 정은경 본부장이 잘 대처하지 않았느냐. 그럼 정부가 잘했다고 할 수 있는 거 아니냐."

그런 반론이 나올 수 있겠다. 맞는 얘기다. 하지만 질병관리본부의 방역시스템을 정비한 건 문재인 정부가 아니다. 그 역시 또 다른 어부지리였을 뿐이다.

그렇다면 도대체 대한민국은 어떻게 해서 코로나19와의 싸움을 성공적으로 해 나갈 수 있었던 것일까. 문재인 정부의 공이 아니라면 진짜 공을 세운 건 누구일까.

코로나19 방역의 진짜 주역

코로나19는 한국뿐 아니라 전 세계가 겪고 있는 인류의 재앙이다. 언제 끝날지도 모른다. 코로나19는 생태계를 마구 파괴한 인간에 대한 자연의 경고라는 얘기까지 나온다. 뭐가 됐든 우리로선 이 끔찍한 재앙을 이겨내기 위해 겸손한 마음으로 최선을 다해야 한다.

2020년 한해 내내 '대깨문'들은 "대한민국은 문재인 보유국"이라느니 "K방역의 놀라운 성과"라느니 하면서 '문비어천가'를 불러댔다. 그러다 2021년 전 세계 40여 개 국가에서 백신을 맞고 있는데도 그걸 멀뚱멀뚱 바라만 보는 상황이 오자 갑자기 백신의 후유증이 염려된다는 둥 온갖 핑계를 둘러대고 있다. 문 대통령은 백신이 도착하면 제일 먼저 그걸 맞는 모습을 연출할지도 모른다. 그럼 '대깨문'은 또다시 "역시 우리 대통령"이라며 분위기를 반전시키려고 기를 쓸 것이다.

그런다고 해서 진실이 변하는 건 하나도 없다. 분명한 건 대한민국이 코로나19와의 초기 싸움에서 그나마 선방했던 건 결코 '불세출의 대통령 문재인' 덕분이 아니라는 사실이다. 잘 갖춰진 방역시스템, 세계 최고의 의료보험과 정보통신망, 헌신적인 의료진, 성숙한 시민의식 등 다양한 요인들의 복합적 결과였을 뿐이다.

코로나19 대응의 진짜 공신들은 따로 있다는 얘기다. 그들을 만나보자.

적폐정권들이 보우하사?

가장 크게 도움이 됐던 건 대형병원들마다에 설치된 음압병실과 환자 발생 즉시 동선을 확인해 접촉자 추적이 시작됐던 방역시스템이었다. "우리가 언제 이런 시스템까지 갖추고 있었지?"하는 탄성이 나올 만했다. 하지만 거기엔 우여곡절이 있다.

박근혜 정부 시절이던 2015년 5월 급성호흡기증후군 메르스Middle East Respiratory Syndrome가 발병했다. 중동지역 바레인을 다녀온 여행객이 최초 전염원이었다.

질병관리본부와 병원들의 초기 대응은 허술하기 짝이 없었다. 치사율이 20%나 되는 무시무시한 감염병인데도 환자가 누구고, 어느 병원에서 치료를 받았는지조차 확인되지 않아 우왕좌왕했다. 그러는 사이 186명이 감염돼 38명이 사망했다. 한국이 메르스 발원지인 중동 국가들보다도 오히려 환자가 많은 세계 2위 감염국의 오명을 뒤집어 쓴 것이다.

대한의사협회는 ▷초기대응 실패 ▷컨트롤타워 부재로 인한 리더십 혼란 ▷역학조사관 등 방역인력 부족 ▷불안감만 키운 대국민 소통방식을 문제로 지적했다.

메르스는 두 달 만에 가라앉았다. 하지만 전문가들은 유사한 감염병이 앞으로 계속 터져 나올 것이라고 경고했다.

정부도 대책수립에 나섰다. 우선 현장에서 상황을 판단하는 핵심요원인 질병관리본부 역학조사관의 숫자를 대폭 늘렸다. 2015년 당시 30여

명에 불과했던 역학조사관은 그 뒤 5년간 200여 명으로 늘어났다. 전국에 500개 남짓이던 음압병실도 1,800여 개로 늘었다.

질병관리본부의 시스템도 정비됐다. 감염병 컨트롤타워를 누가 맡을지, 병원들로부터의 보고는 어디서 취합하고, 환자들 동선과 관련 병원 정보는 언제 알릴지 등 각종 방역 매뉴얼이 마련됐다. 따지고 보면 박근혜 정부 때 준비된 이런 대책들이 5년 뒤 문재인 정부의 코로나19 대응에 결정적인 도움을 준 것이다. 아이러니다.

방역 성공의 두 번째 공신은 의료보험 제도를 들 수 있다.

대한민국처럼 동네방네 병원이 널려 있고 누구나, 아무 때나 진료를 받을 수 있는 나라는 세계 어디에도 없다. 국내에 거주하는 외국인들 입에서 "한국의 의료보험 제도가 세계 최고"라는 칭송이 나올 만하다.

미국은 인구 3억 3,000만 명 중 의료보험 혜택에서 제외된 사람들이 5,000만 명에 육박한다. 코로나19에 걸렸는데 보험이 없으면 천문학적 치료비용이 든다. 가난한 사람들 입장에선 '앓느니 죽는다'는 말처럼 아파도 병원에 갈 처지가 못 되는 것이다. 의료 사각지대에 놓인 저소득층이 코로나19의 공격을 받아 많이 희생됐다.

귀족진보 입장에선 부정하고 싶겠지만 세계 최고라는 대한민국의 의료보험제도는 그들이 '적폐 원조'라고 몰아붙이는 박정희 정부 때 만들어졌다. 1977년 500인 이상 직장인들을 대상으로 의료보험이 시작됐고 1979년에 공무원과 사립교원에게까지 영역이 확대됐다. 그 뒤 노태우 정부 때 농어촌과 도시자영업자들이 포함됨으로써 전 국민 의료보험 체계가 완성된 것이다.

세 번째는 국내의료진의 우수한 실력이다. 지난 수십 년간 이공계의 우수한 인재들이 대부분 의대로 몰렸다. 수학, 물리, 화학 같은 기초과학 분야에 인재들이 가지 않는다는 개탄도 나왔지만 반대급부로 대한민국 의료진의 실력이 세계 최고 수준으로 올라간 것도 사실이다.

동네 병원에 가보면 의사들은 불과 몇 분 만에 신속하게 환자들을 진료한다. 의료보험 수가가 싸고, 의사들끼리의 경쟁도 치열하기 때문이다. 충분한 진료를 받지 못한다고 불만을 표시하는 환자들도 있지만 사전예약 등의 절차가 없으면 아예 병원에 가기 힘든 외국보다는 훨씬 낫다.

황세희 국립중앙의료원 건강증진예방센터장은 "한국만큼 양질의 의료서비스를 저렴하게 이용할 수 있는 나라는 없다"면서 "수십 년간 지속된 우수인력의 의료계 쏠림 현상, 3분 진료를 양산한 저수가정책, 전 국민 의료보험제도 정착, 사회공헌 목적의 대기업 첨단 병원 설립 등 특유의 사회문화적 요소들이 절묘하게 동시다발적으로 어우러져 코로나19 극복에 도움이 됐다"고 지적했다.

네 번째로는 다른 나라에 비해 크게 앞선 정보통신망을 들 수 있다.

각 지역에서 확진자가 발생하면 행정자치부와 지자체는 인터넷과 핸드폰 문자서비스 등을 통해 환자의 동선을 실시간으로 국민들에게 알려준다. 대한민국이 전 세계에서 둘째가라면 서러운 정보통신기술IT 강국이기 때문에 가능한 일이다.

프랑스 같은 나라는 대한민국의 확진자 동선 공개를 "시민 사생활 침해"라고 비판한다. 하지만 엄밀히 말해 프랑스는 IT인프라가 부실해 한국 같은 대응을 하고 싶어도 하기가 쉽지 않다.

고생은 국민이, 생색은 문재인이

마지막으로 국민들의 높은 의식수준을 빼놓을 수가 없다. 성숙한 국민의식이야말로 코로나19를 극복해 나가는 데 있어 가장 결정적인 요소였다. 모두가 어디서든 마스크를 쓰고 있다는 얘기는 앞서도 했지만 그것 말고도 대한민국 국민들이 칭송을 받아야 할 이유는 무수히 많다.

대표적으로 다른 나라들에서 벌어진 사재기 현상이 없었다. 아무도 마트로 몰려가 쌀, 생수, 휴지와 생필품 같은 걸 싹쓸이하지 않았다. 선진국이라는 나라들의 텅텅 빈 대형마트와 물건들로 가득 찬 대한민국 마트는 극적인 대비가 됐다. 과연 어느 나라가 진짜 선진국인가.

사재기가 없었던 것도 문재인 대통령 덕분이라는 식의 주장은 제발 하지 말아주기 바란다. 국민들이 알아서, 자발적으로 그렇게 한 것이다.

대한민국에선 사재기가 아니라 반대의 일이 벌어졌다. 집단감염이 발생한 대구로 의사와 간호사를 포함해 자원봉사자들이 대거 달려간 것이다. 대구시민들 역시 도시를 탈출하는 대신 감염 확산을 막기 위해 최대한 다른 지역 방문을 삼갔다. 놀라운 시민의식의 발로이자 코로나19 시대에 꽃 핀 휴먼스토리였다.

대한민국 민간 분야의 경쟁력과 수준을 입증해준 사례는 훨씬 더 많다.

줄을 늘어서지 않고 승용차 안에서 검사를 받는 '드라이브 스루Drive Through'는 인천감염내과 김진용 과장이 고안한 것이다. 대구 칠곡 경북대병원이 곧바로 도입했고 다른 병원들도 앞다퉈 채택해 감염확산 방지에 큰 도움이 됐다. 드라이브 스루 방식은 이제 전 세계의 표준이 됐다.

마스크 대란 때 의료보험카드 번호를 확인해 요일별로 마스크를 팔자는 제안 역시 시민들로부터 나온 것이다. 일부 제조업자들과 유통업자들의 농간으로 마스크 가격이 폭등하고 품귀 현상을 보이는데도 속수무책이던 보건당국에게 해결책을 준 것이다.

감염병 진단키트가 다량 보급돼 외국과는 달리 많은 사람들이 손쉽게 검사를 받을 수 있었던 건 벤처기업들의 발 빠른 대응 덕분이었다.

정부의 노력을 폄하하자는 게 아니다. 단지 대한민국 국민들이 코로나19 극복을 위해 얼마나 단합하면서 헌신적으로 잘 해왔는지를 말하고 싶을 뿐이다. 문재인 정부는 속된 말로 거기에 그냥 숟가락만 얹은 것이다. 그것이 진실이다.

그러므로 '다른 나라에는 코로나19가 있고 우리에겐 문재인이 있다'는 식의 가짜 영웅 만들기는 중단돼야 한다. 참으로 유치하고 들어주기 힘들다.

경제, 이보다 못하기도 어렵다

'밥이 하늘이다'라는 말이 있다. 그렇다. 국민들에게는 먹고사는 문제가 무엇보다 중요하다. 박정희가 독재를 한 것이 분명한데도, 그 시대를 살았던 적잖은 사람들이 아직도 그를 좋게 기억하고 평가하는 이유가 뭘까. 그건 아마 박정희가 주도한 산업화를 통해 대한민국이 배고픔에서 벗어나 고도성장의 발판을 마련하게 됐다고 생각하기 때문일 것이다.

하지만 딱 거기까지다. 영웅은 시대의 산물일 뿐이다. 만일 박정희가 지금 집권하고 있다면 또다시 경제성장의 기적을 연출해 낼 수 있을까. 불가능할 것이다.

예를 들어보자. '한강의 기적'을 상징하는 경부고속도로는 1968년 착공돼 불과 3년 만에 초고속으로 완공됐다. 하지만 피해도 컸다. 공사 과정에서 인부 수백 명(공식발표만 77명)이 희생됐다.

지금 같으면 상상할 수 없는 일이다. 2004년 KTX 고속철도 건설 당시에는 천성산에 터널을 뚫으면 도롱뇽 생태계가 파괴된다는 항의 시위 때문에 공사가 중단되고 천문학적 피해가 발생했다. 그럴 정도로 세상은 달라졌다.

바닷가 허허벌판에 포항제철을 세운 것이나 4,600세대가 강제 이주당하고 2,700ha의 논밭이 수몰됐던 소양강댐 건설 역시 지금 기준으로 보면 거의 불가능한 일이다.

이제는 더 이상 정부가 경제개발 계획을 앞세워 기업들을 끌고 갈 수도 없다. 1950~60년대에 설탕과 밀가루를 수입해 팔고, 가발과 운동화를 만들어 수출하던 대한민국 기업들은 이제 반도체와 핸드폰으로 세계시장을 석권했고 철강, 화학, 자동차, 가전 등으로 각자 알아서 국위를 선양하고 있다.

하지만 세상에는 시대의 변화를 받아들이지 않고 과거의 가치관에만 매몰돼 있는 사람들도 적지 않다. 그런 사람들을 수구守舊라고 부른다. 주로 보수진영에 많다.

특이하게도 대한민국에서는 스스로 진보라고 주장하면서도 실제로는 수구적인 사람들이 적지 않다. '586운동권'을 주축으로 한 귀족진보가 그렇다.

세상은 변했는데 여전히 1980년대 '군사정권 대 운동권'의 사고방식, 다시 말해 '선과 악'의 세계관에서 한 치도 벗어나지 못하고 있기 때문이다. 그런 측면에서 보자면 귀족진보는 '수구진보'라고 할 수 있다.

누구나 자신만의 인생과 세상을 산다. 따라서 귀족진보가 권력만 잡지 않았다면 그들이 무슨 생각을 하고 어떻게 살던 신경 쓸 이유는 없다. 하지만 그들은 집권했고, 대한민국은 그들의 가치관과 세계관에 의해 크게 좌우되고 있다.

귀족진보는 대한민국의 모든 분야를 골고루 망가뜨리고 있지만 가장 큰 타격을 입은 건 역시 경제다. 대한민국 경제가 설익은 이상주의와 허황된 이론의 경연장이 돼버렸기 때문이다.

경제학이 기가 막혀

문재인 정부가 집권과 함께 내세운 구호는 '사람이 먼저다'였다. 듣기만 해도 가슴 뭉클하다. 사람이 먼저이기 위한 실천 프로그램도 나왔다. '소득주도성장'이다.

사람들은 그동안 열심히 일해 좋은 성과가 나오면 그걸 나누는 게 상식이라고 알고 있었다. 개인과 사회, 가계와 기업이 모두 그렇다.

소득주도성장은 거꾸로 간다. 기업이 낸 성과를 나누는 게 아니다. 분배부터 먼저 하면 기업도 성장하게 된다는 '신박한' 이론이다. 아마도 1930년대 대공황 때 미국 루즈벨트 대통령이 실시한 뉴딜정책이나 2008년 세계 금융위기 때 미국 정부가 재정을 풀어 위기를 넘긴 사례를 염두에 뒀을 것이다. 하지만 재정정책은 위기극복을 위한 긴급조치고 한시적인 개입일 뿐이다.

문재인 정부는 검증되지 않은 소득주도성장을 앞세워 취임 첫해에 최저임금을 시간당 6,470원에서 7,530원으로 무려 16.4%나 올렸다.

아르바이트생들을 고용해야 하는 자영업자들이 아우성을 쳤다. 경제학자들은 부작용을 경고했다. 청와대는 아랑곳하지 않았다. 그런 아우성과 경고를 '반개혁 세력들의 헛소리'로 몰아붙였다.

경제는 제자리걸음인데 임금폭탄이 떨어지니 결과는 뻔했다.

대기업들은 그나마 버텼다. 하지만 편의점과 치킨집 등 자영업자들은 최저임금 부담 때문에 아르바이트생들을 해고하거나 그마저 여력이 안

되면 줄줄이 폐업했다. 허울 좋은 '사람이 먼저다'가 결과적으로 청년들로부터는 아르바이트 자리를, 자영업자들로부터는 생계의 수단을 빼앗아가 버린 것이다.

문재인 정부의 최저임금 정책이 얼마나 '엉터리'였는지는 통계로 금방 확인된다. 취임 첫해에 16.4%, 둘째 해에 10.9% 올라갔던 최저임금(시행은 결정된 다음해에 반영된다)은 3년차에는 2.9%로 상승률이 급격히 떨어졌고 4년차에는 1.5% 상승에 그쳤다. 1.5%는 1988년 최저임금제가 시행 된 이후 지금까지 가장 낮은 상승률이다.

이쯤 되면 거의 '최저임금 대국민 사기극'에 가깝다. 조삼모사朝三暮四라는 고사성어가 이보다 더 잘 어울릴 수는 없을 것이다.

국민들에게 '저녁이 있는 삶'을 돌려준다며 강행한 '주 52시간 근무제'도 비슷한 경로를 걷고 있다. 주당 법정 근로시간 68시간을 52시간으로 단축한다는 근로기준법 개정안은 2018년 2월 국회를 통과했다. 노사가 합의를 해도 52시간 이상은 일할 수 없고, 그걸 위반하면 2년 이하의 징역, 2,000만 원 이하의 벌금에 처한다는 것이다. 근무시간을 줄였으니 기업들이 고용을 늘려 일자리가 늘어날 것이란 단순한 셈법을 염두에 둔 것으로 보인다.

종업원 300인 이상 사업장과 공공기관은 2018년 7월부터 곧바로 시행에 들어갔다.

문제는 중소기업과 영세사업자들이다. "주 52시간을 법대로 적용하면 추가인력을 고용할 형편이 안 되는 기업들은 견딜 수가 없다"는 아우성이 터져 나왔다. 휴일 근무수당이 줄어든 근로자들 사이에서도 "저녁이 있는 삶은 좋은데 배가 고프다"는 볼멘소리들이 적지 않았다. 문재인 정부는 결국 2019년 12월 50~299인 사업장에 대해 주52시간 근무제 유예를 결정했다.

문재인 정부의 경제정책은 매사가 이런 식이다. 감성을 자극하는 화려한 미사여구와 거창한 팡파르로 시작하지만 부작용만 잔뜩 양산해 놓고 슬그머니 발을 빼 버린다. 엉터리 정책의 최대 피해자로 남는 건 언제나 귀족진보가 입만 열면 떠들어대는 사회적 약자와 서민들이다.

국회정무위 윤창현(국민의힘) 의원 자료에 따르면 문재인 대통령은 2017년 5월부터 2019년 5월까지 각종 연설 등에서 '소득주도성장'이라는 단어를 총 52회 언급했다. 하지만 그 이후부터는 단 한 차례도 입에 올리지 않고 있다. 청와대 홈페이지에서도 2020년 5월 이후 소득주도성장이라는 키워드가 기록돼 있지 않다고 한다.

이낙연 더불어민주당 대표는 국무총리 재임기간(2017년 5월~2020년 1월) 중 소득주도성장이란 단어를 11번 언급했지만 후임인 정세균 총리는 전혀 언급이 없다.

2020년 4·15 총선 때도 마찬가지였다. 여당 후보들 중 누구도 소득주도성장을 입 밖에 꺼내지 않았다. 그게 중앙당 차원의 지시였는지, 후보들의 자체 판단이었는지는 알 수 없다.

문재인 정부가 출범한 이후 소득주도성장을 놓고 벌어졌던 논쟁을 떠올리면 허망하기 그지없다. 전문가들이 위험성을 경고하면 청와대· 민주당·정부는 3위일체로 똘똘 뭉쳐 "OECD에서 검증이 끝난 이론"이라고 펄펄 뛰었다. 야당과 언론과 경제학자들을 사회적 약자와 서민을 아랑곳하지 않는 '악당'으로 몰아세웠다. 그럴수록 '대깨문'들은 "역시 우리 대통령"이라면서 '울컥'하고 '뭉클'해 했다.

그래서 결국 어떻게 됐는가. 진실은 무엇이었는가.

소득주도성장에 대해, 최저임금에 대해, 주52시간 근무에 대해 청와대와 민주당의 귀족진보들은 왜 입을 굳게 다물고 있는가. 2018년 말, 늦어도 2019이면 소득주도성장의 효과가 반드시 나타난다고 장담하지 않았는가. 혹시 두루뭉수리 뭉개면서 코로나19 이슈로 덮어버리면 어리석은 국민들이 금방 잊어버릴 것이라고 생각하는 건 아닌가. 그게 민주주의고 책임정치인가. 참으로 분통 터진다.

4대강은 자전거 도로라도 남았다

문재인과 귀족진보가 쏟아놓았던 무책임한 말잔치는 한두 가지가 아니다.

문재인은 대선후보 시절 "이명박 정부의 4대강 예산 22조 원으로 연봉 2,200만 원짜리 일자리 100만 개를 만들 수 있다. (박근혜)정부의 고용예산 17조 원 중 10조 원이면 초임 200만 원 공무원 50만 명을 고용할 수 있다"고 호언장담 했다.

그것을 입증하겠다는 듯 대통령에 취임하자마자 청와대 집무실에 일자리 상황판을 설치했다. 기업들 대신 정부가 직접 일자리 창출의 주체로 나선 것이다. 그 장면은 TV로 생중계됐다. 대통령이 워낙 자신감을 보이니 국민들도 "앞으로는 일자리 풍년이 들겠다"며 기대를 걸었다.

하지만 그 이후에 벌어진 일들은 거의 코미디에 가깝다.

문재인 정부는 2018~2019년 2년간 일자리 예산으로 54조 원을 쏟아부었다. 2020년에도 23조 원의 예산을 썼으니 다 합치면 77조 원이다. 이명박 정부 때 4대강에 쓰였던 예산 22조 원의 3.5배다.

충격적인 건 그 결과다. 정부는 2020년 1월 일자리 56만 개가 늘어났다고 발표했다. 그런데 그 중 50만개가 60대 이상 노년층 일자리였다. 경제활동의 주축인 40대 일자리는 오히려 줄었다.

2020년만 그런 게 아니다. 문재인 정부 출범 이후 3년 동안 청년들 일자리는 해마다 줄었다. 대신 노인들이 횡단보도 앞에서 신호가 바뀌면 깃발로 수신호를 해주거나, 여럿이 몰려다니며 길거리에서 휴지를 줍는 것 같은, 세금을 쏟아 부어 억지로 만든 전시성 일자리만 계속 늘어났다.

국민의 소중한 세금을 이렇게 낭비하면서도 양심의 가책을 받지 않는 것일까. 아니면 평생 '운동권'임을 앞세워 남들한테 큰소리만 치고 살아왔기 때문에 돈 버는 게 얼마나 힘든지 몰라서 그러는 걸까.

이명박의 4대강 22조 원에 대해서는 '혈세낭비'라며 목숨 걸고 달려들던 진보 시민단체들은 밑 빠진 독에 물 붓듯 사라져버린 문재인의 77조 원 세금낭비에 대해서는 입도 뻥긋하지 않고 있다. 이러면서 감히 시민단체라는 이름을 쓸 수 있는 걸까.

문재인과 귀족진보는 자신들이 집권한 뒤 한국 경제가 순풍에 돛 단 듯 잘 나가고 있었는데 갑자기 코로나19 때문에 힘들어진 것처럼 국민들을 호도하고 있다. 사실이 아니다. 한국경제는 코로나19가 터지기 전부터 곤두박질치고 있었다.

2018년 3만 3,340 달러였던 대한민국 1인당 국민총생산GDP은 2019년에 3만 1,681 달러로 줄어들었다. 세계경제는 호황이었고, 다른 나라들은 성장하고 있는데 우리나라만 1인당 GDP가 무려 5%나 감소한 것이다.

기업들의 2019년 영업이익(금융업제외)과 순이익도 2018년에 비해 각각 37.04%와 52.82%가 감소했다. 모두 다 코로나19 이전에 벌어진 일이다.

통계가 맘에 안 들면 청장을 바꿔라?

기업과 국가경제는 그렇다 치고 그럼 문재인 정부가 출범하고 난 뒤 부자와 가난한 사람들 간의 양극화는 얼마나 줄어들었을까.

그걸 알아보려면 상위 20%의 소득을 하위 20%의 소득으로 나눠 그 격차를 보여주는 소득5분위 배율을 봐야 한다. 예를 들어 5분위 배율이 5.5라면 상위 20% 부자 가구의 평균소득이 하위 20% 가구 소득의 5.5배라는 의미다. 이 수치가 적을수록 양극화가 덜 한 것이다.

문재인 정부가 소득주도성장을 밀어붙이고 1년이 지난 뒤인 2018년 8월 통계청이 '2018년 2분기(4~6월) 소득부문 가계동향 조사 결과'를 발표했다.

이 조사에 따르면 소득 최하위 20%(1분위) 가계의 명목 소득은 그 전해 같은 기간보다 7.6% 줄어들었고, 최상위 20%(5분위) 고소득층은 10.3% 증가했다. 쉽게 말해 최저임금을 대폭 올리고 소득주도성장을 강행했지만 빈부격차는 더 커진 것이다.

서민들을 위한다는 정부에서 이게 뭐냐며 여론이 들끓었다. 그러자 이런 통계자료를 '겁도 없이' 발표한 황수경 통계청장이 전격 교체됐다. 후임에는 강신욱 한국보건사회연구원 선임연구위원이 임명됐다. 그는 "최저임금 인상이 긍정적 효과를 보고 있다"는 연구자료를 청와대에 제출했던 인물이다.

황 청장은 퇴임식에서 "통계가 정치적 도구가 되지 않도록 심혈을 기울였다. 그것이 국가통계에 대한 국민신뢰를 얻는 올바른 길이었기 때문"이라며 울먹였다.

통계청 공무원 노조도 "역대 그 어느 청장보다 통계의 중립을 지키기 위해, 조직의 수평적 문화를 이루기 위해 노력을 아끼지 않았던 황 청장이 갑자기 떠났다"며 "공정과 정의를 바로 세우기 위해 탄생한 정부의 인사가 이 정도 수준밖에 되지 않는 건지 청와대의 해명이 반드시 있어야 한다"는 성명서를 발표했다.

청장이 바뀌자 통계청도 달라졌다. 130억 원을 들여 새로운 표본설계를 만들었다.

예를 들어 기존 방식을 적용하면 2019년 5분위 배율은 5.43이다. 고소득층 20%가 저소득층 20%보다 5.43배의 소득을 더 올렸다는 것이다. 하지만 새롭게 변경된 방식에 따르면 5분위 배율이 4.76이 된다. 현실은 달라진 게 없는데 통계상 빈부격차가 대폭 줄어든 것이다.

2020년 10월 국정감사에서 통계청장 출신인 국민의힘 유경준 의원은 "통계청이 조사 방식을 바꾸면서 표본집단에서 의도적으로 저소득층 비율을 줄이고 고소득층 비율을 늘려 소득 5분위 배율이 대폭 축소됐다"면서 "정부에 유리한 통계를 생성하기 위한 꼼수"라고 비판했다. 하지만 강신욱 통계청장은 이를 강력히 부인했다.

나는 통계 전문가가 아니기 때문에 전문적인 논쟁에 끼어들고 싶지는 않다.

하지만 이것만은 지적해야겠다. 과거 공산주의 국가들은 예외 없이 통계를 조작해 인민들을 기만해왔다. 소련과 동구권 국가들에서 통계상으로는 해마다 생산량이 목표량을 크게 초과했다. 하지만 인민들은 늘 굶주렸다.

북한은 걸핏하면 천리마 운동으로 목표량의 500~1,000%를 초과 달성했다고 발표한다. 코로나19의 발원지 중국도 코로나19를 완전 박멸해 이제 환자가 단 한 명도 없다고 한다. 과연 그런 발표를 믿을 수 있을까.

갑자기 기존 방식을 바꾼 게 문제로 보이지만 그걸 대놓고 조작이라고 할 수 있는 건지는 모르겠다. 설마 대한민국 통계청이 과거 공산주의 국가들처럼 통계를 조작하기야 하겠는가. 하지만 법무장관이 국회에서 대놓고 거짓말을 하고도 오히려 큰 소리를 치는 정부 밑에서 살다보니 솔직히 통계청을 신뢰하기 힘든 것도 사실이다.

대통령 생각에 현실을 맞추나

국민들을 더 잘 먹고 잘 살게 만드는 것은 모든 대통령들의 목표다. 따라서 자신의 집권기간에 국민 1인당 GDP가 줄어드는 사태가 벌어진다면 밤잠이 안 오는 게 정상일 것이다.

하지만 대통령 문재인이 그럴 일은 없을 것 같다. 본인은 한국경제의 현실을 매우 낙관적으로 바라보고 있기 때문이다.

문 대통령은 2020년 1월 7일 신년사에서 "지난해 기초연금 인상, 근로장려금 확대 등 포용정책의 성과로 지니계수, 5분위배율, 상대적 빈곤율 등 3대 분배지표가 모두 개선되었습니다. 가계소득도 모든 계층에서 고르게 증가했고, 특히 저소득 1분위 계층의 소득이 증가세로 전환 되었습니다"라고 주장했다.

이에 대해 오마이뉴스 같은 진보언론조차 "대통령의 신년사는 대부분의 국민들에게는 이질적으로 다가온다. 경제가 나아진다는 것도, 일자리가 늘어난다는 것도 체감하기 어렵다"며 대통령의 낙관론을 비판했다.

그런 지적이 뜨끔했는지, 문 대통령은 일주일 뒤인 1월 14일 신년기자회견에서는 이렇게 말했다.

"제가 경제에 대해서 조금 긍정적인 말씀을 드리면 우리 현실경제의 어려움을 제대로 모르고 너무 안이하게 인식하는 게 아니냐, 그런 비판을 받습니다. 그러나 아시다시피 우리 경제지표는 늘 긍정적인 지표와 부정적인 지표가 혼재합니다. 제가 지난번 신년사 때 신년사이기 때문에 보다 긍정적인 지표를 많이 말했을 수는 있습니다. 그러나 제가 말한 내용은 전부 사실입니다. (중략) 분명한 것은 우리 경제에서 부정적인 지표들은 점점 적어지고, 긍정적인 지표들이 점점 늘어나고 있다는 것은 분명한 것 같습니다."

경제가 잘 돌아간다는 문 대통령의 믿음에는 끝이 없다.

2020년 6월 1일 청와대에서 열린 제6차 비상경제회의에서 그는 "1분기 경제성장률이 마이너스를 기록했지만 다른 주요국에 비해 양호했고, 연간 성장전망도 OECD 국가 중 1위를 유지하고 있다"며 "코로나19 방역에서 비교적 조기 진정세를 보인데다 신속하고 과감한 경기대책을 실행한 덕분"이라고 말했다.

10월 28일 국회 예산안 시정연설 때는 "정부의 적극적인 재정정책과 한국판 뉴딜정책 등 효과적 경제대응이 더해지며 한국은 가장 빠르게 경제를 회복하고 있는 나라로 평가받고 있다"고 강조했다.

앞서 지적했지만 코로나19 정국에서 한국경제가 그나마 선방한 것은 정부가 잘해서가 아니다. 기업들의 노력과 국민들의 협조, 의료진의 헌신과 과거 정부들로부터 물려받은 각종 방역장치 등 다양한 요인들이 결합된 결과다. 문재인 정부는 그 과실을 따먹고 있을 뿐이다. 만일 코로나19가 없었으면 심각했을 경제 실패들이 모두 묻혀버렸다. 그런데도 대통령은 엉뚱한 자화자찬을 하고 있는 것이다.

문화일보가 창간 29년을 맞아 2020년 10월 전국 성인남녀 1029명을 대상으로 실시한 '경제민심동향 설문조사'에서 응답자의 54.4%는 문재인 정부의 경제정책에 F학점을 매겼다. 그 전 해 같은 설문조사에서는 29.4%였는데 1년 사이에 25.0% 포인트가 늘어난 것이다. A학점(13.1%)과 B학점(10.9%)를 합쳐 잘했다는 응답은 24%에 불과했다.

아무리 봐도 경제에 대한 대통령의 인식과 국민들이 체감하는 경제현실 사이에는 커다란 강이 흐르고 있는 것 같다. 국민들은 힘들다고 아우성인데 대통령은 모든 게 다 잘되고 있다고 주장한다.

이쯤 되면 궁금해진다. 대통령이 국민들의 아우성을 들어야 한다고 믿고 있었는데 그게 아닌가. '문재인 보유국'에서는 국민들과 현실이 대통령의 인식에 맞춰야 하는 것인가.

재앙이 된 부동산과 원전정책

코로나19는 모든 경제지표를 왜곡하고 정치적 책임소재도 불분명하게 만들어 버렸다. 안 되는 건 다 코로나19 탓이고 잘되는 건 모두 문재인 정부의 K방역 덕분이라고 물타기를 하고 있기 때문이다. 하지만 심지어 코로나19로도 덮을 수 없을 만큼 엉망진창이 돼버린 정책 두 가지가 있다. 부동산과 원전原電이다.

먼저 부동산을 살펴보자.

문재인 정부의 부동산 정책은 기네스북에 올라가거나 해외토픽에 나가도 전혀 이상하지 않을 만큼 기이하다. 정부가 부동산 가격을 잡겠다는 정책을 발표할 때마다 집값이 폭등하고 있기 때문이다.

정책은 목표와 실행과정 모두에서 국민의 삶을 향상시키기 위한 보편타당성이 있어야 한다. 하지만 문재인과 귀족진보는 정책을 자신들의 설익은 이념을 관철시키기 위한 도구로 사용하고 있다. 그러다보니 부작용이 발생하고 동티가 난다.

2020년 7월 30일 민주당은 국회에서 임대차3법(계약갱신청구권·전월세상한제·임대차신고제)을 야당 없이 단독 통과시켰다.

계약갱신청구권은 기존 2년인 임대차 기간을 세입자가 요구하면 2년 더 연장하도록 강제하는 것이다. 집주인 본인이 거주하겠다고 할 경우만 예외다. 전월세 상한제는 임대료 상승폭을 연 5%로 제한하는 것이고, 신고제는 임대차계약을 맺으면 30일 내로 신고하라는 것이다.

부동산 전문가들은 처음부터 부작용을 크게 우려했다.

1989년 노태우 정부 때도 임대차 계약기간을 1년에서 2년으로 늘리자 전셋값이 폭등했다. 집주인들이 '2년치 인상분+α(알파)'를 한꺼번에 올렸기 때문이다. 뛰는 전셋값을 감당하지 못해 세입자들이 자살하는 사태가 잇따르자 노태우 정부가 돌파구로 찾아낸 게 분당과 일산의 제1기 신도시였다.

민주당이 통과시킨 법안은 그보다 한 술 더 떠 한번 전세를 주면 4년을 보장하라는 것이다. 전세시장이 요동치리라는 건 누구라도 예상할 수 있었다.

실제로 그렇게 됐다. 2020년 7월 11,480건이던 서울지역 아파트 전세 거래는 9월에는 4,518건으로 무려 61%가 줄었다. 곧바로 전세가가 폭등하기 시작했다. 서울 강서구 가양동에서는 9팀이 줄을 서서 전셋집을 보고 즉석에서 제비뽑기로 입주자를 결정하는 촌극도 벌어졌다.

정부의 경제 사령탑인 홍남기 기획재정부장관의 사례는 코미디의 하이라이트다.

홍 장관은 마포구 염리동 아파트에 전세금 6억 3,000만 원에 살고 있었다. 임대차3법이 시행되자 홍 장관의 아파트도 전세 시세가 갑자기 2억원 이상 뛰었다. 그러자 집주인이 자신이 살겠다며 홍 장관에게 나가달라고 요구한 것이다. 설상가상으로 홍 장관은 세종시에 아파트 분양권이 있고 의왕시에 집이 있는 2주택자다. 정부 방침에 따라 한 채를 팔아야 하는데 의왕에 살던 세입자 역시 임대차3법을 내세워 더 살겠다고 나서는 바람에 집을 팔 수도 없게 된 것이다.

2020년 10월 국감에서 야당의 윤희숙 의원은 홍 장관에게 "염리동은 전세 매물도 3개밖에 없고 1년 동안 2억 5,000만 원이나 올랐다"며 "경제적 약자를 위해 정책을 만들었는데 그 정책이 오히려 어려운 사람을 더 어렵게 하고 부메랑이 부총리에게 곧장 간다는 것이 정책 만드는 사람을 겸손하게 하는 것 같다"고 말했다. 정부 정책을 에둘러 비웃은 것이다.

부동산과 전쟁이다, 우리편은 빼고

홍 장관의 사례를 들지 않더라도 문재인 정부의 부동산 정책은 코미디가 아니라면 막장 드라마다.

문 대통령은 2020년 1월 신년사에서 "부동산 시장의 안정, 실수요자 보호, 투기억제에 대한 정부의 의지는 확고하다"며 "부동산 투기와의 전쟁에서 결코 지지 않겠다"고 자신감을 표시했다.

하지만 곧이어 청와대 수석들과 비서관들, 행정부의 장차관들, 민주당 의원들 중에서도 다주택자들이 즐비하다는 사실이 밝혀졌다. 만일 대통령이 약속을 지키려면 자기 사람들과 먼저 전쟁을 해야 할 판인 것이다.

김대중 전 대통령의 3남인 민주당 김홍걸 의원은 서울서초·강남·마포의 이른바 노른자위 지역에 집 세 채를 갖고 있다. 신고가만 76억

4,700만 원이다. 투기라는 비난 여론이 일자 김 의원은 강남의 아파트를 아들에게 증여했다. 그는 또 자신의 아파트 전세금 4억 원을 올려 받은 직후 집주인이 임대료를 급격히 올리지 못하도록 하는 법안을 발의했다. 이쯤 되면 위선의 극치다.

2020년 10월에 발표된 경제정의실천시민연합(경실련) 자료에 따르면 국무총리실 고위공직자 35명중 31.5%인 11명이 다주택자다. 이중 3명은 집이 세 채다. 다주택자들이 보유한 아파트 1채당 평균 가격은 문재인 정부 집권초반인 2017년 5월 7억 8,000만 원이었는데 2020년 10월 12억 9,000만 원이 됐다. 3년 사이에 5억 원 가량 오른 것이다.

총리실은 사례 중 하나에 불과하다. 다른 정부부처 고위 공직자들도 대동소이할 것이다. 이런 마당에 문 대통령은 도대체 누구와, 무슨 전쟁을 해서, 어떻게 이기겠다는 것일까.

대통령의 발언을 더 우스꽝스럽게 만드는 일도 벌어졌다. 청와대 대통령 보좌진들조차 "다주택자들은 집을 팔라"는 노영민 비서실장의 지시를 이행하지 않고 사표를 던졌기 때문이다. (노영민 비서실장도 다주택자였다.)

2020년 5~8월 사이에 김조원 민정수석, 김애경 해외언론비서관, 윤성원 국토건설비서관, 박진규 신남방신북방비서관, 조성재 고용노동비서관, 여현호 국정홍보비서관 등 모두 8명이 집을 파는 대신 청와대를 떠났다. 공직자로서 가장 영예롭다는 청와대의 직職보다 집을 선택한 셈이다.

더 놀라운 건 그렇게 청와대를 떠난 비서관 중 일부가 몇 달 뒤 인사에서 차관으로 승진한 것이다. 2020년 11월 1일 인사에서 산업통상자원부 차관에는 박진규 청와대 전비서관, 국토교통부 1차관에는 윤성원 전비서관이 내정됐다. 이런 마당이니 정부의 부동산 정책에 영令이 설 리 만무하다. 신상필벌? 참으로 말 안 되는 얘기다.

김현동 경실련 부동산건설개혁본부장은 다음과 같이 비판했다.

"노무현 정부 5년간 4억짜리 아파트가 14억 원으로 올랐고, 문재인 정부 3년간 12억짜리 아파트가 20억 원으로 올랐다. 2016년 12억 원 하던 이낙연 전 총리의 아파트는 그가 문재인 정부에서 총리를 지내는 동안 19억 5,000만 원이 됐다. 3년 사이 7억여 원이 오른 거다. 이게 부동산과의 전쟁을 부르짖는 진보정부의 실상이다."

문재인 정부는 2020년 8월까지 23번 부동산 대책을 발표했다. 집권 이후 두 달에 한번 꼴이다. 이쯤 되면 정책이 아니다. 그냥 누더기라고 불러야 맞을 것이다.

무능하면 차라리 가만히 계시던가

수요공급의 시장원리에 따라 가격이 오른 거라면 누구를 탓할 수도 없다. 하지만 부동산 대란은 처음부터 문재인 정부의 잘못된 정책에 대한 반발로 촉발된 것이다. 강남을 중심으로 서울지역 집값이 치솟으면 나머지 지역과 지방에 사는 국민들은 가만히 앉아서 주머니를 털리는 것과 매한가지다. 이렇게 어설픈 정책을 펴면서 양극화를 해소하고 서민들을 위하겠다고 떠든다. 가소롭고 기가 막힌다.

부동산 카페 논객 '삼호어묵'은 초등학생 자녀를 둔 39세 주부다. 대학 때는 운동권이었다고 한다. 그녀는 부동산 민심이 바닥을 치던 2020년 6월말부터 '정부가 집값을 안 잡는 이유'라는 제목의 시리즈 글 20편을 인터넷에 올렸다. 총 조회 수가 230만 회를 넘길 정도로 인기를 끌었다. 삼호어묵은 정부가 의도적으로 집값을 안 잡는 거라고 주장했다.

"사람들이 집 사기 힘들다면서 정부에 불만을 품는 건 집값이 조금 오를 때다. 하지만 집값이 너무 급격히 오르면 사람들은 집 사기를 포기한다. 대신 그 불만을 집 가진 사람들에게 쏟아낸다. 그리고 집 가진 사람들을 괴롭혀주겠다는 정부를 지지한다. 집값 올린 건 정작 정부인데도 그렇다. 그걸 아니까 정부가 집값을 안 잡는다."

믿고 싶지 않은 무서운 얘기다. 그런데도 귀족진보가 그동안 국민들을 우리 편과 나머지로 분열시켜 정치적 이득을 취해 온 게 사실이기 때문에 신빙성 있게 들린다.

문재인 정부의 부동산 정책 실패가 고의는 아닐 것이다. 그보다는 권력을 잡았으니 뭐든 할 수 있다는 의욕과잉, 누가 이기나 보자는 아집, 그리고 시장의 생리를 이해하지 못하는 무능의 결과일 가능성이 크다. 삼호어묵의 주장이 맞을지도 모르지만 나는 아니라고 믿고 싶다.

무능하고 독선적인 사람들이 칼자루를 쥐고 있을 때가 제일 무섭다고 한다. 문재인과 귀족진보가 그냥 가만히 있어주면 차라리 고맙겠다.

영화 보고 눈물 흘리더니 정책을 바꿔

부동산 못지않게 상식을 벗어난 또 다른 정책은 원전原電이다.

대선 몇 달 전인 2016년 12월 대통령 후보 문재인은 부산에서 〈판도라〉라는 영화를 봤다. 강진強震으로 원자력 폭발사고가 발생했는데도 청와대가 속수무책인 모습을 그린 재난영화다. 문 후보는 영화감상 도중 눈물을 흘렸다고 한다. 영화가 끝난 뒤 그는 "판도라(원전)의 뚜껑을 열지 말아야 할 것이 아니라 판도라 상자 자체를 치워야 한다"면서 원전 추가 건설을 막고 탈핵, 탈원전 국가로 가야한다고 말했다.

그 발언은 실천됐다. 몇 달 뒤 문재인 정부가 출범하자마자 울산 울주에 건설중이던 신고리 5, 6호기 공사를 중단하라는 지시가 내려졌다. 그때까지 이미 1조 6,000억 원이 투입된 공사였다.

정부가 내세운 가장 큰 이유는 안전사고 위험성이었다. 하지만 정작 해당 지역 주민들이 공사 중단에 반발했다. 교수들은 집단 성명을 발표했고 한국수력원자력 노조도 항의 결의문을 내는 등 파장이 이어졌다.

오랜 검토 끝에 결정됐고, 주민들의 동의를 받았고, 막대한 예산이 투입된 국가적 사업을 생이빨 뽑듯 강제로 중단시켰으니 부작용이 생기는 건 당연했다.

반발이 이어지자 정부는 전문가와 시민들로 구성된 '공론화위원회'를 구성했다. 야당은 "공사를 중단시키기 위한 명분 쌓기용이 아니냐"고 의심했다.

하지만 공론화위원회는 3개월을 검토한 뒤 2017년 10월 신고리 5, 6호기 건설 중단은 잘못됐다고 결론 내렸다. 투표 결과는 건설재개가 59.5%, 중단이 40.5%였다. 문재인 정부에 우호적인 위원들이 많았는데도 그런 결론이 내려질 만큼 무리한 공사 중단이었던 것이다. 공사가 중단된 동안 국민세금만 또 1,000억 원이 낭비됐다.

이쯤 되면 한 발 물러나는 게 정상이다. 하지만 문재인 정부는 2017년 10월 24일 '탈원전 로드맵'으로 반격했다.

공론화위원회의 결론에 따라 신고리 5, 6호기 건설은 재개하겠지만 경북울진에서 초기 공사가 진행 중이던 신한울 3, 4호기와 계획만 잡혀있던 천지 1, 2호기, 대진 1, 2호기 등 총 6기의 원전 건설을 취소한다는 것이다. 신한울 3, 4호기만 해도 부지매입과 주요기기 사전제작 등에 이미 7,900억 가량의 돈이 투입된 상태였다. 전부 허공으로 날아갔다. 도대체 세금은 돈이 아니라 물인가.

대한민국에선 환경을 위해 나무를 자른다

문재인 정부의 탈원전 모델 국가는 독일이다.

독일은 2011년 탈원전 선언을 한 뒤 풍력과 태양광 등의 전력공급 비중을 계속 확대중이다. 하지만 재생에너지는 생산비용이 많이 들어 독일의 전기요금은 한국보다 산업용은 1.5배, 가정용은 3배 이상 비싸다.

그나마 독일은 프랑스 등 주변국들과 전력 수출입이 가능한 시스템을 갖추고 있고 전력시장도 개방돼 있다. 삼면이 바다로 둘러싸여 있고 북한과 국경을 맞댄 한국과는 상황이 완전히 다르다.

원전 반대론자들은 "독일은 탈원전을 하면서도 전력을 수출한다"고 주장한다. 표면적으로는 맞지만 속사정을 알고 나면 틀린 얘기다.

독일이 전기를 수출하는 이유는 일조량과 바람의 강도에 따라 종종 재생에너지로 생산한 전력이 남아도는데 저장비용이 너무 비싸기 때문이다. 그래서 울며 겨자 먹기로 원가 이하로라도 주변국에 수출하는 것이다. 자연환경 변화에 따라 생산량이 결정되는 재생에너지의 어쩔 수 없는 한계다.

이러저러한 이유로 전 세계에서 탈원전을 계속 추진하는 건 한국과 독일, 스위스, 벨기에 정도에 불과하고 다른 나라들은 입장을 바꾸고 있다.

대만은 2018년 11월 국민투표를 통해 탈원전 정책을 폐지했다. 아랍에미리트UAE, 인도네시아, 폴란드 등 16개국은 원전을 건설 중이거나 도입을 추진하고 있다. 특히 사막지대로 일조량이 많고 석유가 거의 공짜인 중동지역 국가들이 2010년부터 원전 건설을 시작했다는 건 시사하는 바 크다.

2019년 기준으로 대한민국에서 원전이 생산하는 전력의 양은 전체의 25.9%다. 정부는 가동 중인 24기의 원전을 수명이 다하는 대로 퇴출시켜 2038년에 14기로 축소하겠다고 한다. 현재 7%에 불과한 태양광, 풍력 같은 재생에너지 발전량을 2030년에는 20%까지 확대할 계획이다.

하지만 부작용이 한두 가지가 아니다. 대한민국은 전국토의 70%가 산지다. 2015년부터 2020년 5월까지 태양광 시설을 설치하려고 파헤친 산지 면적은 6,065ha, 여의도 면적의 21배다. 이중 5,041ha가 문재인 정부 출범 이후 허가됐다. 5년간 잘려나간 나무는 307만 8,400그루다. 환경을 위한다면서 산을 깎아내고 나무를 잘라내 태양광을 설치하는 모순이 자행되고 있는 것이다.

2008년 미국 「타임」지가 환경영웅으로 선정했던 마이클 셸렌버거 환경진보 대표와 케리 엠마뉴엘 MIT 교수, 스티븐 핑거 하버드대 교수 등 환경관련 전문가 21명은 2017년 한국의 원전정책과 관련한 성명서를 발표했다.

이들은 "현재 한국의 전력 생산량을 태양광으로 충당하려면 서울의 7배가 되는 땅이 필요하고, 원전을 천연가스로 대체하면 최대 2700만대의 차가 더 다니는 것만큼의 탄소가 추가 배출된다"면서 "그린피스 등 원전에 반대하는 시민단체들이 거짓 정보를 제공해 여론을 선동하고 있다. 과학자와 환경운동가로서 이를 묵과할 수 없다"고 밝혔다.

물론 다른 나라들이 어떻게 하든, 학자들이 뭐라고 하든 대한민국은 대한민국일 뿐이다. 원전을 줄이고 재생에너지를 늘리거나 혹은 그 반대의 경우이거나 우리가 책임지고 알아서 결정하면 된다.

하지만 에너지 정책은 한 정권 차원의 문제가 아니다. 국가의 미래가 걸린 장기전략 과제다. 잘못된 선택을 하면 후유증이 엄청나기 때문이다. 대통령 한 사람의 감정과 판단에 따라 정책이 좌지우지된다면 다음

세대에 큰 죄를 짓는 것이다. 하지만 문재인 정부에서는 실제로 그런 일이 벌어지고 있다.

청와대에 이걸 보고해? 너 죽을래?

2020년 10월 15일 국회 법사위 국감에 최재형 감사원장이 출석했다. 원자력 월성 1호기에 대한 감사 때문이었다. 월성 1호기는 야당의 요구로 2019년 감사가 시작됐지만 법정기한을 한참 넘기고도 발표가 지연되고 있었다.

따라서 야당이 감사원을 질타할 것으로 예상됐었다. 하지만 국감장에선 전혀 다른 상황이 연출됐다. 민주당 의원들이 줄줄이 나서 문재인 대통령이 임명한 최 원장을 공격하고 나선 것이다. 여당 의원들은 "대통령의 국정운영 방향이 불편하고 맞지 않으면 사퇴하라", "대선결과에 불복하는 거 아니냐" 면서 월성 1호기에 대한 감사를 정치이슈로 몰아갔다. 감사 결과가 공개되지도 않았는데 "피감기관을 강압적으로 수사하지 않았느냐"며 시비를 걸기도 했다.

최 원장은 반박했다. 그는 "피감기관인 산업통상자원부와 한수원이 사실을 감추려고 허위자료를 냈다"면서 "감사원장이 되고서 이렇게 (피감사자들의) 저항이 심한 것은 처음 봤다"고 말했다.

감사의 공정성과 관련해서는 "만일 국회가 동의하면 감사 관련 모든 자료를, 그간 수집한 모든 자료를, 포렌식을 통해 되살린 모든 자료 등을 다 공개할 의향이 있다"고 되받았다.

월성 1호기 감사가 왜 1년 이상 걸렸는지, 감사위원회는 무슨 이유로 감사결과를 확정하지 못하고 회의를 거듭했는지, 민주당 의원들이 감사원장을 공격한 이유는 무엇인지, 모든 궁금증은 며칠 뒤 풀렸다.

2020년 10월 20일, 감사원이 200여 쪽에 달하는 감사보고서를 발표했다. 내용이 충격적이다. 문재인 대통령의 말 한마디에 월성 1호기가 영구폐쇄됐다는 감사결과가 적시돼 있었기 때문이다.

군사독재정권 시절도 아닌데, 입만 열면 촛불민심과 민주주의를 외치는 정부가 들어섰는데, 중요한 국가정책이 최고 권력자의 한마디에 멋대로 뒤집힌 것이다.

게다가 산업부 공무원들이 진실을 숨기기 위해 증거 자료를 통째로 인멸한 사실도 감사과정에서 드러났다. 감사원이 밝혀낸 '월성 1호기 영구폐쇄' 과정은 다음과 같다.

2018년 4월 2일, 문재인 대통령이 청와대 보좌진에게 "월성 1호기의 영구 가동 중단은 언제 결정되느냐"고 물었다. 문미옥 과학기술보좌관이 월성 1호기를 방문한 뒤 "원전 외벽에 철근이 노출됐다"고 청와대 내부 보고망에 올리자 대통령이 이를 보고 질문한 것이다.(하지만 한국수력원자력은 2021년 2월 "문 보좌관이 월성원전에 출입한 기록이 없다"고 발표했다. 이 또한 미스터리다.)

월성 1호기는 원래 2022년까지 가동이 예정돼 있었다. 2012년에 설계

수명이 끝났지만 7,000억 원을 들여 전면 개보수를 했고 원자력안전위원회가 계속 사용할 수 있다고 판정했기 때문이다. 산업부가 2018년 3월 청와대에 올린 '월성 1호기 조기폐쇄 추진방안 및 향후 계획' 보고서에도 "즉시 가동 중단보다 2년 더 운영하는 것이 경제성이 있다"고 돼 있다.

하지만 문 대통령의 말 한마디로 모든 방침이 뒤집혔다. 청와대 채희봉 산업정책비서관은 "월성 1호기를 즉시 가동 중단하는 것으로 산업부 장관에게 보고해 확정 보고서를 받아보라"고 행정관에게 지시했다.

다음날인 4월 3일, 문 대통령의 발언이 백운규 산업부장관에게 전달됐다. 백 장관은 왕조시대에 상감의 지시를 받은 신하처럼 행동했다. 그는 곧바로 "한수원 이사회의 조기폐쇄 결정과 동시에 (월성 1호기를) 즉시 가동 중단하는 것으로 재검토하라"는 지시를 내렸다.

언론보도에 따르면 당시 백 장관은 실무자가 "월성 1호기는 조기 폐쇄하되 부작용 최소화를 위해 2020년까지 2년간은 가동할 필요가 있다"고 하자 "원전을 그때까지 가동하겠다고 청와대에 보고하란 말이냐. 어떻게 이따위 보고서를 만들었느냐. 너 죽을래?" 하면서 크게 화를 냈다고 한다.

장관까지 이렇게 나오는 마당이니 나머지 과정은 일사천리였다.

한수원 사장 주재로 긴급회의가 열려 월성 1호기 계속 가동은 경제성이 없다는 새로운 결론이 내려졌다. 2015년 재가동 당시부터 95.8%였던 월성 1호기의 이용률은 60%로 낮게 산정됐고 전기판매단가도 15% 싸게 계산됐다. 이러니 경제성이 없다는 결론이 나오는 건 당연했다.

월성 1호기 경제성 평가에 참여했던 S회계법인 직원은 2018년 5월

24일 한수원에 다음과 같은 내용의 메일을 보냈다.

"처음에는 정확하고 합리적인 평가를 목적으로 일했는데, 어느 순간부터 한수원과 정부가 원하는 결과를 맞추기 위한 작업이 돼버린 것 같아 씁쓸합니다."

나름대로 양심의 목소리를 낸 것이다. 하지만 외부기관의 항의와 내부의 우려는 모두 묵살됐다.

한수원 이사회는 6월 15일 회의를 열고 월성 1호기 조기폐쇄를 결정했다. 이사회에서는 한 참석자가 "일반 국민에게 소송을 당할 우려가 없느냐"고 질문했다. 아무리 봐도 위법해 보이는 일을 하고 있으니 걱정이 됐을 것이다.

한수원 법무실장은 "그래봐야 각하 또는 기각될 것"이라고 대답했다. 청와대의 뜻에 따르는 것이니 법원도 문제 삼지 않을 것이란 의미로 해석된다. 공기업의 법무실장이 법원의 결정은 법과 정의가 아니라 정치권력의 입맛에 따라 내려진다고 공개적으로 말하고 있는 것이다.

공무원들은 왜 간덩이가 부었을까

막장 드라마는 거기서 끝난 게 아니다. 월성 1호기에 대한 감사원 감사가 진행 중이던 2019년 12월 1일 일요일 밤, 산업부 서기관 A씨는 정부세종청사 산업부 사무실에 혼자 출근했다. B국장으로부터 "당시 컴퓨터, 이메일과 휴대폰에 저장된 월성1호기 관련 문서를 전부 삭제하라"는 지시를 받았기 때문이다.

휴일 밤이어서 다른 직원들이 없었다. 그는 밤 11시 24분부터 다음날 새벽 1시 16분까지 컴퓨터에서 관련 파일 444건을 삭제했다. 삭제 후 복구가 어렵도록 파일명을 수정해서 다시 저장 후 삭제하는 방법을 썼다. 감사과정에서 이 같은 사실을 적발한 감사원은 즉각 포렌식 작업에 나섰지만 120건은 복구하지 못했다. 그 복구되지 않은 자료 안에 누구로부터 받은 어떤 지시사항이 들어있는지는 알 수 없다.

만일 이런 일이 이명박, 박근혜 정부에서 벌어졌다면 어땠을까.

그 당시 야당이었던 민주당은 과연 지금의 야당인 국민의힘처럼 비난성명 몇 번 내다가 흐지부지 물러났을까. 시민단체들은 과연 지금처럼 입을 꽉 다문 채 모른 체 하고 있었을까. 양심의 빛을 밝힌다는 촛불은 과연 지금처럼 조용했을까. 모르긴 몰라도 나라가 뒤집혔을 것이다.

1985년 당시 재계서열 7위였던 부산 국제그룹은 하루아침에 공중분해돼버렸다. 대통령 전두환의 지시를 받은 재무부가 금융기관들에 압력을 가해 문을 닫게 만든 것이다. 그룹 회장 양정모가 전두환이 주최한 재벌총수 회담에 늦게 도착해 밉보였기 때문이라는 소문이 파다했다. 헌법재판소는 1993년 국제그룹 해체가 위헌이라고 판결했다. 그래봐야 '소 잃고 외양간 고치기'였다.

부산에서 변호사를 했던 문재인은 아마 그 사건을 누구보다 잘 알고 있을 것이다. 누구보다 분개했을 것이다. 하지만 멀쩡한 기업 하나를 날

려버린 전두환과 멀쩡한 원전을 문 닫게 한 문재인이 본질적으로 무슨 차이가 있는 건지 잘 모르겠다. 둘 다 대통령으로서 헌법이 부여한 책무를 저버린 채 해서는 안 될 몹쓸 짓을 한 것 아닌가. '통치행위'라는 허울 좋은 단어를 앞세우면 어떠한 불법이라도 용인될 수 있는 것인가. 그럼 왕조국가라고 불러야지 왜 민주주의공화국이라고 떠드나.

박근혜 탄핵 시위 당시 광화문을 가득 메운 촛불시위대는 "거짓은 정의를 이길 수 없다" "악은 선을 이기지 못한다"고 목놓아 외쳤다.

맞는 얘기다. 꼭 그렇게 돼야 한다. 대통령이든, 장관이든, 청와대 수석이든, 공기업 사장이든, 그 어떤 권력자든, 국민을 속이고 잘못을 저지른 사람들은 반드시 처벌받는 나라가 되어야 한다. 보수와 진보를 가릴 것 없이, 지금이 아니면 나중에라도, 반드시 그렇게 되어야 할 것이다.

그게 촛불 국민들의 요구였다. 그래야 대한민국은 민주공화국이다. 그런 날이 올 것이라고 믿는다.

삶은 소대가리의 앙천대소

1973년 스웨덴 스톡홀름의 한 은행에 무장 강도 4명이 침입해 직원들을 인질로 삼고 출동한 경찰과 대치했다. 인질극은 6일간이나 이어졌다. 범인들은 인질들에게 공포감을 주면서도 가끔씩 친절을 베풀기도 했다. 그런데 시간이 흐를수록 이상한 현상이 나타나기 시작했다. 인질들이 범인들을 감싸고돌기 시작한 것이다. 나중에 재판이 열렸을 때도 인질들 중 일부는 범인들에게 유리한 증언을 했다.

정신적, 신체적 괴롭힘을 당하면서도 가해자로부터 벗어나지 못하고 오히려 의존적이 되는 현상을 일컫는 '스톡홀름 신드롬'이라는 용어는 여기서 나왔다.

사실은 우리 주변에서도 흔히 목격할 수 있다. 대표적인 사례가 매 맞는 아내다. 남편으로부터 수시로 폭행을 당하면서도 이웃의 신고로 경찰이 출동하면 오히려 남편을 감싸고도는 경우가 드물지 않기 때문이다. 물론 가족은 특수한 관계여서 예외적인 일들이 벌어질 수도 있다. 하지만 아무 상관없는 남남인데도 가해자로부터 벗어나지 못하고 끌려 다니는 사람들이 의외로 많다.

더 흥미로운 건 이런 '스톡홀름 신드롬'이 개인에게만 해당되는 게 아니라는 것이다. 나라 전체가 '스톡홀름 신드롬'에 빠져있는 경우도 있다.

조선의 사대주의事大主義가 대표적인 사례다. 중국은 수천 년 동안 우리를 동이족東夷族(동쪽 오랑캐)이라고 부르며 멸시해왔다. 하지만 조선의 성리학자들은 그런 중국을 중화中華라고 떠받들며 공경할 뿐 아니라 중국 문명의 정신적 노예가 되는 것을 오히려 자랑스러워했다.

심지어 조선 왕실은 궁궐 안에 대보단大報壇(큰 은혜를 갚는 단)을 세워놓고 이미 망한 나라인 명나라의 황제들에게 제사를 올렸다.

1793년 3월 정조正祖는 대보단에서 제사를 지낸 뒤 다음과 같이 말했다.

> 우리 동국東國이 동국일 수 있는 까닭은 대보단이 있기 때문이다. 구주九州가 어둡고 사해四海에 오랑캐의 누린내가 가득하니 양양洋洋하신 황제의 혼령이 우리 동방에 오지 않으면 어디로 돌아가겠는가. 제물을 올리고 몸을 일으키고 구부리는 사이에 눈물이 옷깃을 적시는 줄을 깨닫지 못하였다. (이영훈 외, 『반일 종족주의와의 투쟁』, 미래사, 2020)

정조는 또 당시 유행하던 박지원의 『열하일기熱河日記』와 같은 실용적 문체가 중국의 전통적 형식에서 벗어난 잡문이라면서 이를 탄압하는 문체반정文體反正을 단행하기도 했다. 우리에겐 개혁군주로 알려진 정조가 철저한 사대주의자였다는 사실은 못내 씁쓸하다.

살인은 어디 가고 사과만 남았다

문제는 스톡홀름 신드롬과 조선의 사대주의를 뒤섞어 놓은 듯한 비이성적이고 굴종적인 양태가 21세기 대한민국에서 수시로 나타나고 있다는 사실이다. 문재인 정부와 귀족진보가 북한을 대할 때가 그렇다.

2020년 9월 21일 새벽 1시 30분경 소연평도 남방 2km 해역에서 해양수산부 서해어업관리단 소속 1등항해사 이모 씨가 실종됐다. 그는 "잠시 문서업무를 보고 오겠다"면서 조타실을 나갔고 배 안의 동료들은 실종 사실을 오전 11시 30분이 돼서야 알게 됐다. 신고를 받고 출동한 해군함정과 선박 20척, 항공기 2대가 인근 해역을 정밀 수색했지만 이씨를 찾지 못했다.

이씨는 다음날인 9월 22일 오후 3시 30분경 북한 해역에서 단속정에게 발견됐다. 북한군은 36시간이 넘게 부유물에 매달려 바다에 떠있던 그를 구조하는 대신 물속에 놔둔 채로 심문을 벌였다. 오후 9시 40분경, 북한군은 상부의 지시에 따라 비무장 상태인 이씨를 총을 쏴 처형하고 40여 분간 시신을 불태웠다.

국방부는 북한의 통신 감청을 토대로 이런 내용을 공개하면서 이씨가 월북하려 했다고 발표했다. 월북을 시도한 건지, 아니면 실족해 표류를 하게 됐는지 진상은 알 수 없지만 아무튼 북한군이 비무장상태로 바다에 떠있는 대한민국 국민을 살해하고 시신을 불태우는 만행을 저지른 것이다.

남한 내 여론이 들끓는 가운데 북한은 사건 발생 사흘만인 9월 25일 조선노동당 중앙위원회 통일전선부 명의의 통지문을 보내왔다. 미국인 오토 웜비어 사망 사건으로 곤경에 처했던 북한 입장에선 비무장 민간인 살해가 또다시 국제 사회에서 물의를 빚을 가능성을 우려해 나름 선제조치를 취한 것으로 보인다.

하지만 북한이 통지문에서 밝힌 내용은 국방부 발표와는 판이했다.

국방부는 이씨가 월북의사를 밝혔다고 했지만 북측 통지문은 이씨가 신분확인을 요구받고도 계속 얼버무렸다고 주장했다. 또 공포탄을 쏘자 도주하려 해 10여 발을 사격한 뒤 다가가보니 이씨는 없고 피 묻은 부유물만 남아있었다며 시신이 아니라 부유물을 불태웠을 뿐이라고 했다.

게다가 통지문은 "귀측 군부가 무슨 증거를 바탕으로 우리에게 불법침입자 단속과 단속 과정 해명에 대한 요구도 없이 일방적인 억측으로 '만행' '응분의 대가'등과 같은 불경스럽고 대결적 색채가 깊은 표현들을 골라 쓰는지 커다란 유감을 표시하지 않을 수 없습니다"라면서 오히려 남측을 비난했다.

그럼에도 불구하고 이 통지문은 김정은의 사과로 널리 홍보됐다. 마지막에 "국무위원장 김정은 동지는 가뜩이나 악성 비루스 병마의 위협으로 신고(고생)하고 있는 남녘 동포들에게 도움은커녕 우리 측 수역에서 뜻밖의 불미스러운 일이 발생하여 문재인 대통령과 남녘 동포들에게 커다란 실망감을 준 데 대해 대단히 미안하게 생각한다는 뜻을 전하라고 하시였습니다"라는 표현이 있었기 때문이다.

정확히 말하자면 사과라기보다는 윗사람이 아랫사람에게 건네는 말투로 "김정은 위원장께서 이렇게까지 말씀하셨으니 그리 알고 있어라" 하는 식이다.

만일 북한이 진심으로 사과하려는 의지가 있다면 공동조사를 통해 진상을 밝히고 책임자를 처벌하는 과정이 뒤따라야 하는 게 상식이다. 우리 국방부가 감청을 통해 확인한 내용과 북한의 발표가 왜 다른지에 대한 해명도 필요하다.

하지만 북한이 보낸 통지문 한 장은 '비무장 민간인 살해'라는 사건의 본질을 졸지에 김정은의 통 큰 사과로 둔갑시켜 버렸다.

문재인 대통령은 9월 28일 청와대 수석보좌관 회의에서 "김정은 위원장이 우리 국민들께 대단히 미안하다는 뜻을 전해온 데 대해 각별한 의미로 받아들입니다. 북한의 최고 지도자로서 곧바로 직접 사과한 것은 사상 처음 있는 일로 이례적인 일입니다"라고 그 의미를 높이 평가했다.

유시민 노무현재단 이사장은 김정은을 계몽군주에 비유했다. 그는 "김정은 위원장의 리더십 스타일이 이전과는 다르다"며 "이 사람이 정말 계몽군주이고, 어떤 변화와 철학의 비전을 가진 사람이 맞는데 입지가 갖는 어려움 때문에 템포 조절을 하는 거냐, 아닌 거냐, 제 느낌엔 계몽군주 같다"고 말했다. 그는 이 발언이 논란이 되자 며칠 뒤 "배운 게 죄다. 내가 너무 고급스러운 비유를 했나 보다"라며 국민들의 무지를 탓했다.

정세현 전 통일부장관은 "전화위복의 기회로 삼자"라는 말도 했다. 자기나라 국민이 살해당했는데 그 죽음을 이용해 살인을 저지른 상대방과 관계개선을 하자는 것이다. 기가 막힐 노릇이다. 남북관계 개선 외에는 내세울 실적이 거의 없는 정부라서 거기에 목을 매고 있다는 건 알겠지만 총에 맞아 숨진 게 자기 가족이었어도 그렇게 얘기할 수 있을까.

북한의 문재인 길들이기

해수부 공무원 피살사건은 북한이 기회가 닿을 때마다 '문재인 길들이기'를 하고 있다는 사실을 다시 한번 확인시켜줬다. 공포감과 안도감을 번갈아 주면서 인질들을 길들였던 스톡홀름의 은행 강도들처럼 북한도 남북관계를 조였다, 풀었다 하면서 문재인 정부를 심리적인 공황상태로 몰아가고 있기 때문이다.

문 대통령은 2017년 5월 취임 직후부터 북한에 우호적인 신호를 여러 차례 보냈다. 하지만 북한은 일절 대꾸하지 않았다. 2017년 내내 미사일을 쏘아댔다. 9월 3일에는 제6차 핵실험(수소폭탄 추정)까지 강행하는 등 도발을 멈추지 않았다.

그러다 2018년 평창올림픽을 계기로 태도가 180도 달라졌다. 갑자기 평화를 외치기 시작한 것이다.

4월 27일, 판문점에서 문재인 대통령과 김정은 위원장의 정상회담이 열렸다. 두 사람은 5월에도 북미정상회담을 논의하기 위해 긴급 회동을 했다. 김정은은 마침내 2018년 6월 싱가포르에서 도널드 트럼프 미국 대통령과 만났다. 남한이라는 징검다리가 있었기 때문이다.

북한의 우호적인 태도는 2018년 내내 계속됐다.

문 대통령은 9월에 평양을 방문해 세 번째 정상회담을 했다. 김정은과 백두산에도 함께 올랐다. 국민들은 환호했다. 북한이 정말로 핵을 포기해 새로운 남북관계가 시작될지도 모른다는 희망 때문이었다. 전 세계도 놀랐고 노벨평화상 얘기까지 나왔다. 아마도 이때가 문 대통령의 전성기였을 것이다.

하지만 북한이 남한을 이용했을 뿐이라는 건 오래지 않아 확인됐다. 2019년 2월 하노이에서 열린 제2차 북미정상회담이 아무런 성과 없이 끝나버리자 북한은 곧바로 남한을 냉대하기 시작했다. 더 이상 이용가치가 없다고 판단했기 때문일 것이다.

하노이 회담이 결렬된 뒤 김정은은 4월 13일 최고인민회의 시정연설에서 문 대통령을 '오지랖 넓은 중재자'라고 조롱하며 "촉진자 행세를 할 것이 아니라 당사자가 돼야 한다"고 비난했다.

한미연합훈련이 열린 2019년 8월 11일에는 권정근 북한 외무성 미국담당 국장의 담화문을 통해 우리 정부와 군을 '바보' '개' '웃기는 것' '도적'등에 비유했다.

그때부터 북한은 계속 문 대통령에 대해 입에 담기 힘든 비난을 퍼부었다.

"정말 보기 드물게 뻔뻔한 사람" "삶은 소대가리도 앙천대소仰天大笑(하늘을 보고 크게 웃음)할 노릇" "아랫사람들이 써준 것을 그대로 졸졸 내리 읽는 남조선 당국자" "북쪽에서 사냥총 소리만 나도 똥줄을 갈기는 주제에 애써 의연함을 연출하고 있다"는 등 그야말로 모욕적이다.

해가 바뀌어도 비난은 계속됐다. 2020년 6월 북한은 한국 정부가 174억 원을 들여 지어준 개성 남북연락사무소를 폭파해버렸다. 그리고는 옥류관 주방장 오수봉이라는 자가 등장해 "평양에 와서 우리의 이름난 옥류관 국수를 처먹을 때는 그 무슨 큰일이나 칠 것처럼 요사를 떨고 돌아가서는 지금까지 전혀 한 일도 없는 주제에 오늘 또 우리의 심장에 대못을 박았으니 이를 어찌 용서할 수 있다는 말인가"라며 문 대통령을 조롱했다.

급기야 김정은의 여동생 김여정까지 비난에 합류했다. 그는 문재인 대통령의 6·15남북공동선언 20주년 연설에 대해 "철면피한 감언이설을 듣자니 역스럽다"면서 "한마디로 맹물 먹고 속이 얹힌 소리 같은 철면피하고 뻔뻔스러운 내용만 구구하게 늘어놓았다"고 평가했다. "외세의 바지가랭이를 놓을 수 없다고 구접스러운 모습을 보이고 있다" "겉으론 멀쩡한 사람이 정신은 잘못된 것이 아닌가 하는 걱정이 든다"는 표현도 했다.

이쯤 되면 이것은 문재인 개인의 문제가 아니다. 그를 대통령으로 '모시고' 있는 대한민국 국민 모두에 대한 모독이다.

그런데 어찌된 영문인지 청와대는 침묵으로 일관했다. 뒷전에서는 비밀리에 북한에 특사까지 파견하려다 거절당했다. 그런 사실을 북한이 폭로해버리자 그제야 "사리분별 못하는 언행을 더 이상 감내하지 않을 것임을 분명히 경고한다"는 성명서 한 장을 달랑 내놨다. 이런 반응이 정상인가. 도대체 왜 이러는 걸까.

북한에게 무슨 약속을 했길래

문재인 정부와 귀족진보가 북한에 대해 보이는 굴종적 태도를 지적할 때마다 '대깨문'들이 반사적으로 내뱉는 말이 있다. "그럼 전쟁하자는 겁니까?"

한마디로 헛소리다. 보수와 진보를 막론하고 누구도 전쟁을 원하는 사람은 없다. 전쟁을 하면 수많은 사람들이 생명과 재산을 잃고 당장 자신과 가족들도 어떻게 될지 모르는데 바보나 전쟁광이 아닌 한 전쟁을 바랄 리 없다.

봉쇄정책이든, 햇볕정책이든 둘 다 전쟁을 막고 평화를 지키기 위해서 취하는 선택일 뿐이다. 정책자체가 목적이 아니라는 말이다. 평화가 싫어서 봉쇄정책을 선택하는 게 아니듯이 평화를 사랑하면 무조건 햇볕정책을 써야 하는 것도 물론 아니다.

그럼에도 불구하고 대한민국은 보수정권이 들어서면 무조건 봉쇄정책을, 진보정권이 집권하면 막무가내로 햇볕정책을 밀어 붙이면서 냉탕온탕을 왔다 갔다 했던 게 사실이다. 하지만 북한 정권을 상대로는 두 정책 모두 별 효과가 없다는 사실만 입증됐다.

그렇다면 사안에 따라 개별 대응을 할 수밖에 없다. 북한이 강하게 나오면 우리도 강하게 대응하고, 북한이 유화적으로 나오면 그때는 우리 역시 대화에 나서는 것이다.

그런 상황을 버텨내기 위한 전제조건이 있다. 우리에게 힘이 있어야 한다. 한미동맹을 강조하는 것도 무작정 미국이 좋아서가 아니다. 국제관계에선 영원한 친구도 영원한 적도 없다. 하지만 핵으로 무장한 북한과 맞서려면 우리에게 누구도 무시할 수 없는 든든한 동맹이 반드시 있어야만 한다.

귀족진보는 이런 현실에 눈을 감는다. 대한민국이 비굴하게 굴면 굴수록, 노예적인 태도를 보이면 보일수록, 평화는 멀어지고 북한은 더 가학적으로 나온다는 사실을 애써 외면한다. 그동안 수없이 당했으면서도 말이다.

'평화' '통일' 등의 단어를 앞세우며 틈만 나면 북한을 미화하느라 정신 못 차리는 문재인 정부와 귀족진보에게 묻고 싶다. 도대체 당신들은 언제쯤 그 '스톡홀름 신드롬'에서 벗어날 것인가.

북한은 걸핏하면 문재인 정부에게 "약속을 지키라"고 다그친다. 정말로 궁금하다. 도대체 문재인 대통령은 국민들 모르게 북한 김정은에게 무슨 약속을 해 준 것인가.

주사파의 과거와 현재, 그리고 미래

대한민국에는 김일성 주체사상을 신봉하는 이른바 주사파主思派가 존재한다. 물론 어느 누구도 스스로 주사파라고 인정하지는 않는다. 따라서 현재 그 숫자가 얼마나 되는지는 알 수 없다. 하지만 무시해도 좋을 만큼 적은 숫자는 아닐 것이다.

귀족진보 가운데는 과거 학생운동 경력을 볼 때 주사파였을 것으로 추정되는 인물들이 적지 않다. 이들이 지금도 주체사상을 신봉하는지 여부는 그 속에 들어가 보지 않는 이상 알 수 없다. 부디 어리석고 시대착오적인 미몽에서 벗어났기만을 바랄 뿐이다.

대한민국 사회에서 주사파는 언제, 어떻게 등장하게 된 것일까. 그들은 왜 북한 같은 세습독재국가를 여전히 감싸고 '애정愛情'하는 것일까. 그 이야기를 해보자.

앞서 말했지만 1917년 러시아에서 혁명이 성공하자 전 세계 진보 지식인들은 머지않아 공산주의 세상이 올 것이라고 철석같이 믿었다. 6·25가 터지자 프랑스의 실존주의 철학자 장 폴 사르트르는 "미국의 괴뢰 이승만 정부가 북한을 공격했다"고 비난했다. 그럴 만큼 당시에는 공산주의에 우호적인 지식인들이 많았다.

공산주의는 한때 민족해방 이데올로기로 여겨졌다. 소련의 스탈린이 공산주의를 식민지 해방투쟁과 결합시켜 제3세계를 끌어들이는 전략을 썼기 때문이다.

일본 식민지에서 해방된 뒤 1948년 대한민국 정부가 들어섰지만 남한에는 공산당 추종자들이 적지 않았다. 훗날 철저한 반공주의 정책을 편 박정희도 군에 있을 때 공산주의자들에게 포섭됐었다니 실태가 짐작이 간다.

역사에서 가정은 무의미하지만 그 당시의 상황을 감안해보면 다음과 같은 궁금증이 생긴다.

만일 김일성이 6·25전쟁을 도발하지 않았으면 어떻게 됐을까. 이승만 정부는 과연 정권을 계속 유지할 수 있었을까. 혹시 전국에서 파업과 봉기가 이어지는 혼란기를 거치다 결국 정권이 무너지고 친 공산주의 성향의 정부가 들어서지는 않았을까.

누구도 그에 대한 대답을 할 수는 없다. 하지만 6·25가 없었더라면 분명 대한민국의 역사는 달라졌을 것이다.

무엇보다 전쟁이 터지는 바람에 남한에서 활동하던 공산주의 추종세력이 자연스럽게 정리됐다. 전쟁 막판에 이승만이 미국을 밀어붙여 한미동맹을 체결하고, 그 뒤 박정희 정부까지 들어서게 되자 공산주의는 설 땅이 사라져버렸다. 어찌 보면 6·25는 미국과 유엔의 개입을 초래해 한반도 전체의 공산화를 영영 불가능하게 만들었다는 측면에서 김일성의 가장 큰 전략적 실책일 것이다.

그런 배경 때문에 1960~70년대까지만 해도 남한에서는 진보진영이라고 해도 친북親北이나 반미反美와는 거리가 멀었다. 박정희 독재에 반대하면서도 북한과는 거리를 두려고 했다.

물론 북한의 지령에 따라 결성됐던 통혁당이나 북한을 우군으로 설정했던 남민전(남조선민족해방전선준비위원회) 같은 조직 사건들이 있었지만 예외적인 것에 불과했다. 진보진영의 주류는 여전히 미국을 자신들의 지원세력으로 여겼다. 미국도 김대중, 김영삼 같은 야당 정치인들을 보호해 박정희 정부와 갈등을 빚기도 했다.

분위기를 완전히 바꿔 놓은 건 1980년 광주 5·18사태였다.

전두환의 신군부가 광주에서 무장한 시민군을 진압하면서 200명이 넘는 사망자가 발생하자 진보진영은 미국의 책임을 물었다. 미국이 신군부의 병력동원을 묵인했다는 것이다. 훗날 미국 개입설은 사실이 아닌 것으로 밝혀졌지만 미국은 졸지에 한국 민중의 적敵으로 규정돼 버렸다.

1982년 3월 18일, 고신대 학생들이 부산 미문화원에 불을 질렀다. 대한민국에서 솟아오른 최초의 반미 신호탄이었다. 그때부터 반미는 1980년대 운동권의 일관된 흐름으로 자리 잡았다.

대학가에는 공산주의 전략전술과 혁명이론을 소개하는 서적들이 범람하기 시작했다. 특히 남미 좌파학자들이 주장한 '종속이론'은 운동권의 필독서였다. 자본주의체제는 중심부에 있는 선진국과 주변부에 있는 저개발 국가들로 구성돼 있고, 주변부는 영원히 착취와 종속에 시달릴 수밖에 없다는 종속이론은 반미의 정당성을 제공해주는 이론적 토대가 되기에 충분했다.

1985년 5월 서울대·고려대· 연세대 등 5개교 학생 73명이 서울미문화원을 점거하고 농성을 벌였다. 1986년 4월 서울대생 김세진과 이재호는 "양키의 용병교육 전방입소 결사반대" "반전 반핵 양키 고 홈"등의 구호를 외치며 분신했다. 전국 대학에서 날마다, 쉴 새 없이 반미시위가 벌어졌다. 대한민국은 반미 국가가 된 것이다.

주체사상은 사이비 종교다

'적의 적은 친구'라고 한다. 반미로 치닫던 학생운동권의 일부는 마침내 미국의 오랜 적에게 연대의 손길을 내밀었다. 북한이었다. 미 제국주의와 그 하수인인 군사파쇼정권을 타도하려면 '북한 해방군'의 무력지원을 받을 수밖에 없다는 논리가 동원됐다.

1986년 등장한 '강철서신'은 학생운동권 주류가 주체사상으로 넘어가는 디딤돌이 됐다. '한 노동운동가가 청년 학생들에게 보내는 편지'라는 제목의 이 팸플릿은 서울대생 김영환(82학번)이 '강철'이라는 필명으로 쓴 것이었다. 모두 6차례 배포된 팸플릿은 주체사상의 수령론과 품성론을 제시해 운동권 학생들 사이에서 선풍을 불러일으켰다.

김영환은 그 뒤 1989년 7월 북한 간첩을 만나 노동당에 입당했다. 관악산1호가 그의 암호명이었다. 그는 또 1991년 5월 강화도에서 북한 잠수정을 타고 밀입북해 김일성을 만났다. 하지만 김영환은 북한의 참혹한 현실과 주체사상의 창시자라는 김일성조차 주체사상이 뭔지 잘 모르더라는 사실에 충격을 받고 몇 년 뒤 전향했다. 그는 그때부터 지금까지 북한 인권운동을 벌이고 있다.

정작 주사파의 대부 김영환은 생각을 바꿨지만 그가 발화한 주체사상은 민들레 홀씨처럼 운동권에 널리널리 퍼져갔다.

당시 운동권 학생들은 주체사상 전집을 학습교재로 썼다. 단파 라디오로 북한 방송을 듣는 경우도 적지 않았다. 운동권 회합에서는 "위수동(위대한 수령동지), 친지동(친애하는 지도자 동지)"이라는 표현이 은밀히 오갈 정도로 주체사상은 들불처럼 번져나갔다.

북한에 대한 금기가 무너지면서 직접 북한과 접촉하는 인사들도 등장했다. 1989년 3월 전국민족민주운동연합 상임고문 문익환 목사가 북한 조국평화통일위원회 초청으로 평양을 방문해 김일성과 만났다. 두 사람은 한반도 분열지속 반대, 연방제 방식의 통일지지, 팀스피리트Team Spirit 훈련 중단 등에 합의했다. 같은 시기에 소설가 황석영도 평양으로 가 김일성을 만났다.

석 달 뒤인 6월에는 대학생 임수경이 평양에서 열리는 제13차 세계청년학생 축전에 전대협 대표로 참가해 열렬한 환영을 받았다. 임씨는 김창룡 북한학생위원회 위원장과 함께 1995년까지 조국통일의 위업을 실현하기 위한 공동투쟁 8개항 등 '남북청년학생 공동선언문'을 발표했다.

1980년대는 대한민국에서 좌파이념이 만발했던 백화제방百花齊放의 시대였다. 주사파와 정통 마르크스주의 추종자들 사이에서 치열한 사상투쟁이 벌어졌고, 지식인 사회에서도 좌파 흉내라도 내지 않으면 명함을 내밀기 어려운 분위기였다.

돌이켜보면 씁쓸하기 그지없다.

대한민국에서 좌파 전성시대가 열렸던 1980년대의 그 10년간 정작 공산주의는 멸망을 향해 달려가던 중이었다. 그 당시 대한민국의 진보는 세계사의 흐름을 전혀 모르는 '우물 안 개구리'였던 것이다.

공산주의 몰락은 1989년 동유럽 소련 위성국가들에서부터 구체화 되기 시작했다.

동서독을 갈라놓았던 베를린 장벽이 시민들 손에 무너져 내리면서 동독이 붕괴했다. 폴란드에서는 자유선거가 실시돼 공산당이 축출됐다. 루마니아에서는 독재자 차우셰스크가 처형됐다. 헝가리에서도 자유선거가 치러져 사회노동당이 쫓겨났다. 노동자들이 노동자 국가에 반대하고 나선 것이다. 이 모든 역사적 사건들이 일 년 사이에 한꺼번에 터져 나왔다.

그로부터 2년 후 1991년 12월 25일, 마침내 소련이 붕괴했다. 공산주의에 대한 인류의 실험이 완벽한 실패였다는 사실이 최종 입증된 것이다.

공산주의 몰락의 파장은 컸다. 유럽에서 가장 강성이던 이탈리아 공산당을 비롯해 유럽 각국의 공산당들은 차례차례 해체돼 버렸다. 뒤늦게 공산주의와 짝사랑에 빠졌던 남한 진보진영의 충격도 만만치 않았다. 정통 마르크스주의를 자처했던 PD[People's Democracy](민중민주주의)계열에서는 전향자가 속출했다.

하지만 돌연변이는 어디서나 존재하는 법이다. 공산주의가 멸망하는 와중에도 대한민국의 주사파는 비교적 타격을 덜 받았다. 이유는 간단하다. 주체사상은 민족주의와 수령론을 뒤섞어 놓은, 논리보다는 감성을 앞세우는 일종의 사이비 종교에 가깝기 때문이다.

사회과학에서든 자연과학에서든 검증에 실패한 이론은 폐기되기 마련이다. 하지만 사이비 종교의 영역으로 가면 얘기가 달라진다. 사이비 종교 신자들은 자신들의 믿음에 반대되는 증거가 아무리 차고 넘쳐도 아랑곳하지 않는다. 그러면 그럴수록 더욱 더 똘똘 뭉쳐 비이성적이고 허무맹랑한 주장을 펴댄다. 자신이 헛살아왔다는 허무감을 달래기 위해서는 그 방법밖에 없기 때문이다.

소련이 붕괴하기 1년 전인 1990년 9월 30일, 뉴욕의 유엔본부에서 한국 최호중 외무부장관과 소련 세바르드나제 외무장관이 한소수교 공동성명서에 서명했다. 1884년 조선과 러시아가 맺었던 조로수호통상조약朝露修好通商條約 이후 106년만의 외교관계 복원이었다.

1992년 8월에는 북경에서 한국과 중국이 수교했다. 전쟁을 치렀던 양국이 세계사의 변화에 발맞춰 과거사에 매듭을 지은 것이다.

북한에게는 청천벽력 같은 소식이었다. 소련의 지원이 중단되자 원조로 버티던 북한경제는 곤두박질치기 시작했다. 설상가상으로 1994년 7월 김일성이 사망했다. 북한 주민 수십만 명이 굶어 죽고, 그보다 더 많은 사람들이 중국으로 탈출하는 '고난의 행군'이 시작된 것이다.

사회주의가 무너지고, 북한의 실상이 드러났지만 남한의 주사파는 거꾸로 갔다. 1993년 4월 한국대학총학생회연합(한총련)이 결성됐다. 전국대학생대표자협의회(전대협)를 계승한 친북성향 단체였다. 1998년 대법원에 의해 이적단체로 규정될 때까지 한총련은 대한민국이 미국의 식민지라면서 북한을 추종하는 행동을 이어나갔다.

'미제의 총칼 드리워도, 항일 투쟁의 심장으로 / 고난의 행군은 승리의 약속, 공동선언 깃발되어 / 아아 솟구쳐오는 자주통일 조국의 영광' (한총련 찬가)

'투쟁이다 한총련이여 / 반미자주 함성으로 / 가자 가자 한총련이여 / 통일(해방) 조국으로' (한총련 진군가)

이들은 이처럼 세상 흐름과는 동떨어진 찬가와 진군가를 부르며 조국의 해방과 통일에 헌신하고 있다고 스스로를 정당화하면서 시대착오적인 '정신승리'에 취해 허우적댔던 것이다.

'위인 김정은'이 통치하는 세상

물론 주사파가 별것 아니라고 말하는 사람들도 있다.

평론가 진중권은 대한민국에서 주사파는 극소수에 불과하며 따라서 보수는 '종북'이라는 단어를 쓸수록 고립될 것이라고 주장했다. 거기엔 동의하기 어렵다.

1990년대 초 독일에선 과거 동독의 정보기관이었던 슈타지Stasi의 기밀문서가 공개돼 나라가 발칵 뒤집혔었다. 분단 시기에 서독에서 암약하던 동독의 간첩이 무려 3만 명이었다는 사실이 확인됐기 때문이다.

'내재적 동독 접근법'의 창시자인 피터 루츠 교수를 비롯해 정치인, 군인, 경찰, 작가, 외교관, 언론인 등 거의 전 분야에 동독에 포섭된 인사들이 침투해 있었다. 재독학자 송두율이 제기했던 내재적 북한접근법은 루츠 교수의 영향을 받은 것으로 보인다.

동독은 서독에 비해 형편없이 못살았는데, 공산당이 인민을 무자비하게 탄압했고 해마다 수많은 사람들이 서독으로 탈출하다가 사살 당했는데 어떻게 서독의 지식인들이 동독의 간첩이 될 수 있단 말인가. 그런 의문을 품을 수 있다. 하지만 이념과 민족의 문제가 결합하면 언제나 전혀 예상치 못한 일들이 벌어지는 법이다. 그게 어디 독일에서만 그랬나. 우리나라에선 안 그랬나.

대한민국의 1980년대, 군사정권의 서슬이 시퍼렇던 그 시절에도 학생운동권 일부는 북한 간첩과 접촉했었다. 그렇다면 햇볕정책으로 남북화해무드가 조성된 2000년대 이후에는 북한 간첩과 접촉하거나 북한에 포섭된 사람들이 없을까. 아니다. 아마도 과거 군사정권 때보다 훨씬 더 많을 것이다.

언젠가 통일이 되면 슈타지의 기밀문서가 폭로됐듯이 대한민국이 아니라 북한을 조국으로 삼았던 남측 인사들이 과연 누구였는지가 드러나게 될 것이다.

주사파는 다양한 궤변을 펼쳐가며 북한을 옹호한다.

대표적인 것이 "북한의 핵 개발은 미 제국주의자들로부터 조국을 방어하기 위한 어쩔 수 없는 선택"이라는 주장이다.

가당치 않은 얘기다. 소련이 어디 핵무기가 없어서 망했는가. 핵이 아니라 뭘 갖고 있어도 국민을 먹여 살리지 못하면 국가는 무너질 수밖에 없다. 북한에 필요한 건 핵개발이 아니라 경제개발이다. 개방을 하면 북한도 비약적인 경제성장을 할 수 있다는 건 누구나 안다. 북한 인민들은 우수하고, 천연자원도 남측보다 훨씬 많다. 개방과 개발이 안 되는 이유는 딱 하나, 김정은과 군부 때문이다. 그들이 핵을 끌어안고 나라의 문을 걸어 잠근 채, 북한 인민들을 수탈하면서 기득권을 유지하고 있는 것이다.

인터넷에는 주사파와 그 동조자들의 망상妄想에 가까운 주장들이 떠돌아 다닌다.

이들은 국제사회가 북한을 원조하는 건 북한의 강력한 무력과 외교술에 굴복했기 때문이라고 떠든다. 천안함 폭파는 남한의 자작극이었고, 세월호는 미국 잠수함과 충돌해 침몰했다고 한다. 1987년 11월 인도양 상공에서 실종된 KAL 858기 역시 남한 정부의 소행이고 붙잡힌 폭파범 김현희도 사실은 남한의 공작원이라는 것이다.

이런 허무맹랑한 주장을 태연하게 한다. 그러다 연평도 포격처럼 북한의 책임이 명백한 만행이 발생하면 대한민국 정부가 먼저 도발해서 그런 거라고 물타기를 한다. 이들에게 북한은 핵을 개발해 큰소리 떵떵 치면서 살아가는 진정한 고구려의 후예들이다. 존경과 탄복의 대상인 것이다.

만일 그런 망상을 혼자 머릿속으로 한다면 그걸 탓할 건 없다. 하지만 문재인 정부가 들어선 이후 그런 망상은 육화肉化돼 공공연히 길거리에 등장하고 있다.

2018년 12월 서울명동 향린교회에서는 '위인맞이 환영단' 행사가 열렸다. 환영단장 김수근은 이날 '왜 우리는 김정은 위원장님을 위인으로 보게 되었는가?'라는 제목의 강연을 했다.

그는 "김정은 위원장님은 한반도 전쟁을 멈춘 위대한 인물"이라며 "통일을 하면 강대국이 갖고 있는 무기를 갖고 동등하게 유엔 안전보장이사회 상임이사국과 외교를 할 수 있다"고 주장했다. 그는 또 "한반도에서 평화와 번영이 펼쳐지고 있는 건 김정은 위원장님 덕분"이라면서 김정은과 문재인이 노벨평화상을 받을 것이라고 덧붙였다.

'위인맞이' 행사에는 김원웅 전의원도 참석했다. 그는 "박근혜를 좋아한다는 사람보다 김정은을 좋아한다는 사람이 훨씬 개념 있어 보인다"며 "친일의, 친일에 의한, 친일을 위한 나라가 바로 대한민국이다. 이런 나라를 지킨다고 국가보안법을 만들었느냐"라고 말했다. 그는 이 발언을 하고 6개월 뒤 광복회장에 취임했다.

'위인맞이 환영단' 행사를 보면 이들이 꿈꾸는 통일된 한반도의 정체政體는 자유민주주의가 아니라는 생각이 든다. 외삼촌과 이복형까지 무자비하게 살해하고 인민 전체를 노예로 만든 '위인'께서 통치하는 세상, 그걸 꿈꾸는 것 같다.

1980년대에 주사파가 창궐하게 됐던 건 나름대로의 역사적 배경이 있었다. 정당화할 생각은 없지만 대학생들을 주체사상에 빠져들게 만들었던 5·18 광주사태 같은 시대적 상황이 존재했던 것도 사실이다.

하지만 그로부터 수십 년의 세월이 흘렀다. 공산주의는 멸망했고 북한은 김일성-김정일-김정은으로 이어지는 세습왕조가 돼 버렸다. 그런 걸 목격하고서도 아직도 주체사상을 버리지 못했다면 그것은 순전히 본인의 책임이다.

북한의 김정은 체제는 결국 종말을 맞을 것이다. 동트기 전이 가장 어두운 법이다. 김정은의 핵개발과 무자비한 공포정치는 종말이 멀지 않았음을 예고하는 전조일지도 모른다.

북한이 무너지고 나면 북한 인민들의 고통을 외면하고 독재자를 옹호했던 주사파들은 정치적, 법률적, 윤리적은 물론 역사적인 책임까지도 반드시 져야만 할 것이다.

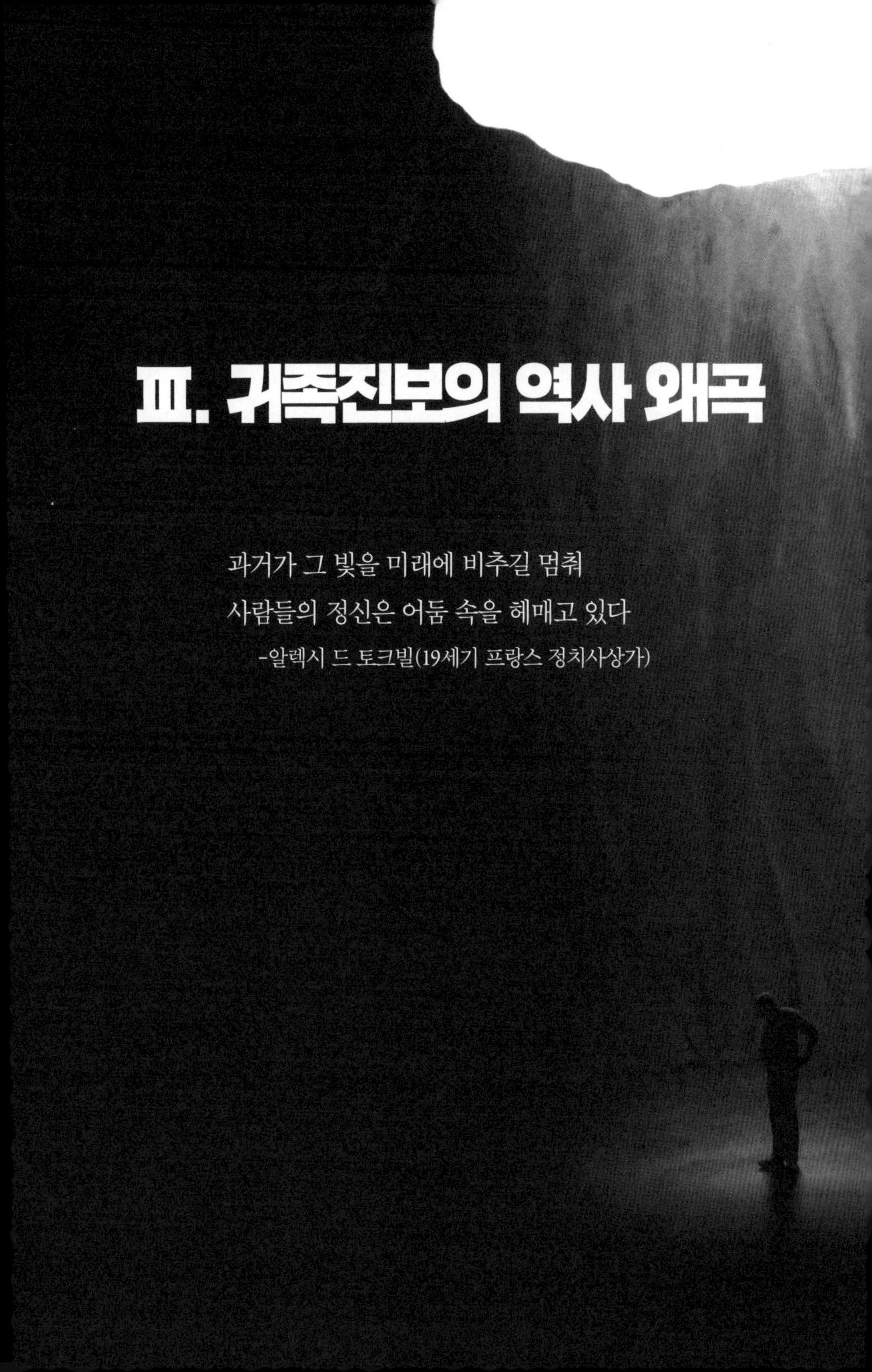

Ⅲ. 귀족진보의 역사 왜곡

과거가 그 빛을 미래에 비추길 멈춰
사람들의 정신은 어둠 속을 헤매고 있다
-알렉시 드 토크빌(19세기 프랑스 정치사상가)

고종이 개혁군주였다고?

귀족진보에게는 보수를 무력화하고 자신들의 권력을 지켜나가기 위한 필살기가 있다. 친일딱지 붙이기다. 이 딱지의 위력이 얼마나 강력한지 대한민국에서 이걸 붙이고 살아남기는 어지간해서는 힘들다.

귀족진보와 '대깨문'은 틈만 나면 수많은 사람들을 '토착왜구'로 몰아간다. 정치인, 기업인, 법조인, 교수, 출판인, 작가, 연예인, 기자, 만화가 혹은 그게 누가 됐든 자신들에게 방해가 된다 싶으면 무조건 토착왜구라는 딱지를 붙이고 손가락질을 해댄다. 심지어는 정의기억연대와 윤미향을 비판한 이용수 위안부 할머니조차도 이들에 의해 토착왜구의 반열에 올라섰다.

이들은 과거 군사정권이 반정부 인사들을 무조건 '빨갱이'로 몰아 공격했던 것과 똑같은 짓을 하고 있다. 하지만 '왜구倭寇'라는 인종주의적 멸시를 담은 표현을 사용하고, 여론몰이를 통해 사실상의 인민재판을 한다는 점에서 군사정권보다 훨씬 더 교활하고 잔인하다. 스스로 '진보'를 표방하며 이런 짓을 하는 집단은 전 세계 어디에도 없을 것이다.

일본에 대한 끝없는 적개심을 불러일으켜 거기에 동조하면 '애국자'로 치켜세우고, 이의를 제기하면 '매국노'와 '토착왜구'로 몰아가기 위해 귀족진보가 소환하는 시대가 있다. 구한말舊韓末이다.

귀족진보와 그 추종자들은 19세기 조선시대 말엽이 무슨 태평성대라도 됐던 것처럼 묘사한다. 그들이 책과 방송, 드라마, 뮤지컬 등을 통해 새롭게 구성하는 역사에서 망국의 군주 고종高宗은 헌신적인 개혁군주로 칭송받고, 나라의 중요한 벼슬자리를 무더기로 친인척들에게 나눠줬던 민비閔妃는 '조선의 국모' 명성황후로 추앙된다.

조선 말엽을 그렇게 이상적인 국가로 상정하면서 아름다운 조선을 침탈한 제국주의 일본에 대한 적개심을 극대화하는 것이다.

한국인으로서 일본의 조선 침략에 분개하지 않는 사람은 아무도 없다. 하지만 일본 제국주의를 비난하는 것과 당시의 썩어빠진 조선 위정자들을 미화하는 것은 별개의 문제다. 일본이 밉다고 해서 조선을 무조건 훌륭했던 것으로 포장할 수는 없다.

역사의 진실은 정반대다. 구한말은 사악하고 무능한 왕과 탐관오리들의 학정과 수탈로 온 백성이 이루 말 할 수 없이 고통 받던 시대였다.

영국 최초의 여성지리학회 회원이던 이사벨라 비숍은 1894년부터 1897년까지 네 차례에 걸쳐 조선 팔도를 샅샅이 돌아다닌 뒤 『한국과 그 이웃 나라들Korea and Her Neighbours』이라는 책을 펴냈다.

그녀는 "조선은 면허받은 흡혈귀인 양반 관료계급과 인구의 5분의 4를 차지하는 하층 상민계급으로 구성돼 있다"고 지적하면서 특권계급의 착취, 가혹한 세금, 불안한 일자리, 공직자들의 약탈 행위, 민중을 공포의 도가니로 몰아넣는 미신 등에 대해 자세히 기록해 놓았다.

비숍의 책에는 인정하고 싶지 않은 내용도 있다. 청일전쟁 때 전투가 벌어진 평양에서 조선 백성들이 일본군에게 보인 태도에 관한 것이다.

“사람들은 일본군을 아주 미워하고 있지만 그들에 의해 평화로운 질서가 유지되고 있다는 사실을 인정하고 있었다. 평양 사람들은 일본군이 떠나고 나면 시민들의 권리를 얕보고 시민들을 무수히 폭행하고 강탈하는 조선의 구식군대가 그들을 괴롭힐까봐 매우 걱정했다.”

조선의 백성들이 침략자인 일본 군대보다 자기나라 군대를 더 두려워했다는 참담한 증언이다. 물론 비숍의 관찰이 모두 옳다고는 할 수 없다. 외국인으로서의 편견도 있을 것이다.

하지만 구한말에 조선에서 살거나 여행을 했던 수많은 외국인 여행가, 선교사, 외교관, 기자들이 쓴 책과 기록들이 지금까지 남아 전해진다. 그런 기록들이 일관되게 증언하는 건 조선의 백성들이, 특히 여성과 천민과 노비들이, 상상을 초월하는 착취를 당하며 짐승처럼 살아갔다는 사실이다. 도대체 무엇을 근거로, 누구를 기준으로 당시의 조선이 살만한 나라였다는 것인가.

틈만 나면 줄행랑 치려던 고종

고종에 대한 미화는 더욱 터무니없다. 구한말을 아름답게 꾸미려는 학자들은 고종이 재위 때는 물론이고, 퇴위한 이후 숨질 때까지 수십 년간 치열하게 일본에 맞서 싸웠던 애국자라고 주장한다.

실제로 그랬나. 천만의 말씀이다. 고종은 굳이 비교하자면 19세기의 선조였다. 임진왜란 때 일본이 쳐들어오자 곧바로 명나라로 달아나려고 했던 비겁한 왕 선조처럼 고종은 틈만 나면 외국 공사관으로 도피하려고 했다.

고종이 재위 기간 중 외국 공사관으로 파천播遷을 시도했던 건 무려 7번이나 된다.

1882년 월급을 제대로 받지 못하고 차별받던 구식군대 병사들이 창덕궁에 침입해 탐관오리로 지목된 민겸호와 김보현을 살해하는 임오군란壬午軍亂이 터졌다. 다급해진 고종은 하나부사 요시모토花房義質 일본 공사에게 "조선의 군병들이 또다시 난동을 부릴 경우 일본 공사관으로 피신하겠다"고 말했다. 일본은 얼씨구나 이 제안을 받아들였다. 하지만 난이 곧 제압돼 파천은 실현되지 않았다.

두 번째 시도는 1894년 동학농민 운동 때다. 당시 동학 농민들은 외세타파와 탐관오리 척결을 외치며 궐기했고 고종에게 그런 뜻을 전달하겠다고 상경하던 중이었다. 그러자 고종은 동학군을 진압해 달라고 외세인 청나라 군대를 불렀다. 자기나라 백성을 외국 군대를 동원해 진압하겠다? 광주사태가 터졌을 때 미국에게 진압해 달라고 하는 것과 하등 다를 바 없다.

고종의 요청을 받은 청나라가 출동하자 청·일간에 맺어진 텐진조약에 따라 일본도 동시에 군대를 출동시켰다. 호시탐탐 한반도를 노리던 두 나라가 결국 우리 땅에서 전쟁을 벌인 것이다. 청일전쟁은 틈만 나면 외세에 의존하려던 조선의 왕 고종이 자초한 것이다.

하지만 왕은 그 와중에도 책임을 지기는커녕 도망갈 궁리부터 했다. 고종은 존 실John Sill 주조선 미국공사에게 "만약의 사태가 발생할 경우 미국 공사관으로 피신할 것이니 준비해 달라"고 요청했다. 실 공사는 조선 정국에 개입하지 말라는 본국의 훈령에 따라 이를 거부했다. 고종은 가드너C.T. Gardner 주조선 영국 총영사에게도 밀사를 보내 영국 영사관으로의 파천을 타진했다가 역시 거절당했다. 이런 분이 조선의 왕이었다.

우리에게 널리 알려진 1896년의 아관파천俄館播遷 그러니까 고종이 궁녀 복장으로 변장해 러시아 공사관으로 거처를 옮긴 것은 수많은 파천 시도 중의 하나였을 뿐이다. 러시아 공사관에 1년간 머무르면서 고종은 함경도 경원·종성의 광산개발권, 압록강·울릉도 벌목권 등 엄청난 국가자산을 러시아에 팔아넘겼다.

고종은 그 뒤 1904년에는 러시아와 영국, 1905년에는 미국 공사관으로 파천을 다시 시도했다. 국내 상황이 조금만 불안해지면 그걸 해결할 생각은 하지 않고, 백성들이야 어찌됐든 외국 공사관으로 달아나려 한 것이다.

당시 미국 공사였던 알렌Allen은 "황제가 우리의 반대를 무릅쓰고 공사관 담을 넘어오더라도 쫓아내겠다"고 본국에 보고했고 "일찍이 구만리를 돌아다녀보고 4000년 역사를 보았지만 대한제국 황제와 같은 사람은 처음 본다"는 글을 남겼다.

봉건착취 계급을 옹호하는 진보

1901년 조선은 심한 가뭄으로 큰 흉년이 들었다. 다음해 봄, 여기저기서 굶어죽는 사람들이 속출했다. 당시 상황을 개화파 윤치호는 1902년 5월 1일자 일기에서 다음과 같이 전하고 있다.

"경기도와 충청도의 여러 곳에서는 사람들이 죽었거나 할 수 없이 떠나버렸기 때문에 촌락들이 통째로 비어버리기도 했다. 많은 사람들이 솔나무 밑에서 죽은 것을 볼 수 있다고 하는데, 이들은 솔나무를 깎아 연명하다가 죽어버린 것이다. 그런데 이런 상황에서 대황제 폐하와 정부는 무엇을 하고 있는가. 그들은 관직을 사고팔고 정부부처를 새로 만들고 이미 있던 부처들을 확장하고 거액의 돈을 들여 어리석은 예식을 거행하고 잔치를 베풀곤 하고 있다. 정부가 발간하는 관보를 보면 매달 무슨 예식이 있었다고 하고, 새로 임명된 감찰사들과 주사主事들의 이름이 실려 있고, 왕릉 청지기들의 이름이 적혀 나온다. 지난 3~4년 동안 새로 임명된 왕릉 청지기들의 숫자를 합하면 모름지기 왕릉에 서 있는 나무들의 숫자보다 많을 것이다. 청지기 자리를 사고파는 값은 1,500냥에서 4,000냥이다. 선왕先王의 유골이 대황제 폐하에게 이처럼 끊임없이 수입을 가져다주고 있으니 폐하께서는 선왕들에게 감지덕지感之德之하실 것이다."

그런 시대를 살아야 했던 조선 백성들은 얼마나 고통스러웠을까. 그들의 처지가 너무나 가엽다.

왕비였던 민비는 고종보다 더하면 더했지 결코 못하지 않았다.

1882년 임오군란 때 장호원으로 도망갔던 민비는 이성녀라는 무녀를 만났다. 이 무녀에게 홀린 민비는 환궁하며 궁으로 데려와 '진녕군'이라는 직책을 하사했다. 민비가 무녀에게 벼슬을 주고 '언니'라고까지 부르면서 궁궐에서 살게 하자 무녀의 주변에는 간신들이 들끓기 시작했다. 무녀 진녕군은 허약한 세자(나중에 순종)의 병을 고친다며 금강산 1만 2,000봉에 각 쌀 한 섬과 돈 1,000냥, 무명 한 필씩을 가져다 놓게 하는 등 어리석은 왕과 왕비를 움직여 국고를 탕진했다.

구한말 우국지사 매천 황현이 이에 대한 기록을 남겼다. "무당은 수시로 상감(고종) 알현이 가능했으며 장식을 하고 복장을 갖추어 입으면 상감 내외는 그를 가리키고 웃으며 '참으로 진녕군답다'고 칭찬하고 금은보화를 무수히 하사하니, 길흉화복이 그의 말 한마디에 좌우되고 수령이나 감사도 왕왕 그의 손에서 나오게 되었다. 대신들도 부끄러움을 모르는 자들은 다투어 그에게 달라붙어 혹은 자매라고 호칭하고 혹은 양아들이 되기를 원했으니 조병식, 윤영신, 정태호 등은 그 중 두드러진 자들이다. 무당의 아들은 김창렬인데 잘 차려입고 외모가 의젓했다."

이것이 고종과 민비의 실제 모습이었다. 개혁군주? 조선의 국모? 웃음도 안 나온다. 일본에 대한 적개심을 불어넣겠다는 의도는 알겠다. 하지만 아무리 그래도 철저한 계급적 수탈사회였던 조선 왕조를 미화하고 당시 백성들의 비참한 삶을 외면하는 귀족진보의 태도는 참으로 개탄스럽다. 봉건 착취 계급을 옹호하면서 진보라니, 네모난 동그라미처럼 어이가 없을 뿐이다.

조선에서 노비는, 백정은 인간이었나

기왕 나왔으니 조선에 대한 얘기를 좀 더 해보자. 조선시대에 노비 숫자에 대해서는 논란이 있다. 1606년에 만들어진 경상도 산음현과 단성현의 호적을 보면 산음현은 인구의 42%, 단성현은 64%가 노비였다. 학자들은 17세기 중엽 조선의 인구는 약 1,200만 명이었고 이중 30~40%인 360만~480만 명이 노비 신분이었을 것으로 추정하고 있다. (이영훈, 『세종은 과연 성군인가』 인용)

노비제도에 관한 한 조선은 전 세계에서도 특이한 사례에 속한다. 전쟁 포로로 잡힌 이민족을 노예로 삼은 게 아니라 같은 동족을 노비로 만들어 재산처럼 세습했기 때문이다. 중국은 송나라 때 노비를 법으로 금지했고, 일본도 임진왜란 이후 도쿠가와 이에야스의 '에도(도쿄)시대'가 열리면서 노비는 사실상 사라졌다.

조선의 노비가 급격히 늘어난 이유는 세종대왕 때 도입된 종모법從母法이 결정적이었다. 그 이전까지는 양반과 노비, 또는 양반과 평민 사이에서 태어난 아이는 아비의 신분을 따랐다. 세종 때 양반들의 상소가 빗발쳤다. "짐승처럼 아무하고나 관계를 맺는 천한 것들이 낳은 자식을 양반으로 만들면 안 된다"는 것이었다.

기가 막히지 않은가. 그 짐승 같다는 여종들을 성노리개로 삼은 게 누군가. 그래놓고 그 사이에서 난 자기 자식까지 노비로 만들어버리겠다니 양반계급의 간악함에 혀를 내두를 수밖에 없다.

하지만 19세기가 되고 중국과 일본이 서양문명의 침탈에 몸살을 앓으면서 조선에서도 봉건적 질서는 동요하기 시작했다. 계급질서가 흔들리기 시작했고 노비 숫자도 조금씩 줄어들었다.

『순조실록』에는 1801년 순조가 자신이 소유했던 노비들을 해방시키면서 한 말이 기록돼 있다. "(백성을) 노나 비라고 하면서 구별해서야 어찌 동포라 할 수 있겠는가. 나의 노비 3만 6,974구와 사노비 2만 9,093구를 모두 양민이 되게 하라."

그 뒤 노비제도는 1894년 갑오경장이 실시되면서 공식적으로는 폐지됐다. 하지만 실제로는 1910년 한일합방이 될 때까지도 노비는 여전했다. 시골지역에서는 머슴의 형태로 해방 이후까지 존속했다는 기록이 있다.

1890년 3월 14일, 조선의 프랑스 대사 콜랭 드 플랑시는 외무장관 스퓰러에게 조선의 노비 제도에 대한 보고서를 보냈다. 국사편찬위원회 한국사데이터베이스의 '조선의 노비제도 보고'에 전문이 남아있다. 다음과 같은 내용이다.

> 조선 각지에 주기적으로 가뭄이 발생할 때 대규모로 여자와 여자아이들의 거래가 이루어집니다. 이들을 부양할 능력이 없는 남편이나 부모들은 약간의 쌀이나 엽전 몇 푼에 남에게 넘깁니다. 이런 경우에 통상적으로 여자아이들이 6~8 프랑에 거래되지만 종종 더 싸게 팔리곤 합니다. 노예 상인들은 이들을 싼 값에 인도 받아 한

양이나 큰 고을로 데리고 가 큰 이익(200~300 프랑)을 남기고 되팝니다.

가장이 양도하는 경우 외에도 노름에 져서 빚을 갚을 방법이 없는 경우에 남자가 자신의 부인을 채무자에게 주는 경우도 있습니다. 어떤 경우에라도 양도는 법에 따라 증인들이 참석한 가운데 매도자가 계약서에 서명을 해야 합니다. 만일 글을 쓸 줄 모른다면 종이 위에 오른손을 대고 붓으로 손 모양을 따라 그립니다. 원본을 베낀 사본을 본 보고서에 첨부해 보내오니 장관님께서 검토해 보실 수 있을 것입니다.

노비는 죽을 때까지 살아야 하는 집에 일단 들어가면 심한 노역을 강요당합니다. 주인은 자기 마음대로 노비를 다루며 노비가 제대로 일을 하지 않으면 때리기도 합니다. 어쨌든 법적으로 노비를 죽이는 것은 금지되어 있습니다. 그러나 법을 어긴다 해도 처벌은 유배형에 처해질 뿐이며 실제로 처벌을 적용하는 경우는 드뭅니다. 이론적으로는 이렇지만 실제로는 관리에게 뇌물을 주어 처벌을 피하고 만일 주인이 고위 관리나 양반이면 걱정을 끼치려고 하지도 않습니다.

노비는 아무리 심한 대우를 받는다 해도 자신을 소유한 주인을 고소할 권리가 없으며 배상금을 지불하고 방면을 요구할 수도 없습니다. 노비가 탈출을 시도하게 되면 뒤쫓아 오는 하인들에게 쉽게 붙들리거나 길가는 행인에게 납치될 것입니다. 혼자 다니는 여자는 처음 만난 남자가 마음대로 할 수 있으며 관아에 도움이나 보호를 요청할 수 없습니다. 그렇기 때문에 노비는 자유로워질 수 있다는 희망도 없이 주인집에서 일생을 보내야 하는 운명인 것입니다. (중략) 이곳에서 여자는 일반적으로 열등한 인간입니다. 여자는 이름도 없습니다. 동물보다 조금 나은 노비에게 신경을 써야 하는 이유가 무엇이 있겠습니까? 가장 지식인이라고 존경받는 사람들조차도 이러한 논리에서 벗어나지 못하고 있습니다.

플랑시는 "이러한 야만적인 관습은 사라져야 합니다. 하지만 한반도는 아직 야만적이어서 의외의 사건이 발생하지 않는 한 현재의 관습을 버리고 문명화의 길을 걷게 되리라고 예상하기 힘듭니다"라고 보고서를 맺었다.

순조가 자신의 공노비를 해방한다고 선언한 지 89년이 흐른 시점이었지만 조선에서는 여전히 노비제도가 사라지지 않았음을 보여주는 증거다.

내 조상은 양반이었다고 믿지만

조선 시대에 태어났으면 나는 신분이 뭐였을까. 가끔 그런 생각을 해본다. 사람들은 대부분 자기 조상이 양반이었을 것이라고 철석같이 믿는다. 하지만 조선시대 양반은 약 10% 정도에 불과했고 나머지는 평민, 노비, 천민이었다.

조선이 망국으로 치달던 1890년에 노비의 자식으로 태어난 사람들은 어떤 심경이었을까. 만일 내가 그 당시에 노비였다면 어떤 생각을 했을까. 다음과 같이 외치지 않았을까.

> 조금씩 철이 들면서 나는 세상이 얼마나 불평등하고 불공정한지 깨닫기 시작했다. 내 이름은 개똥이다. 주인 양반 나리가 내 이름을 그렇게 천하게 지어 놨다. 내 또래 노비들 중에는 두꺼비, 개조지처럼 더 심한 이름도 있다.
>
> 노비인 내 부모는 한평생 뼈 빠지게 일했다. 양반들은 수시로 잔치를 벌이며 주지육림酒池肉林(술의 연못과 고기의 숲) 속에서 지내지만 우리 노비들은 굶어죽지 않을 정도로만 먹고 산다. 그러다 조금이라도 양반 눈에 나면 죽도록 얻어맞기 일쑤다.
>
> 우리 부모에겐 '나으리'가 있고, 내겐 '도련님'과 '아기씨'가 있다. 나으리는 우리 부모를 개돼지 취급한다. 도련님과 아기씨도 나를 깔보고 멸시한다.
>
> 가끔가다 도련님이 책 읽는 소리를 듣는다. 나도 글을 배우고 공부하고 싶다. 하지만 우리 부모는 나에게 노비는 어리석어야 하고 똑똑한 체 하다간 명대로 살지 못한다고 윽박지른다. 도련님은 개차반이다. 얼굴이 반반한 여종들을 수시로 밤에 불러들인다. 그런 인간을 나는 죽을 때까지 떠받들고 먹여 살려야 한다.

노비인 나는 다른 노비와 살게 될 것이다. 자식을 낳아서 다시 노비를 만들어야 한다. 우리 부모와 내가 그랬듯이 내 자식도 양반의 자식을 위해 평생 뼈 빠지게 일하다 죽어갈 것이다. 나는 이 썩어 빠진 세상을 확 뒤집고 싶다.

당시 노비들은 글을 몰랐으니 기록을 남길 수가 없었다. 하지만 마음 속으로는 지금 내가 대신 써준 개똥이의 일기처럼 세상을 뒤집고 싶은 생각이 굴뚝같았을 것이다.

노비 개똥이가 스무 살이 되던 1910년, 조선이 망했다.

일본이 조선의 임금님을 쫓아냈다. 사농공상 체제가 해체되면서 양반 계급은 몰락하기 시작했다. 덩달아 노비들도 해방됐다.

일본은 '국민학교'라는 걸 만들어서 누구나 학교에 다니게 했다. 물론 조선인들을 위해 학교를 만든 건 아니었다. 해방된 노비를 읽고 쓰는 게 가능한 노동자로 변신시켜 자본주의적 생산과 수탈을 하기 위해서였다. 하지만 노비였던 개똥이의 입장에선 그런 일본의 의도를 상관할 바 아니었을 것이다. 아무튼 자기 자식은 더 이상 노비일 필요가 없고, 교육도 받을 수 있게 됐기 때문이다.

개똥이는 조선이 망했을 때 어떤 행동을 했을까. 나라를 빼앗은 일본에 저항하기 위해 낫과 도끼를 들었을까. 빼앗긴 나라를 되찾겠다며 머나먼 중국으로 가 독립운동에 가담했을까. 아니면 노비의 신분에서 해방됐다고 만세를 불렀을까.

데라우치는 왜 웃으며 잠자리에 들었나

2018년 8월 tvN에서 〈미스터 션샤인〉이라는 드라마가 방영돼 큰 인기를 끌었다.

시대는 구한말. 부모가 양반에게 살해당한 노비의 아들(이병헌)이 외국인 선교사의 도움으로 미국으로 건너갔다가 미 해병대 대위 유진 초이가 돼 다시 조선에 온다. 그에게 조선은 조국임과 동시에 부모를 죽인 양반들의 나라다.

우여곡절 끝에 유진 초이는 지체 높은 양반집 규수인 고애신(김태리)과 사랑에 빠진다. 드라마이기 때문에 가능한 설정이겠지만 고애신의 숨겨진 정체는 친일파를 암살하는 독립군의 저격수다. 그걸 알게 된 옛 노비의 아들이 양반의 딸에게 쓸쓸히 묻는다. "당신이 되찾으려는 조선에서 노비나 백정은 살 수 있소?"

드라마에서 고애신은 아무 말 하지 않았다. 내가 대신 대답한다. "없다!"

조선에서는 노비·백정·천민처럼 노동하며 살아가는 생산계급은 양반들로부터 한 번도 같은 동족으로 대우를 받으며 살아본 적이 없었다. 그들은 말을 할 줄 아는 짐승에 불과했다.

한일합방이 공표됐던 1910년 8월 29일, 조선총독 데라우치는 조선에 주둔하던 전 일본군에 비상령을 내렸다. 나라를 빼앗긴 조선 백성들이 일제히 궐기해 폭동을 일으킬까봐 두려웠던 것이다. 하지만 경성부와 수원부, 개성부, 대구부, 동래부 등의 대도시들을 포함해 조선 팔도는 아무일 없었던 듯 고요하고 평온했다. 데라우치는 미소를 지으며 편안하게 잠자리에 들었다.

500년 이상 이어졌던 왕조가 변변한 저항 한 번 못하고 멸망하게 된 건 백성들의 마음이 떠나 버렸기 때문이다. 반일운동 하는 분들이 즐겨 말하는 '민족정기'가 사라져버린 것이다.

그 민족정기는 '일본놈'들 때문에 사라진 게 아니다. 조선의 위정자들, 그러니까 왕과 양반계급이 앞장서 말살해 버렸다. 나라가 외세에게 망해도 백성들이 아무도 봉기하지 않는 나라를 만들어 놓았다.

명나라의 마지막 황제는 숭정제다. 그는 어리석은 임금이었지만 임금으로서 최소한의 자존심은 있었다. 1644년 4월 25일 명나라가 망하는 날 그는 자신의 환관과 함께 왕궁 뒷산으로 올라가 목을 맸다. "나의 백성들은 상하게 하지 말아 달라"는 유서를 남겼다.

고종과 그의 주변 왕족들은 어땠나. 스스로 목숨을 끊기는커녕 거의 대부분 일본으로부터 작위를 받고 귀족으로 변신했다. 단 한 사람도 독립운동에 가담하지 않았다. 왜 고통과 책임과 부끄러움은 항상 백성들의 몫이어야 하는가.

그런 조선시대를 대하는 귀족진보의 태도는 그야말로 모순의 극치다.

귀족진보는 일본과 한민족의 '민족 모순'을 입에 침이 마르게 강조한다. 조선이 잘못된 건 모두 '일본놈'들 탓인 것처럼 몰아세운다. 하지만 한민족 내부에서 벌어졌던 지배와 피지배의 끔찍한 '계급 모순'에 대해선 입을 다문다.

한줌도 안 되는 지배계급인 왕과 탐관오리와 양반들에게 수탈당했던 절대다수의 노비, 백정, 천민, 농민, 중인, 상인들의 고통은 외면해버리는 것이다. 자기 동족을 노비로 만들어 대를 이어가며 호의호식했던 양반들을 비판하지 않는다.

조선 후기에는 수없이 많은 민란들이 터져 나왔다. 그 민란 중 무엇이라도 성공해 조선 왕조를 무너뜨렸으면 좋았을 것이다. 사실은 훨씬 그 이전 임진왜란이 끝났을 때, 백성들을 버리고 도망갔던 무능하고 무책임한 임금과 양반들의 나라 조선은 망했어야 한다.

민족주의는 허구다

대한민국에서 민족주의는 거의 종교처럼 돼가고 있다. 그 정도로 강력하고, 일체의 이견을 허용하지 않는 신념체계가 됐다.

민족주의의 근간이 되는 건 "우리는 한반도에서 단군을 조상으로 5000년을 살아온 단일민족"이라는 강한 자부심이다. 그렇게 오랜 세월을 단일민족으로서 순수함을 유지하며 살아왔다니 참으로 놀랍고 흐뭇한 얘기가 아닐 수 없다.

대한민국에서만 그런 게 아니다. 북한은 한 술 더 뜬다. 북한을 지배하고 있는(남한의 일부 사람들도 신봉하는) 주체사상은 의식성, 자주성, 창조성 따위의 형이상학적 헛소리를 늘어놓지만 핵심은 결국 민족주의와 수령론이다.

민족주의는 민족주의인데 한민족韓民族이 아니다. 백두혈통의 '김일성 민족'이라고 한다. 거기에다 혁명의 뇌수이자 노동계급의 대표인 수령이 없으면 전체 인민들의 육체적, 정신적 삶은 존재할 수 없으니 대를 이어 수령께 충성해야 한다는 해괴한 논리를 접목시켜 놓은 게 주체사상이다.

결국 민족주의는 남북한 모두에게 국민과 인민을 묶어내는 강력한 이데올로기로 작동하고 있는 셈이다.

백범 김구는 민족주의를 다음과 같이 예찬했다.

"내 몸이 남의 몸이 될 수 없음과 마찬가지로 이 민족이 저 민족이 될 수 없으며, 피와 역사를 같이하는 민족보다 완전한 영원함은 없다."

민족을 한 번 정해지면 바뀌지 않는 '완전한 영원함'으로 규정한 것이다. 백범이 한평생 일제에 맞서 싸운 독립운동가였다는 사실을 감안하면 이해할 수 있는 주장이다. 그에게 민족은 독립운동을 지속하게 하는 원동력이었을 것이다.

백범께는 죄송하지만 과학적으로 따지면 민족은 영원하지도 완전하지도 않다. 생물학의 비약적 발전으로 유전자DNA 검사를 통한 민족의 뿌리 추적이 가능해졌다. 그 결과 '민족'이라는 개념은 생물학적 근거가 희박하다는 사실이 확인되고 있다.

2019년 11월 중앙일보에는 최준호 기자가 쓴 '침 뱉어 찾은 뿌리 경주 최씨 기자, 한·중·일 혼혈이었다'라는 기사가 실렸다. 그 내용 중 일부는 다음과 같다.

> 단일민족은 없었다. 배달의 민족도, 단군 할아버지 자손도…. '토종 한국인'이란 사람들의 혈통은 한국·중국·일본, 3국의 혼혈이었다. 여기에 전부는 아니지만, 몽골 혈통도 살짝 섞였다. 중국·일본인도 크게 다르지 않다. 혈통 구성비의 중심은 역시 한·중·일이다. 독도·위안부·한일군사정보보호협정GSOMIA(지소미아) 문제로, 고고도미사일방어THAAD(사드) 이슈 등으로 각각 한·일, 한·중간 현실 갈등이 이어지고 있지만, '장궤' '쪽바리' '조센징'의 정체는 그랬다.

기자가 직접 DNA 분석을 통한 '조상찾기'를 해봤다. 보건복지부에서 진행하고 있는 DTC 시범사업에 선정된 민간기업 이원다이애그노믹스를 통해서다. 간단했다. 샘플 수집 키트 속에 들어있는 플라스틱 튜브에 침을 뱉어 넣으면 그만이었다. 필요한 양은 1*ml*.

검사 결과는 1주일 뒤에 나왔다.

'한국 47.89%, 일본 25.14%, 중국 26.97%.'

기분이 묘했다. 대대로 경북 경주 남산 자락에서만 살아온 토종 경주 최가, 통일신라시대 대학자 최치원의 32세손 DNA에 한국과 중국·일본이 다 들어있다니….

혹여, 엉뚱한 상상으로 놀리지 마시라. 한국인의 DNA를 분석하면 거의 예외 없이 한·중·일 3개국의 유전자가 들어있다.

요즘의 과학 수준을 고려하면 검사 결과를 의심하기는 어렵다. 이 연구소에 근무하는 중국인 직원의 DNA 역시 '중국 62.66%, 한국 17.82%, 베트남 9.88%, 일본 6.94%'였다고 한다.

과학자들은 거의 모든 한국인의 DNA에 일본인과 중국인의 DNA가 절반 가까이 섞여 있다고 지적한다. 일본인과 중국인을 조사해도 한국인과 비슷한 결과가 나온다. 그렇다면 도대체 민족이라는 건 뭘 의미하는 걸까.

혹시 앞으로 "한민족은 다른 민족의 DNA가 30% 이하로 섞인 사람을 말한다"라는 규정이라도 만들어 국민 전체를 전수조사 해야 하는가.

DNA로만 따지면 한중일의 복합체인 내가 일본인을 '쪽발이'라고 욕하고 중국인을 '장궤'라고 폄하한다면 그건 뭘까. 내 안에 있는 50%가 25%를 욕하는 것인가.

민족은 완전하지도 영원하지도 않다

민족뿐만이 아니다. 과학적으로만 따지면 족보라는 개념도 불합리하긴 마찬가지다. 대한민국에선 아버지의 성姓을 이어받는다. 20대 조상 할아버지가 김씨면 나도 자동적으로 김씨가 된다. 그래서 "무슨 김씨, 무슨 파의 몇 대 직계 후손이다"라고 생각한다.

하지만 생물학적으로는 내가 존재하려면 부모 양쪽의 유전자가 모두 필요하다. 어머니의 유전자를 더 많이 물려받을 수도 있다고 한다.

아버지와 어머니에게도 부모가 있으니 내 유전자에 영향을 미친 사람은 부모와 양가 할아버지·할머니 등 총 6명으로 늘어난다. 이런 식으로 20대를 거슬러 올라가면 어떻게 될까. 수학적으로 따지면 내 DNA에 영향을 미친 사람은 2의 20승이다. 무려 100만 명이 넘는다.

만약에 약 1,000년 쯤 전인 40대까지 거슬러 올라간다면? 그 당시 아시아 대륙에 살았던 거의 모든 사람일 것이다. 물론 이론적으로 그렇다는 얘기다. 실제로는 공간적 제약 때문에 대부분 국경 안에서 중복됐을 것이다.

생물학적으로만 따진다면 결국 인류는 대부분 피가 섞인 형제나 다름없다. 이쯤 되면 정말 어떤 기준으로 '민족'을 말해야 하는 건지 혼란스럽다.

개인적인 경험 하나를 소개해 보겠다.

2010년경 중국과 북한의 국경지대인 지린성吉林省 지안현集安縣에 위치한 고구려 유적지를 방문했었다. 광개토대왕비와 장수왕의 무덤으로 알려진 장군총, 고구려인들의 수렵도가 그려진 무용총이 있는 곳이다.

여기에서 우리 민족의 조상들이 말을 달리며 웅혼한 기상을 펼쳤겠구나, 하는 생각에 저절로 가슴이 뜨거워졌다. 동행했던 누군가는 "통일이 되면 우리가 이 지역을 중국으로부터 되찾아 와야 한다"고 기염을 토했다.

하지만 약 2,000년 전 고구려인들이 살았던 그 지역에는 지금은 중국인들이 살고 있다. 물론 고구려인의 피가 섞여 있겠지만 까마득히 오래전의 일이고 그들은 스스로를 중국인이라고 생각하고 있다.

만일 남북통일이 된 후 대한민국의 국력이 강해져서 "2,000년 전 우리 조상들이 살던 곳이니 내놔라"면서 그 지역을 중국으로부터 빼앗는다면 어떤 일이 벌어질까.

아마 그곳에 사는 주민들부터 격렬하게 반발할 것이다.

"당신네 조상이 2,000년 전 여기서 살았는지 모르지만 그 후 수천 년을 우리가 살아 왔는데 이제 와서 빼앗아 가는 게 말이 되느냐"면서 말이다.

이스라엘과 팔레스타인 사이의 분쟁과 비슷한 일이 재연되는 셈이다. 민족을 앞세운다고 해서 그것이 정당화될 수 있을까.

로마는 2,000년 전 유럽의 거의 전역을 지배했다. 그렇다고 그 후손인 이탈리아가 독일, 프랑스, 영국을 자기네 땅이라고 주장하지는 못한다. 민족은 결코 '완전한 영원함'이 아니다.

내가 백정과 같은 민족이라고?

민족주의자들에게는 실망스럽겠지만 또 다른 사례도 있다.

약 1,400년 전 한반도에서는 역사에 잘 알려지지 않은 전쟁 하나가 벌어졌었다. 백제 멸망 3년 뒤인 663년, 지금의 금강 하구 부근인 백강白江에서 백제 유민들과 왜倭(일본의 옛 이름)의 연합군이 신라·당나라 연합군과 맞붙은 것이다.

오래전부터 백제와 가까운 사이였던 왜는 멸망한 백제를 지원하기 위해 1,000척의 배와 수만 명의 병사를 파견했다. 이 전투에서 왜는 1만 명의 병사와 400척의 배를 잃고 패배했다. 이로써 백제 부흥운동은 소멸했다. 수많은 백제 유민들이 일본으로 건너갔고 일부는 귀족이 됐다고 일본 역사책은 전하고 있다.

신라와 백제는 같은 민족이다. 그런데 이민족인 당나라와 왜를 끌어들여 서로 전쟁을 벌인 것이다. 게다가 백제 유민들은 같은 민족인 신라에 투항하는 대신 일본으로 건너가 버렸다. 이상하지 않은가.

그동안 역사를 공부하며 고구려, 백제, 신라가 한민족이라고 배웠고 그걸 의심해 본 적이 없다. 적어도 나는 그랬다.

하지만 곰곰이 따져보면 의문이 생긴다. 당시 그 세 나라는 서로 같은 민족이라는 인식을 공유하고 있었을까. 혹시 고구려, 백제, 신라 모두 상대방을 당나라나 왜와 마찬가지로 다른 나라일 뿐이라고 여긴 것은 아닐까.

사실 이런 혼란이 생겨나는 이유가 있다. 민족주의는 원래부터 존재했던 개념이 아니라 근대가 시작되면서 등장한 이데올로기이기 때문이다.

민족주의는 언어, 혈통, 문화를 함께 공유한다는 소속감과 애착심을 토대로 국민을 정의하는 걸 말한다. 민족주의가 형성되려면 서로를 동등한 민족구성원으로 인정해줘야 하는 것이다.

근대적 의미의 민족주의가 등장한 건 프랑스 혁명 때였다. 프랑스에서 공화정이 수립되자 주변 왕정 국가들이 프랑스를 공격했다. 그러자 부르주아, 노동자 할 것 없이 모두가 "프랑스를 우리 손으로 지키자"며 총을 들었다. 민족의 이름 앞에서 하나가 된 것이다.

왕조가 오래 이어졌던 동양에서는 사람들이 수천 년간 같은 영토 안에서 언어와 문화를 공유하며 살았던 것은 맞다. 하지만 거기에서 하층계급은 동등한 사회구성원이 아니었고 결코 같은 민족으로 받아들여지지도 않았다. 조선시대 양반들은 아마 "내가 저 백정, 천민 같은 상것들과 같은 민족이라고?"하면서 펄펄 뛰었을 것이다.

양반들의 그런 정서를 입증하는 사례가 있다.

1894년 갑오개혁 때 단발령斷髮令(상투를 자르라는 명령)이 내려지자 조선의 성리학자 유인석이 충북 제천에서 의병을 일으켰다. 그의 휘하에 상놈 출신인 김백선이 대장인 부대가 있었다. 1896년 유인석의 의병은 충주에서 일본군을 공격했다가 실패했다. 김백선은 작전에 협력하지 않은 어느 양반 신분의 부대장을 추궁했다. 그러자 사령관 유인석은 김백선을 끌어내 참수해버렸다. 의병이든 뭐든 상놈이 감히 양반을 능멸하는 일은 참을 수 없었던 것이다. 조선은 민족보다 계급이 훨씬 앞선 사회였다.

지금은 남북한 모두에서 마치 민족주의가 절대적인 가치라도 되는 것처럼 포장되고 있다. 하지만 한민족이 민족주의를 받아들이게 된 건 그리 오래전이 아니다.

조선왕조가 무너지면서 봉건적 계급질서가 해체되고, 일제의 식민지 지배로 인해 민족적 각성이 일어나고, 미국 윌슨 대통령의 민족자결주의 같은 희망적 메시지가 전해지면서 이 모든 게 하나로 뭉뚱그려져 한민족에게도 비로소 "우리는 같은 민족"이라는 유대감이 싹트게 된 것이다.

전쟁범죄자이자 반민족 행위자 김일성

민족주의는 잘 쓰면 약이고 못쓰면 독이다.

일제시대 조선이나 프랑스가 지배했던 베트남처럼 식민지지배를 받던 약소국들에서의 민족주의는 '민족해방운동'의 원천이 됐다. 강대국의 부당한 침략에 맞설 수 있는 논리적 근거가 되는 저항적 민족주의다.

하지만 유럽에서의 민족주의는 독일의 히틀러, 이탈리아의 무솔리니를 등장시키면서 제2차 세계대전이라는 참화를 불러왔다. 배타적이고 우월적인 민족주의다.

2018년 11월 파리 개선문에서는 유럽의 정상들이 참석한 가운데 제1차 세계대전 종전 100주년 기념식이 열렸다. 이 자리에서 프랑스 대통령 마크롱은 민족주의를 거세게 비난했다.

"민족주의는 애국심의 정반대다. 낡은 망령들이 혼돈과 죽음의 씨앗을 뿌리려 되살아나고 있다. 역사는 때로는 조상들이 피로 맺은 평화적 유산을 뒤엎고 비극적인 패턴을 반복하려고 한다."

실제로 유럽은 민족주의를 앞세운 극우 정당들 때문에 골치를 앓고 있다.

프랑스 국민연합, 이탈리아 리그당, 북부동맹, 독일을 위한 대안AfD당, 스페인 VOX, 오스트리아 자유당, 스웨덴 민주당ECR, 핀란드 인민당, 헝가리 청년민주동맹, 그리스 황금새벽당, 네덜란드 자유당 등 민족주의 정당들이 빠른 속도로 세를 확산하고 있다.

이런 정당들은 민족주의를 앞세워 아프리카와 중동지역 난민 유입에 반대하고, 인종차별을 정당화하고, 유럽연합EU에서 탈퇴해 국경을 폐쇄하라고 주장한다.

반면 유럽의 중도, 진보정당들은 너나없이 민족주의에 강력히 반대하고 있다. 과학적 근거가 희박한 데다 반인권적이고, 결국 전쟁을 불러온다는 이유에서다.

어찌된 일인지 대한민국에서는 정반대 현상이 벌어지고 있다.

스스로 진보라고 주장하는 사람들이 앞장서 민족주의를 강조하면서 다른 나라에 대한 적대감정을 부추기고 있기 때문이다. 특이하게도 이들이 앞세우는 민족주의는 한반도를 수천 년간 사실상 속국으로 삼아온 중국에 대해서는 적용되지 않는다. 오로지 36년간 식민지배를 했던 일본만을 대상으로 한다.

일본의 식민지배가 더 가까운 과거에 벌어진 일이긴 하다. 하지만 시진핑 집권 이후 중국이 중화中華의 영광을 재현하겠다며 한국을 포함한 주변국들에 대해 안하무인격으로 나오는 것에 대해서는 아무런 말이 없다. 민족 자존심조차 선택적으로 적용시키고 있는 것이다.

귀족진보들이 앞세우는 민족주의의 또 다른 특징은 '맹목성'이다.

북한이 무슨 짓을 하든, 과거에 어떤 짓을 했든 '같은 민족'이라는 걸 앞세워 무조건 감싸고돈다. 한 핏줄, 한 민족인 북한과 힘을 합해 외세를 배격하고 한반도에서 전쟁을 막아야 한다면서 말이다.

그렇다면 분명히 해두자. 소련과 중국이란 '외세'를 끌어들여 동족 살상의 전쟁을 일으킨 당사자는 김일성이었다. 귀족진보가 그토록 강조하는 민족주의를 기준으로 보자면 김일성이야말로 전쟁범죄자고 반민족 행위자인 것이다.

게다가 귀족진보는 같은 동포인 북한 인민들이 북한의 세습 독재자 김정은의 치하에서 노예처럼 살아가고 있다는 사실을 애써 외면한다. 민족을 그렇게 앞세우면서 왜 그럴까.

나라정책연구원장 김광동은 다음과 같이 말한다.

"대한민국에서 좌파들이 민족주의를 강조하는 건 한미일 동맹을 깨고 중국의 우산 아래로 들어가기 위해서다. 그 목표를 달성하기 위한 약한 고리가 한일관계다. 일본에 대한 민족감정을 조장하면 한일관계는 쉽게 흔들리기 때문이다."

한반도가 수천 년간 이어졌던 중국의 속박에서 벗어난 지 얼마 되지도 않았다. 한미일 동맹을 바탕으로 해서다. 그런데 민족주의를 앞세워서 다시 자발적으로 중국 아래로 들어가겠다? 부디 김광동의 분석이 사실이 아니기를 바랄 뿐이다.

대한민국은 세 개의 모진 관념의 덫에 걸려있다. '진보' '개혁' '민족주의'다. 셋 다 사람들의 가슴을 뛰게 하는 멋지고 환상적인 용어들이다.

하지만 '진보'는 과거에만 매달리는 '퇴보'가 돼버린 지 오래다. '개혁'은 정적을 제거하기 위한 수단으로 악용되고 있을 뿐이다.

귀족진보의 민족주의는 앞서 지적한 대로 선택적이고 맹목적이다. 국민들을 자꾸만 세계사의 보편적 흐름과는 동떨어진 '갈라파고스의 섬'으로 몰아가려고 하고 있다. '우리끼리 살겠다'며 고립을 자초하는 건 한반도에서 북한 하나만으로도 충분하지 않은가.

귀족진보는 진보·개혁·민족주의라는 기만적인 단어 뒤에 자신들의 무자비하고 집요한 권력욕을 감추고 있다. 대한민국 국민들은 그동안 인식의 감옥에 갇혀 있었다. 이제는 귀족진보가 짜놓은 기만적 관념들의 쇠창살을 부수고 나와 진실을 마주해야 한다.

일본 불매 운동의 씁쓸한 결말

귀족진보는 단순히 조선을 미화하고 민족주의를 신성시하는 선에서 그치지 않는다. 국민을 친일과 반일, 애국과 매국으로 갈라놓고 자신들을 반일과 애국의 상징으로 선전한다.

그 대표적 사례가 2019년 벌어졌던 일본 불매운동이다.

그해 7월 1일 일본이 대한민국을 백색국가에서 제외했다. 한국을 안보우방국가로 지정해 자국 제품의 수출과 허가에서 우대를 해주던 기존 방침을 철회한다고 발표한 것이다. 일본은 반도체 및 디스플레이 핵심소재 3종에 대해서도 한국에 대한 수출을 제한키로 했다.

누가 봐도 명백한 경제보복이었다. 거기엔 복잡한 배경이 있다.

그보다 1년 전인 2018년 10월, 조선인 징용자 4명이 신일본제철을 상대로 제기한 1억 원씩의 손해배상 소송에 대해 한국 대법원이 원심을 깨고 원고 승소판결을 내렸다. 그것이 출발점이었다.

일본정부는 1965년 한일국교 정상화 당시 이미 모든 배상을 끝냈다며 강력히 반발했다. 배상금을 받은 주체인 한국 정부가 책임져 달라며 대책마련을 촉구했다. 하지만 문재인 정부는 모른 척 했다. 그러다 한국 법원이 신일본제철의 국내 재산을 압류하려는 움직임을 보이자 일본이 보복에 나선 것이다.

한일관계는 언제나 이성보다는 감정이 앞선다. 한국은 발칵 뒤집혔다.

곧바로 해방 이후 최대 규모의 반일 운동이 전개되기 시작했다.

대표적인 일본 의류 브랜드인 유니클로가 첫 번째 타깃이 됐다. 매장에 드나드는 손님들을 감시하며 사진을 찍어 "순찰중 이상무"라는 게시글을 인터넷에 올리는 이른바 '유니클로 단속반'이 등장했다. 민노총은 유니클로 제품은 배송하지 않겠다고 선언했다.

인천에서는 일본 렉서스 자동차를 길거리에 세워놓고 쇠파이프로 때려 부수는 퍼포먼스가 벌어졌다. 신호위반을 적발하려고 일제 승용차를 몇 시간 동안 쫓아다녔다는 영웅담을 자랑스럽게 소셜미디어에 올리는 사람들도 있었다. 국내에 진출한 일본 기업들의 명단과 일본에 여행을 갔던 한국인들의 이름을 공개하는 사이트도 등장했다. 서울 중구청은 외국인들이 많이 방문하는 명동을 비롯한 1,100여 곳에 'NO JAPAN'이라는 플래카드를 내걸었다.

방송사들이 연일 '애국적' 불매운동을 대대적으로 보도하는 가운데 상점과 마트에는 '일본상품 팔지 않는다'는 스티커가 나붙고 아사히·기린 등 일본 맥주들은 진열대에서 자취를 감추었다. 대전의 한 서점은 일본소설 서가의 명판을 '왜구소설'이라고 붙였다. 국내 일식집과 이자카야 식당들은 주인이 거의 대부분 한국 사람인데도 손님이 급감해 폐업 위기에 처하기도 했다.

2019년 내내 애국과 매국의 프레임이 대한민국을 지배했다. 그 프레임 안에서는 일본을 손가락질하기만 하면 누구나 애국자로 칭송받으며 우쭐댈 수 있었다. 하지만 거기에 이의를 제기하거나 소극적인 태도를 보이면 졸지에 매국노가 돼야 했다. 애국과 매국은 그렇게 값싸고 손쉽게 구분됐다.

대통령과 민정수석이 앞장 선 반일

이런 상황에서 정부의 이성적인 대응은 무엇이었을까. 국민감정이 너무 극단으로 흘러가 국론이 분열되고 국익이 손상되지 않도록 적절한 조치를 취했어야 할 것이다. 하지만 문재인 정부와 귀족진보는 정반대로 나갔다.

문재인 대통령은 7월 12일 전남 무안을 찾아가 "전남 주민들이 이순신 장군과 함께 불과 열두 척의 배로 나라를 지켜냈다"고 강조했다. 사전 배포 원고에 없던 이순신 장군의 이름을 세 번이나 언급했다. 임진왜란까지 끌어들이면서 대통령이 앞장서 반일 감정에 불을 지른 것이다.

조국 청와대 민정수석도 가만히 있지 않았다. 대통령 발언 하루 뒤인 7월 13일, 조국은 자신의 페이스북에 "SBS 드라마 〈녹두꽃〉 마지막 회를 보고 있는데 한참 잊고 있던 이 노래가 배경음악으로 나왔다"며 동학농민운동을 기려 저항시인 김남주가 가사를 쓴 노래 '죽창가'를 올렸다.

그다음은 물으나 마나다. 대통령과 민정수석까지 앞장섰으니 일본 불매운동은 불에 기름 부은 듯 전국에서 훨훨 타올랐다.

주목해야 할 것은 2019년의 반일운동이 남북 관계가 별 성과 없이 끝나버리고 북한이 문재인 대통령에 대해 모욕적인 비난을 거듭하던 와중에 벌어졌다는 사실이다. "우리가 할 만큼 했는데 북한은 왜 저러냐"는 비판은 반일운동이 격화되면서 쏙 들어가 버렸다. 새로운 쇼가 시작되자 흥행에 실패한 이전 쇼는 잊혀지게 된 것이다.

반일 불매운동이 한창 불붙던 7월 30일, 민주당 싱크탱크인 민주연구원(원장 양정철)이 소속 국회의원들에게 분석보고서를 보냈다. 한일관계가 악화되면 2020년 총선에서 민주당이 유리해진다는 내용이었다. 민감한 시기에 왜 그런 걸 의원들에게 보냈을까. 선거에 도움이 되니 반일 감정에 계속 불을 지르라는 암묵적 지시로 해석할 수밖에 없다.

그것이 귀족진보의 진짜 속마음이었을 것이다. 애국과 매국? 정치인들에게 그런 단어는 우리 편을 동원하고 상대편을 공격하기 위한 레토릭에 불과하다. 속는 게 바보다.

돌이켜보면 민정수석 조국이 '죽창가'를 운운했던 것도 다 이유가 있었다.

문 대통령은 일본 불매운동이 시작된 뒤 한 달도 안 돼 그를 법무장관 후보자로 지명했다. 아마도 조국은 '죽창가'같은 반일 발언을 통해 자신을 애국의 아이콘으로 부각시키려 했던 것 같다. 그 여세를 몰아 청문회를 통과하고 차기 대선후보든 뭐든 이후의 정치적 목표를 향해 달려가려는 원대한 꿈을 꿨는지도 모른다. 하지만 상황은 그 정반대로 흘러갔다. 사필귀정이라더니, 세상일이란 참으로 알 수 없다.

중국한테는 입 한번 뻥긋 못하더니

일본의 수출규제를 계기로 시작됐던 2019년의 반일 불매운동은 냉정히 말하자면 처음부터 무리였다.

무엇보다 비례원칙에 어긋난 과잉대응이라는 지적을 받을 수 있다. 쉽게 말해 당시 일본의 조치가 과연 대한민국 전체가 들고 일어나 난리법석을 떨만한 사안이었냐는 것이다.

일본이 한국을 백색국가에서 해제하면 한국도 거기에 합당한 정부차원의 대응을 하면 그 뿐이다. 심지어 문재인 정부는 일본의 부품수출 금지 조치에 대해 "우리 스스로 부품 자율화를 할 수 있는 전화위복의 계기가 됐다"고 주장했다. 만일 그게 사실이라면 오히려 잘 된 일 아닌가. 한국이 국제사회에 일본의 불공정성을 널리 알리면서 부품 수입선을 다변화해도 일본으로선 할 말이 없기 때문이다. 당장에 전쟁을 치를 것처럼 나라 전체가 아우성을 칠 이유가 없었던 것이다.

두 번째로는 이중 잣대의 문제다.

중국은 2016년 한국이 고고도미사일 방어체계인 '사드'를 도입하자 대대적인 보복조치에 나섰다. 경북 성주의 '사드' 미사일 부지가 과거에 롯데 골프장이었다는 이유로 롯데는 중국에서 사실상 쫓겨났고 1조 2,000억 원 이상 피해를 봤다.

중국은 드라마, 영화, 노래 등 한국 대중문화를 방송과 인터넷에서 금지시키는 이른바 한한령韓限令까지 발령했다. 관광객들의 한국 방문도 막았다. 산업은행의 2017년 보고서에 따르면 상품수출과 관광수입 감소를 포함해 한국이 1년간 본 피해액은 무려 22조 4,000억 원이다.

중국의 조치는 한국에 대한 명백한 내정간섭이었다. 더구나 정부가 앞장서 민간의 문화교류까지 막은 건 정상적인 민주국가에선 있을 수 없는 야만적 행위였다.

하지만 문재인 정부는 이 모든 부당한 조치에 대해 입 한 번 뻥긋 못했다. 항의는커녕 모든 걸 중국의 처분에 맡긴다는 듯 고분고분했고 행여 한국에서 맞대응하자는 반중反中 정서가 일어날까봐 전전긍긍했다.

그래놓고 일본이 한국을 백색국가에서 배제하는 사태가 벌어지자 이번엔 청와대와 여권이 총출동해 국민들의 반일감정을 부추기는데 앞장선 것이다. 누가 봐도 이중잣대라는 비판을 면하기 어렵다.

일본 제품 불매운동은 대한민국에서 수많은 '애국자'를 양산해냈다. '독립운동은 못했지만 불매운동을 하겠다'는 스티커를 승용차 뒤에 붙이고 다니며 정신승리를 만끽하는 사람들이 적지 않았다. 하지만 씁쓸한 장면도 많았다.

'죽창가'를 SNS에 올리면서 반일운동을 주도했던 조국 법무장관 지명자는 야당이 청문회를 거부하자 국회에서 기자들을 불러다 놓고 '셀프청문회'를 열었다. 답변을 하는 그의 손에는 일제 볼펜이 들려있었고 그 모습이 방송에 나갔다. 그러자 "국민들을 매국노로 몰더니 당신은 왜 일제 볼펜을 쓰느냐"는 비난이 봇물처럼 쏟아졌다.

한 방송사 앵커는 "나는 국산 볼펜을 쓴다"고 했다가 조롱을 샀다. "방송사들 카메라 장비는 90% 이상이 일제인데 그건 괜찮냐"는 것이었다. 조국 수호에 앞장섰던 청와대 최강욱 전비서관의 일제승용차와 '개념연예인' 김제동의 일제 패딩도 논란이 됐다.

유니클로 매장에 갔다고, 아사히 맥주를 마셨다고, 매국노로 몰렸던 사람들은 그런 식으로 자신들이 당한 걸 되갚음 했다. 귀족진보의 업보였다.

따지고 보면 참으로 부질없고 비생산적인 논쟁이다. 나라의 품격을 위해서도 결코 바람직하지 않다. 하지만 애초에 누가 사회를 이렇게 갈라놓았나. 사람들을 악에 받치도록 만들어 놓은 게 과연 누군가.

일본과 전쟁이라도 할 듯 펄펄 뛰면서도 정작 자기 이익 앞에서는 별 수 없더라는 슬픈 현실도 확인됐다.

2020년 3월 서울 용산 아이파크몰에는 일본 닌텐도사가 내놓은 '모여봐요 동물의 숲' 게임기 70대를 사기 위해 3,000여 명이 모여들었다. 코로나19가 확산되던 와중이었지만 사람들은 매장 앞에서 장사진을 친 채 몇 시간씩 기다렸다. 게임 판매 웹사이트는 접속자가 폭주해 다운됐다.

일본 의류업체 유니클로는 세계적인 디자이너 질 샌더Jil Sander가 만든 '+J(플러스 제이) 컬렉션'을 2020년 11월 13일 출시했다. 이날 서울 잠실 롯데월드몰 유니클로 매장 앞에는 매장 문이 열리기 두 시간 전부터 수백 미터의 줄이 늘어섰다. 상품은 삽시간에 동이 났다.

일본 불매운동은 처음부터 너무 감정적이었다. 정교한 전략도 없었고, 우방국들의 지지도 얻어내지 못하는 등 어설펐다.

불같이 일어났다 흐지부지 돼버린 일본 불매운동에서 우리가 과시했던 애국심은 과연 일본에게 경각심을 줬을까, 아니면 비웃음을 샀을까. 그걸 통해 대한민국의 국격은 향상됐을까, 아니면 손상을 입었을까. 냉정하게 그걸 따져볼 때가 됐다.

반일이 애국이랄 땐 언제고

일본 불매운동에는 마지막 반전이 하나 더 있다.

2020년 11월, 문재인 정부가 느닷없이 일본과 관계를 개선하겠다고 나선 것이다. 갑자기 왜 그러는 건지, 절대로 용서 못한다는 한국의 기세에 겁이 난 일본이 물밑 사죄라도 했는지, 아니면 더 이상 불매운동을 뒷감당 할 수가 없었던 건지, 국민들에게는 일언반구 설명조차 없었다.

11월 8일 박지원 국가정보원장이 일본을 방문했다. 특별한 현안이 있어서가 아니다. 그는 스가 총리와 만나 한일관계 정상화를 위한 '문재인·스가 선언'을 발표하자고 제안했다. 1998년 김대중 대통령과 오부치 게이조 총리가 함께 발표했던 '21세기 새로운 한일 파트너십 공동선언'과 같은 걸 다시 해보자는 것이다.

닷새 뒤인 11월 13일, 국회 한일의원연맹회장인 민주당 김진표 의원 등 의원 7명이 일본을 찾아 스가 총리를 다시 만났다. 김 의원은 "양국간 국민감정을 호전시키기 위해 필요한 다양한 교류와 협력의 문제들을 힘차게 추진해 나가는 것이 현재의 과거사 갈등을 해소하는 데도 도움이 될 것"이라고 강조했다.

이낙연 민주당 대표와 김태년 원내대표는 국내에서 힘을 보탰다. 두 사람은 "도쿄 올림픽을 한일 관계 개선의 전환점으로 삼자" "연내 한일 정상회담이 열리면 역사문제를 매듭짓고 미래 지향적인 한일관계를 정립해 나가는 한일 '신시대 선언 2020'을 채택할 수도 있다"라는 등의 발언을 했다. 여권이 총출동한 모양새다.

그 하루 뒤에는 마침내 대통령까지 나섰다. 문재인 대통령은 11월 14일 화상으로 열린 '아세안+3(한·중·일)' 정상회담에서 "특히 일본의 스가 총리님 반갑습니다"라고 인사를 했다. 연설문에 없던 문장이었다. 다자간 정상회담에서 특정 국가, 그것도 일본 총리를 콕 집어 인사를 건넨 것이다.

누가 봐도 1년 사이에 180도 달라졌다. 국민들에게 숨기고 있는 무슨 사연이 있는지 알 수 없지만 한국이 애가 타는 모양새다. 하지만 일본 정부의 반응은 차갑고 냉담했다.

"징용문제가 해결되지 않은 상황에서 새로운 한일 공동선언을 하는 건 현실적이지 않다. 한국이 먼저 양국관계를 정상화시킬 계기를 만들라는 게 일본 정부의 입장이다."「아사히 신문」

"일본 정부는 한중일 정상회담 개최에 응하지 않을 것."「요미우리 신문」

"외무성 간부는 '일본이 도쿄 올림픽 기간에 북한 김정은 위원장을 초청할 의향이 있다'고 주장한 김진표 씨의 기자회견 내용을 개인 생각에 불과하다고 일축했다."「교도통신」

참으로 민망하고 분통터지는 상황이다. 큰소리 뻥뻥 치며 국민들의 반일감정을 마구 부추기더니 결국 뒷감당을 못하고 일본 정부에 대화를 구걸하고 있는 것이다. 그것도 외교적인 사전 정지작업 하나 없이 마구잡이로 밀어붙였다가 줄줄이 퇴짜를 맞는 형국이다. 여전히 아마추어적이다.

정부가 이끄는 대로 일본제품은 사지도 팔지도 않고, 일본 여행은 취소하고, 일본 음식점에는 가지도 않으면서 그게 애국이라고 철석같이 믿었던 국민들은 도대체 뭐가 되는가.

지도자는 거짓말을 많이 할수록 좋다?

이런 상황이 왔지만 '대깨문'들은 여전히 문 대통령을 감싸느라 여념이 없다. 불과 몇 달 전까지만 해도 반일 운동에 동참하지 않으면 무조건 매국노로 몰던 태도에서 돌변해 "문 대통령이 넓은 아량으로 먼저 일본에 다가서고 있다"고 주장하기 시작한 것이다.

대깨문의 노림수는 뻔하다. 우스꽝스럽게 돼버린 불매운동의 후유증을 '문재인은 역시 대인'이라는 슬로건으로 덮어 버리려는 것이다. 솔직히 하나도 새롭지 않다. 이분들은 아마도 '이니님'께서 하시는 일이라면 뭐가 됐든 무조건 칭송부터 할 테니까.

대깨문은 아무리 봐도 심각한 사회적 병리현상이다. 하지만 따지고 보면 대한민국에서만 벌어지는 일도, 우리 시대만의 일도 아니다. 정치지도자가 우상偶像이 돼버리면 언제 어디서나 추종자들의 광신적 행태가 나타나기 때문이다.

2014년 2월 24일 러시아가 우크라이나를 침공했을 때 푸틴 대통령은 전 세계를 상대로 새빨간 거짓말을 했다. 우크라이나에서 내전이 터졌다고 주장한 것이다. (김일성의 북침설이 떠오른다.) 하지만 푸틴의 거짓말이 폭로됐을 때 러시아 어용언론과 추종자들은 오히려 푸틴에게 열광했다. 그렇게 큰 거짓말을 태연히 할 수 있을 정도로 푸틴은 대단한 사람이라는 것이다. 이쯤 되면 더 이상 할 말이 없다.

2차대전 당시 독일 국민들도 히틀러에 대해 그런 태도를 보였다. 1960년대 문화혁명 때 중국의 홍위병들은 마오쩌둥이 무슨 말을 지껄이든 미친 듯 열광했다.

김일성 일가에 세뇌당한 북한 주민들과 심지어 미국 트럼프 대통령의 열광적 지지자들도 비슷한 태도를 보인다. 이런 사람들에게 진실은 아무런 의미가 없다. 오로지 지도자의 입에서 나온 말이 모두 진실일 뿐이다.

『가짜 민주주의가 온다The Road to Unfreedom』의 저자 티머시 스나이더는 추종자들이 지도자의 명백한 거짓말을 수용하는 이유는 그걸 통해 자신들의 충성심을 표시하기 위해서라고 지적했다. 사이비 종교 광신도들이 교주와의 일체감을 위해 스스로의 양심과 자아를 말살시키는 것처럼 정신적 노예가 돼버리는 것이다.

'나는 당신을 너무나 사랑하기 때문에 당신이 무슨 짓을 해도 다 받아들일 수 있다'는, 슬프고도 어리석은 짝사랑의 스토리다. 그런 짝사랑은 결국 비극과 파국으로 끝나기 마련이다.

그게 남의 나라가 아니라 대한민국에서도 자꾸 벌어지고 있는 현상인 듯해 걱정스러울 뿐이다.

징용문제가 복잡한 이유

미리 얘기해야 할 것 같다. 일제강점기 징용문제를 다룬 이 장은 읽기가 좀 까다로울 수도 있다. 역사적 사실들과 조약체결 내용, 법원 판결 등이 여러 차례 언급되기 때문이다. 하지만 한일 갈등의 배경을 이해하려면 반드시 알아야만 할 내용이다. 최대한 쉽게 설명해 보겠다.

일제시대의 징용은 대부분의 한국인들에게는 정답이 정해져 있는 문제다.

"일제가 식민지 조선 사람들을 강제로 징용에 끌고 가 탄광 등에서 임금도 주지 않은 채 강제로 노동을 시켰다. 그 과정에서 무수한 사람들이 죽었다. 영화 〈군함도〉를 봐라. 하지만 일본은 지금까지도 그에 대해 아무런 책임도 지지 않고 있다."

이런 얘기를 수없이 들어왔다. 하지만 징용의 실체가 그리 간단하지만은 않다. 법률전문가들은 만일 징용 문제가 국제사법재판소로 간다면 한국이 승소하는 게 결코 쉽지 않다고 말한다. 일본정부가 계속 국제법 위반을 언급하며 국제사법재판소를 들먹이는 건 그래서다.

지금부터 자세한 내막을 알아보자.

일제시대 한국인 노무자들이 일본 탄광과 공장에 가기 시작한 건 1939년부터였다. '모집'과 '관알선(관청이 알선하는 것)' 등을 통해 무려 50만 명이 일본으로 건너갔다. 일본은 그 뒤 미국과의 전쟁에서 수세에

몰리자 1944년 9월 징용법을 만들어 조선의 젊은 남자들을 강제로 차출했다. 탄광과 공장에서 일하던 일본인들을 전시동원령으로 징집해 전쟁터로 보낸 뒤 그 빈 공백을 메우기 위해 조선에서 노동자들을 강제로 끌어간 것이다. 그로부터 1년도 안 돼 일본은 망했지만 이때 징용으로 끌려간 조선인이 약 22만 명이다.

논란이 되는 건 두 가지다.

첫째는 1944년 9월 강제 징용법이 만들어지기 이전에 일본으로 간 50만 명은 자발적이었느냐 아니면 강제로 끌려갔느냐이다. 반일운동을 지지하는 학자들은 "이들도 강제로 끌려갔다"고 주장한다. 반대편 학자들은 "일부가 속아서 갔을지 모르지만 대부분 자발적이었다. 아니었으면 집단행동과 소요가 벌어졌을 것"이라고 강조한다.

두 번째는 임금이 제대로 지급됐느냐는 것이다.

이 역시 한쪽 학자들은 "조선노동자들은 일방적으로 착취를 당했고, 생존에 필요한 최소한의 금액 외에는 받지 못했다"고 하고 반대쪽 학자들은 "정상적인 임금이 지급됐다"고 주장하고 있다.

나는 역사학자가 아니기 때문에 구체적인 논쟁에 끼어들고픈 생각은 없다. 다만 오늘날 한국에서 일하고 있는 조선족 동포들과 동남아 노동자들의 모습을 보며 여러 상황을 유추할 뿐이다.

국내 취업 외국인 노동자들 가운데는 한국으로 오는 과정에서 브로커들에게 거액을 뜯긴 경우도 있고, 나쁜 고용주를 만나 임금을 착취당하는 사례도 있다. 차별을 받는 경우도 부지기수다. 그렇지만 열심히 일하고 운도 따라줘 고국의 가족들에게 송금도 하고, 저금한 돈을 가지고 귀국해 성공한 사람들도 있다.

일제시대 말기였던 1940년 전후의 상황은 지금보다 비교할 수 없을 만큼 열악했겠지만 본질적으로는 유사한 측면도 있었을 것이다.

1941년 부산에서 밀항선을 타고 일본으로 건너가 롯데그룹을 만든 신격호처럼 성공한 소수의 사람들이 있었을 것이고 강제 징용돼 이름 모를 탄광에서 억울하게 죽어간 사람들도 적지 않았을 것이다.

나머지 대부분의 징용자들은 각자가 처한 상황에 따라 돈을 모으기도 하고, 착취를 당하기도 하면서 전쟁통에 살아남으려고 몸부림쳤을 것이다. 나라를 빼앗긴 백성들이 겪어야 했던 부평초 같은 삶의 모습들이다.

독립운동하는 심정으로 했다는 판결

1945년 해방이 됐고 수십만 명의 징용자들이 고국으로 돌아왔다. 하지만 징용문제는 별다른 얘기 없이 그 뒤 수십 년간 조용히 덮여 있었다.

이 문제가 뜨거운 감자로 떠오른 건 그로부터 무려 52년의 세월이 흐른 1997년이었다. 일본 오사카제철소에서 일했던 신천수 등 2명이 일본 정부와 신일본제철을 상대로 강제연행 및 강제노동에 대한 위자료와 미불금 지급을 요구하는 소송을 오사카법원에 제기했기 때문이다.

소장에 따르면 평양 출신인 신씨는 1943년 9월 일본제철 공원모집에 응모했다. 당시 100명 모집에 500명이 몰려 경쟁률이 5 대 1 이었다고 한다.

당장 "그런 경쟁을 통해 들어갔는데 어떻게 강제연행이냐"라는 의문이 들 수 있다. 이에 대해 신씨 등은 고용내용과 근로조건을 잘 모른 채 일본으로 건너가 열악한 환경에서 그만둘 자유도 없이 위험한 노동을 했으니 반인도적 불법행위에 해당한다고 주장했다.

신씨 등은 1,900만 엔의 배상을 요구했다. 일본제철로부터 받지 못했다는 미불금 600엔에 5,000배를 곱한 300만 엔, 강제동원 위자료 1,500만 엔, 변호사비 100만 엔 등이다.

하지만 신씨 등은 1·2심에서 모두 패소했고 일본 최고재판소도 2003년 10월 같은 판결을 내렸다. 이유는 ① 조선은 일본에 병합돼 같은 나라였기 때문에 모집에 불법성이 없다 ② 강제징용이 아니라 자발적 응모였다 ③ 신일본제철은 일본제철의 채무승계 의무가 없다 ④ 1965년 한일청구권 협정으로 한일간의 채무는 모두 종결됐다는 것이다.

신씨 등은 물러나지 않았다. 징용에 갔던 2명을 더 찾아내 총 4명이 2005년에는 한국에서 신일본제철을 상대로 손해배상소송을 제기했다. 이전과는 달리 액수가 적은 미불금은 제외하고 강제동원 위자료만 1억 원을 청구했다.

결과는 마찬가지였다. 한국에서도 1·2심 재판부는 강제징용 피해시효가 소멸됐고, 신일본제철과 일본제철은 다른 회사라는 이유로 원고패소 판결했다.

하지만 2012년 5월 대법원이 판결을 뒤집으면서 모든 게 원점으로 돌아갔다.

주심인 김능환 대법관은 ① 일본의 한반도 지배는 불법행위다 ② 1965년 한일청구권 협정이 맺어졌지만 개인의 청구권까지 사라진 게 아니다 ③ 신씨 등이 한국에서 소송을 제기한 2005년까지는 장애사유가 있었던 것으로 보여 소멸 시효가 적용되지않는다 ④ 전후 처리과정에서 일본제철이 신일본제철로 법인이 바뀐 것이니 책임이 승계된다는 등의 이유를 제시했다. 김 대법관은 나중에 "독립운동하는 심정으로 판결했다"고 말해 감정이 개입된 재판이었다는 비판을 받기도 했다.

아무튼 이 판결로 인해 한일 양국은 엄청난 후폭풍에 직면하게 됐다.

한국과 일본 모두 자기나라 최고법원의 판결에 따라야 하는데 그 경우 양국 간에는 충돌이 불가피하기 때문이다.

만일 한국 대법원 판결대로 1965년 한일청구권 협정과 관계없이 개인이 손해배상 소송을 걸 수 있게 되면 일본은 뒷감당 할 수 없는 사태를 맞게 된다. 한국에서는 물론이고 2차 대전 당시 다른 피해 국가들에서도 개인소송이 쏟아져 나올 수 있기 때문이다.

한국 정부도 난처하긴 마찬가지였다. 대법원 판결에 따라 국내의 신일본제철 자산을 압류해 원고들에게 배상해야 하는데 그러면 양국간 경제갈등이 걷잡을 수 없이 번질게 뻔했다. 정부로선 경제적 파장과 후유증을 감안하지 않을 수 없었을 것이다.

대법원 판결 다음해인 2013년 2월 취임한 박근혜 정부는 꾀를 냈다. '시간벌기'였다. 신일본제철이 대법원에 다시 상고한 상태에서 재판을 최대한 지연시키는 전략을 쓴 것이다. 일종의 고육지책이었다. 그렇게 몇 년이 흘렀다.

하지만 박근혜 대통령이 탄핵되고 2017년 5월 문재인 정부가 출범하자 상황이 급변했다. 새 정부의 적폐청산 대상에는 사법부도 포함돼 있었다.

적폐수사 과정에서 양승태 전대법원장이 박근혜 정부와 협의해 상고심 재판을 지연시켰던 사실이 드러났다. 양 전대법원장은 2019년 1월 전직 대법원장으로서는 사상 처음 구속됐다. 재판거래, 소송개입, 내부정보 불법수집, 사법부 블랙리스트 작성 등의 혐의였다.

진보성향인 김명수 대법원장의 대법원은 2018년 10월 미뤄졌던 상고심을 열고 징용 소송 원고 4명에 대해 1억 원씩의 배상금을 지급하도록 최종 확정했다. 이에 따라 신일본제철의 국내 자산을 압류하기 위한 법적 절차가 개시됐다.

그러자 일본정부는 2019년 7월 1일 경제보복에 나섰고 거기에 맞서 한국에선 반일 불매운동이 벌어지게 된 것이다.

대일 소송은 미국에서도 있었다

꽤나 길고 복잡한 이야기다. 하지만 그게 전부가 아니다.

징용 논란에는 1951년 체결된 '샌프란시스코 조약'과 1965년의 '한일

청구권 협정'까지 얽혀있기 때문이다. 골치가 아프겠지만 조금만 더 알아보자.

한국전쟁이 한창이던 1951년 미국 샌프란시스코에서 승전국인 49개 연합국이 패전국 일본과 '대일평화조약Treaty of Peace with Japan'을 체결했다.

미국을 중심으로 한 연합국들은 여기서 일본의 전쟁배상 책임을 모두 면제해줬다. 조약 14조에 "연합국의 모든 배상청구권과 전쟁 수행과정에서 일본 및 그 국민이 자행한 어떤 행동으로부터 발생된 연합국 및 그 국민의 다른 청구권, 그리고 점령에 따른 직접적인 군사적 비용에 관한 연합국의 청구권을 포기한다"고 못 박은 것이다.

당시 미국은 소련 공산주의와 대결하기 위해 미일동맹이 절실했다. 또 1차 대전 패전 배상금을 둘러싼 독일 국민들의 불만을 자극해 히틀러가 집권한 것처럼 일본에서도 비슷한 일이 재연될까봐 두려워했다. 그래서 일본에 최대한 관용을 베푼 것이다.

흥미로운 건 미국에서도 한국과 유사한 소송이 있었다는 사실이다.

미군 병사인 제임스 킹은 1941년 일본군 포로로 붙잡혀 4년 동안 낮에는 철강회사에서 강제노동을 하고 밤에는 포로수용소에 갇혀 지냈다. 그는 2000년 캘리포니아 연방법원에 일본을 상대로 손해배상 소송을 냈다.

하지만 미국 법원은 샌프란시스코 평화조약에 따라 일본에게 배상책임을 물을 수 없다고 판결했다. 판결문에는 다음과 같은 내용이 있다.

"경제적인 측면에서는 원고들이 받은 고통에 대한 보상이 부정되었고, 전쟁 포로였던 사람들과 헤아릴 수 없는 전쟁 생존자들도 그러하지만,

그들 자신과 그들의 후손들이 자유롭고 더 평화로운 세계에서 살아가는 무한한 포상은 그러한 빚을 갚을 만한 것이다."

당신의 희생을 통해 더 나은 세상이 왔으니 과거의 상처를 넘어서자는 뜻이다. 판결문은 또 "역사는 그 홍정의 지혜를 증명해왔다"며 샌프란시스코 조약의 불가피성을 강조했다.

문제는 1965년 한국과 일본이 맺은 '한일 청구권협정'에도 샌프란시스코 조약과 비슷한 내용이 있다는 것이다.

협정의 제2조 1항은 "양 체약국은 양 체약국 및 그 국민(법인을 포함함)의 재산, 권리 및 이익과 양 체약국 및 그 국민간의 청구권에 관한 문제가 … 완전히 그리고 최종적으로 해결된다는 것을 확인한다"고 돼 있다. 또 2조 3항은 "일방 체약국 및 그 국민의 타방 체약국 및 그 국민에 대한 모든 청구권으로서 … 어떠한 주장도 할 수 없는 것으로 한다"고 못 박고 있다.

한일청구권 협정이 맺어진 뒤 한국 정부는 일본으로부터 '독립축하금' 명목으로 무상 3억 달러, 유상 2억 달러를 지원 받았다. 이 자금은 경부고속도로와 포항제철 건설 등에 사용됐다.

일본은 이에 근거해 1965년 협정체결 때 국가와 개인의 배상문제가 최종 해결됐고, 5억 달러를 지원했으니 배상을 해도 한국 정부가 하라고 주장하고 있는 것이다. 샌프란시스코 평화조약과 제임스 킹 판례도 일본에게 유리한 것이 사실이다.

하지만 한국 대법원은 "1965년 한일협정과 상관없이 일본의 불법지배로 인한 개인의 피해 청구권은 살아있다"는 입장이다. 한국 정부도 같은 기조다. 우리로선 정서적으로 충분히 동감할 수 있지만 국제법과 국제사회의 지지를 받기는 결코 쉽지 않은 것이 사실이다.

한일 관계는 언제나 어렵다. 역사적 기록과 개개인의 기억이 충돌하고, 양국의 이해관계와 자존심이 맞부딪친다.

한국은 "사죄하라"고 하고 일본은 "도대체 얼마나 더하느냐"고 반발한다. 과거의 조약과 협정, 국내법과 국제법도 난마처럼 뒤얽혀 있다. 그야말로 고도의 정치적, 외교적 역량을 총동원해야 가까스로 충돌을 피해갈 수 있을 만큼 난제 투성이다.

문재인 정부와 귀족진보는 한일 관계에서도 늘 하던 대로 이분법을 동원했다. 일본 불매운동은 선善, 신중한 대응을 촉구하면 악惡으로 나눠버렸다. 국내에서는 이런 식의 전략이 그동안 계속 성공해왔다. 하지만 국제사회에서까지 통할 리 만무하다.

한국이 아무리 불매운동을 펼쳐도 일본정부는 무시로 일관했다. 유니클로와 아사히맥주 같은 일본 기업들이 타격을 입었고, 한국 관광객 감소로 일부 지자체가 힘들어졌지만 일본 전체의 경제규모로 볼 때 그리 큰 문제는 아니었을 것이다.

반면 일본에서 일던 한류 붐은 꺼져버렸다. 한국을 좋아하던 지한파나 친한파들도 등을 돌렸다. 그렇다고 국제여론이 한국을 지지하고 있는 것도 아니다.

우리가 불매운동을 통해 얻은 것은 무엇일까.

정말로 일본을 이기려면

일본과의 관계가 가장 능수능란했던 건 김대중 대통령이었다. 그는 1998년 일본을 방문해 의회에서 다음과 같은 연설을 했다. (전문은 김대중평화센터 웹사이트에서 볼 수 있다.)

> 존경하는 의원 여러분!
> 한국과 일본의 관계는 참으로 길고 깊다고 할 수 있습니다. 우리 양국은 1,500년 이상이나 되는 교류의 역사를 가지고 있습니다.
> (중략)
> 일본과 한국의 관계가 불행했던 것은 약 400년 전 일본이 한국을 침략한 7년간과 금세기 초 식민지배 35년간입니다. 이렇게 50년도 안되는 불행한 역사 때문에 1,500년에 걸친 교류와 협력의 역사 전체를 무의미하게 만든다는 것은 참으로 어리석은 일입니다. 또한 이는 그 장구한 교류의 역사를 만들어 온 우리 두 나라의 선조들에게, 그리고 장래의 후손들에게 부끄럽고 지탄받을 일이지 않겠습니까?
> (중략)
> 존경하는 의원 여러분!
> 나는 오늘 오부치 총리대신과 정상회담을 통해 '21세기의 새로운 한·일 파트너십' 선언을 함께 발표했습니다.

일본은 이 공동선언을 통해 과거에 대한 깊은 반성과 사죄를 표명하였고, 나는 이를 양국 국민간의 화해와 앞으로의 선린우호를 향한 일본 정부와 국민의 마음의 표현으로 진지하게 받아들였습니다. 나는 이 선언이 한·일 양국 정부간의 과거사 인식문제를 매듭짓고, 평화와 번영을 향한 공동의 미래를 개척하기 위한 초석이 될 것으로 확신하는 바입니다.

(중략)

작년 12월 19일 내가 당선되었을 때 우리나라의 총외채는 1,550억 달러에 달했습니다. 그중 당장 갚아야 할 단기외채가 230억 달러였던 데 비해 외환보유고는 불과 38억 달러에 지나지 않았습니다. 그야말로 국가파산의 위기에 있었던 것입니다.

이러한 외환위기를 극복하는 과정에서 일본의 도움이 참으로 컸습니다. 일본은 우리의 단기외채 연장에 있어서 그 3분의 1이 넘는 79억 달러를 중장기 외채로 전환시켜 주었습니다. 세계 어느 나라보다도 많은 협력을 해준 것입니다.

'어려울 때의 친구가 진정한 친구' 라는 말이 있습니다. 나는 이 자리를 빌려, 다시 한번 일본의 적극적이고 성의가 담긴 협력에 대해 마음으로부터 감사의 말씀을 드리는 바입니다.

김 대통령은 연설에서 일본을 칭찬도 하고, 점잖게 꾸짖기도 하면서 결론적으로 일본에게 강대국으로서의 책임을 다하라고 촉구했다.

모든 걸 흑과 백, 또는 선과 악으로 나눠 버리는 귀족진보와 대깨문으로선 '원수 일본'과 화해를 시도하고, 일본에게 감사까지 표시한 김대중은 용서받지 못할 매국노 아니면 토착왜구일 것이다.

게다가 김대중은 일본 대중문화의 한국 진출도 전격 허용해줬다. 일본 만화와 성인영화 등 저질 왜색문화가 한국 청소년들을 다 망쳐놓을 것이란 거센 비난을 무시해버린 것이다.

그래서 어떻게 됐나. 우려와는 정반대 현상이 벌어졌다. 한류韓流가 일본 열도를 거세게 강타하기 시작한 것이다.

일본 주부들 사이에서 알음알음 화제를 모으던 한국 드라마 〈겨울연가〉를 수입해 방영한 NHK는 일본 방송 사상 처음으로 밤 11시대 드라마 시청률이 20%를 넘어서는 대기록을 세웠다. 주인공 배용준은 일본에서 '욘사마'라는 애칭으로 불리며 폭발적 인기를 끌었다. 한국 드라마와 영화, K팝이 물밀듯이 일본으로 밀려들어갔다. 나중에 전 세계로 확산된 한류의 출발점이었다.

'친일파 김대중'이 집권하고 있을 때 일본은 반일을 외쳐댄 다른 어떤 대통령 때보다 더 한국을 존중하고 어려워했다. 한국 정부의 정책에 더 많이 협조했고, 한국 문화를 받아들였고, 국제사회에서의 양국 공조도 더 잘 이뤄졌다.

대한민국의 국익을 위해 애써 일궈놓은 그런 성과는 문재인 정부의 2019년 반일 불매운동으로 도루묵이 됐다. 만일 일본으로부터 뭔가 얻어낸 것이라도 있다면 이렇게 허탈하진 않을 것이다.

일본 불매운동을 하는 사람들은 "독립운동은 못했어도 불매운동은 하자"고 말한다. 심정은 알겠다. 하지만 독립운동보다 중요한 게 애초에 나라를 빼앗기지 않도록 노력하는 것이다. 이들은 또 불매운동으로 일본을 이기자고 강조한다. 방법이 잘못됐다. 일본을 이기는 건 불매운동이 아니다. 일본이 한국 제품을 더 많이 사가게 만드는 것이다.

극일克日은 별다른 게 아니다. 우리가 일본보다 더 잘 살면 된다.

일본보다 더 훌륭한 민주국가를 만들고, 인권이 더 잘 보장되는 사회를 만들고, 경제적 양극화를 최소화하고, 창의력 넘치는 나라가 되게 하고, 위선이 아니라 진실이 평가받고, 무지와 선동이 아니라 이성과 품격이 존중받는 나라를 만들면 된다. 그렇게 되면 대한민국이 일본을 넘어서는 것이다. 그게 이기는 것이다.

정치적 의도가 빤히 보이는 불매운동 같은 것으로 극일이 이뤄지는 게 결코 아니라는 말이다.

『해방전후사의 인식』이 뿌린 씨앗

이 책을 언급할 때마다 나는 대학 초년생 시절의 기억이 떠오른다. 새벽에 혼사 『해방전후사의 인식(해전사)』을 읽고 있는데 나도 모르게 눈물이 주르륵 흘러내렸다. 1948년 만들어졌던 반민족행위특별조사위원회(반민특위)가 이승만 정부에 의해 사실상 강제로 해산되는 대목에서다. 해방된 조국에서도 친일파 자손들은 계속 떵떵거리며 잘 살았고, 독립운동가 자손들은 여전히 초라하게 살아가야 했다는 얘기에 심장이 뛰고 피가 끓었다. 이럴 수가, 나의 조국 대한민국이 이렇게 불의不義한 나라였다니. 게다가 대통령이던 박정희는 다카키 마사오高木正雄라는 이름을 가진 일본군 장교였다고 하지 않는가.

20대 청년이었던 나는 그 책을 읽으며 조국인 대한민국에 대해 강렬한 혐오감이 솟아오르는 걸 느꼈다. 그런 감정을 갖게 되는 게 '의식화' 과정의 첫 단계라는 걸 그때는 몰랐다. 아마 나만이 아니었을 것이다. 그 당시 『해전사』를 읽고 가치관과 인생의 행로가 달라진 대학생들이 적지 않았을 것이다.

"아니 어떻게 책 한 권 읽고 인생이 달라져?"라고 반문할지도 모르겠다. 하지만 실제로 그랬다. 『해전사』는 기독교인들에게 성경이, 불자들에게 불경이 그렇듯 1980년대 대학생들의 삶에 크나큰 영향을 미쳤다.

『해전사』를 빼고는 귀족진보의 주축을 이루고 있는 '586 운동권'을 논할 수 없다는 말이 나올 정도다. '586운동권'에 대해 "세상이 달라졌는데 아직도 여전히 『해전사』의 굴레에서 벗어나지 못하고 있다"는 비판이 제기되는 것도 그 때문이다.

도대체 『해전사』는 세상을 어떻게 바라보고 해석했던 것일까. 지금부터 그 세계로 들어가 보자.

그들은 끝내 사과하지 않았다

『해전사』는 1979년 한길사에서 첫 권이 나온 이래 10년간 총 여섯 권으로 출간됐다. 대한민국 근현대사를 좌파적 시각에서 해석한 이 책은 곧바로 운동권 학생들의 '교과서'가 됐다.

1945년 해방 전후 상황을 북한에 일방적으로 유리하게 해석한 『해전사』의 도발적 주장들은 박정희 정권 때 북한에 대한 모든 정보가 차단됐던 반작용까지 더해지면서 지적 호기심이 왕성한 대학생들에게 삽시간에 퍼져나갔다.

대표적인 사례가 미국 진보학자 브루스 커밍스의 '수정주의' 이론이었다. 커밍스는 전쟁을 도발한 게 북한이라는 사실을 인정하지 않았다. 6·25는 해방 이후 계속됐던 내전이 확산된 것에 불과하고 그것도 미국이 전쟁을 유도했다는 것이다. 이른바 '남침 유도설'이다.

'수정주의'가 헛소리라는 사실은 1991년 공산주의가 무너진 뒤 공개된 소련의 외교문서들을 통해 확인됐다. 김일성이 소련에 전쟁지원을 끈질기게 요청했고, 반대하던 스탈린이 1950년 봄 최종 승인했다는 증거가 드러난 것이다.

하지만 요즘 가짜뉴스 논쟁에서도 확인되듯, 사람들의 뇌리에 한번 입력된 거짓 정보는 어지간해선 바뀌지 않는 법이다. 아직까지도 북한이 전쟁 도발자라는 사실을 미심쩍어 하는 사람들이 적지 않으니 말이다.

문재인 대통령이 존경했다는 운동권의 대부 리영희 전교수도 왜곡의 측면에서는 커밍스 못지 않았다. 그는 『8억인과의 대화』 『전환시대의 논리』 등의 책을 통해 중국 문화혁명과 마오쩌둥을 터무니없이 미화했다.

리영희는 수천만 명이 숙청된 것으로 알려진 문화혁명을 "자본과 물질 중심의 세계에서 인간의 본성을 들여다보려는 세계관으로의 전환"이라고 극찬했다. '물질주의에서 정신적, 실존적 인간의 본연을 고민하는 단계'로 세계가 변화했다는 말도 했다. 그 현란하기 그지없는 표현들이 도대체 무슨 뜻인지를 이해하기는 쉽지 않다.

문화혁명은 실제로는 '대약진운동'의 실패로 정치적인 궁지에 몰린 마오쩌둥이 홍위병들을 끌어들여 정적들을 제거한 광란의 친위 쿠데타였다. 홍위병들은 마오쩌둥의 어록이 담긴 붉은 수첩을 흔들어 대며 아들이 아버지를 고발하고, 제자가 스승을 폭행하고, 친구가 친구를 처단했다. 마오쩌둥을 숭배하지 않으면 누구나 공산주의의 적, 역사의 적으로 매도돼 인민재판에 회부됐다.

당시 중국은 통제 사회였기 때문에 홍위병들의 만행을 제대로 알기 어려웠을 수도 있다. 그렇다면 적어도 '실존적 인간의 본연' 따위의 터무니없는 말은 하지 말았어야 한다. 만일 몰라서 그랬다면 최소한 문화혁명의 실상이 드러난 후에는 공개적이고 공식적으로 사과했어야 한다. 리영희는 그렇게 하지 않았다.

학자로서, 지식인으로서 리영희와 브루스 커밍스는 비판과 책임에서 벗어날 수 없다. 그들의 글을 읽고 북한과 중국에 대해 환상을 품게 됐을 수많은 젊은이들을 생각하면 더욱 그렇다.

일본만 아니었으면 조선은 자본주의?

『해전사』의 수많은 논문들 가운데 대학생들의 사고방식에 가장 큰 영향을 미친 건 누가 뭐래도 빨치산 출신 재야경제학자 박현채가 쓴 『민족경제론』일 것이다. 당시 대학가에선 『민족경제론』에 나오는 '자본주의의 맹아萌芽(싹이라는 뜻)'라는 용어가 유행어가 될 만큼 파장이 컸다.

『민족경제론』의 주장을 간단히 요약하면 '조선 말기에 보부상(봇짐과 등짐 상인)을 중심으로 한 원시적 자본축적이 이뤄지면서 조선도 자본주의의 길을 가고 있었는데 일본 때문에 정상적인 발전이 가로막혀 버렸다'는 것이다.

이에 앞서 1970년 『조선후기농업사연구』라는 책을 펴낸 역사학자 김용섭도 비슷한 주장을 했다. 이른바 '내재적 발전론'이다. 일본이 조선의

자생적 자본주의 발전까지 막아 버렸다는 것이다. 이쯤 되면 일본을 미워하지 않을 도리가 없다.

하지만 조금만 냉정하게 따져보면 이 주장에는 논리적 허점이 한두 가지가 아니다.

무엇보다 조선말엽에 일부 보부상들이 자본을 축적하고 있었다 해도 그것이 조선이 자본주의 사회로 이행 중이었다는 증거는 되지 않는다.

중세와 고대에도 무역으로 번성한 도시들은 많았다. 상업 자본의 축적도 광범하게 이뤄졌다. 그렇다고 해서 그런 도시들이 자본주의 사회가 된 건 아니었다. 자본주의는 봉건적 질서가 해체되고 자본가와 노동자 계급이 전면에 등장하는 사회경제적 구조변화가 있어야만 하기 때문이다.

1898년 개화파들이 개최한 만민공동회를 강제 해산시킨 게 바로 보부상들이었다. 귀족진보들이 개혁군주라고 떠받드는 고종이 개화사상이 퍼지면 자신의 왕권이 약화될 것을 두려워해 보부상들에게 폭력을 사주한 것이다.

보부상들이 자본주의의 맹아? 터무니없는 소리다. 보부상들은 봉건적 압제에 저항하는 세력이 아니었다. 그들은 그저 봉건 구조의 일부분이었다.

'내재적 발전론'의 치명적 약점은 또 있다. '일본이 그냥 놔뒀으면'이라는 가정의 불합리성이다.

전 세계적으로 약육강식이 횡행하던 19세기에 굳이 일본이 아니라도 그 어떤 강대국이 손만 대면 무너질 게 뻔한 조선을 그냥 내버려 둔다는 말인가. 만일 청일전쟁에서 일본이 아닌 청나라가 승리했으면 조선은 청나라의 식민지가 됐을 것이다. 러일전쟁에서 러시아가 승리했으면 러시아의 속국으로 전락했을 게 뻔하다.

다른 나라들이 상관하지 않았으면 조선도 스스로 자본주의 사회로 발전해 나갔을 것이라는 주장은 마르크스의 역사발전 5단계설을 억지로 적용시킨 좌파 경제학자들의 희망사항에 불과했다. 학문이라기보다는 일종의 지적知的 투정에 가깝다.

그럼에도 불구하고 '내재적 발전론'은 1980년대 운동권을 풍미했고 역사학계의 주류 이론으로 확고하게 자리를 잡았다.

이유는 간단했다. '식민지 근대화론'을 부정하려면 '내재적 발전론'을 수용할 수밖에 없기 때문이다.

일본의 식민지가 된 것도 분통 터지는데 거기에다 식민지 시절에 조선의 근대화가 이뤄졌다? 그것은 맞고 틀리고 여부를 떠나 민족의 자존심상 도저히 받아들일 수 없는 주장이다. 거기엔 보수와 진보가 따로 없었다.

나도 한국인이기 때문에 그런 심정이 충분히 이해가 간다. 하지만 감정은 감정이고, 학문은 학문이다. '내재적 발전론'은 다음과 같은 질문들에 답을 내놓지 못하고 있다.

① 그렇다면 한반도는 언제 근대화 된 것인가. 일본의 지배를 받을 때까지는 봉건사회였다가 해방 후 미군정 3년(1945년~48년) 사이에 느닷없이 근대화가 이뤄졌다는 말인가. 아니면 대한민국 정부가 수립된 1948년 이후부터에야 비로소 근대화가 시작된 것인가.

② 봉건적 신분제도가 철폐되고, 법의 지배를 받고, 자본주의 경제가

활성화돼도 식민지인 이상 봉건사회인가. 그렇다면 영국의 식민지지배를 받았던 미국은 독립이 되고 나서야 봉건사회에서 벗어난 것인가.

③ '식민지 근대화론'을 인정하는 것이 어떻게 일본의 식민지배를 정당화하는 것인가. 전자는 역사적 사실관계고 후자는 옳고 그름에 대한 가치판단이 아닌가. 식민지 시대에 근대화와 수탈이 동시에 진행된 것이 아니라 오로지 수탈만 있었다고 주장해야 민족의 양심을 지키는 것인가.

④ 삼국시대에는 천자문을 비롯한 다양한 선진 문물이 한반도를 거쳐 일본으로 건너갔다. 근대화는 반대로 서양에서 일본을 거쳐 한반도로 넘어왔다. 문화·기술·제도·종교가 중국에서 넘어오는 건 괜찮고(심지어 자랑스럽고) 일본에서 건너오는 건 수치스럽고 있어서는 안 되는 일인가.

이런 의문들에 대해 답을 듣고 싶다. 하지만 요즘 분위기에선 이런 궁금증을 갖는 것조차 부담스럽다. 곧바로 '식민지 근대화론자'라는 경멸 섞인 딱지가 붙어버리기 때문이다. 중세시대의 마녀사냥처럼, 마녀에게 돌을 던지지 않으면 다 마녀의 추종자로 몰아버리는 것이다.

종이로 지은 집은 결국 무너진다

『해전사』를 교과서로 삼았던 1980년대의 '운동권 586'은 2000년 이후 제도권으로 진입했다. 그들은 세월이 흐름에 따라 서서히 타락하면서 귀족진보로 변해갔고, 마침내 우리 사회의 집권세력으로 등극했다. 그들의 왜곡된 가치관과 세계관, 사고방식이 사회 전체를 좌우하게 된 것이다.

귀족진보의 역사인식은 '내재적 발전론'이라는 네 탓 논리에서 출발했다. 이어 반일과 반미로 이어지고, 최종적으로는 '보수=친일'이라는 등식을 만들어 냄으로써 퍼즐의 마지막 조각을 맞췄다. 이들의 주장을 요약하면 다음과 같다.

–조선시대 후기에 자본주의의 맹아가 싹트고 있었다.

–그냥 놔뒀으면 조선도 자본주의 사회가 됐을 것이다.

–고종은 개혁군주였는데 일본의 침탈로 개혁이 무산됐다.

–해방 이후 친미 정권이 들어서는 바람에 분단이 됐다.

–일제시대 친일파는 해방 이후 친미파가 됐다.

–6·25 전쟁은 미국과 이승만 정권 책임이다.

–보수의 뿌리는 친일, 친미세력이다.

–보수는 민족 반역자이자 악이다.

–진보는 피해자고 선善이다.

하지만 이 같은 주장들은 실제로 전개됐던 역사적 사실과는 너무나 동떨어져 있다. 과장과 왜곡으로 지어놓은 '종이 집'에 불과한 것이다. 커밍스나 리영희의 주장들처럼 시간이 흐르면 무너져 내릴 수밖에 없다. 당장 다음과 같은 반박이 제기된다.

-조선의 자본주의 맹아론은 거의 근거가 없다.

-일본만 아니면 조선이 자본주의가 됐을 거라는 주장은 희망사항에 불과하다.

-고종은 개혁군주가 아니라 나라를 망친 장본인이다.

-독립은 우리가 쟁취한 게 아니다. 일본이 미국에 패배해 식민지에서 해방됐다.

-이승만은 친일청산을 제대로 못했지만 남한 단독정부를 세워 공산화를 막은 공이 크다.

-김일성은 외세와 손잡고 전쟁을 일으킨 민족반역자다.

-귀족진보는 중국 사대주의事大主義와 북한에 대한 종북從北에 빠져 있다.

-보수는 악이 아니라 대한민국을 만든 주역이다.

-진보는 더 이상 피해자가 아니고 선은 더더욱 아니다.

조지 오웰은 『1984』에서 "과거를 지배하는 자가 미래를 지배한다. 현재를 지배하는 자가 과거를 지배한다"라고 말했다.

귀족진보는 과거를 지배하기 위해 끊임없이 역사를 왜곡한다. '일본은 절대악이고, 분단은 미국의 책임이며, 보수의 뿌리는 친일과 친미이기 때문에 보수는 악이다'라는 논리를 확산시키기 위해서 기를 쓴다. 국민들의 과거에 대한 인식을 지배함으로써 미래까지 지배하려는 것이다.

하지만 언제까지 손바닥으로 하늘을 가릴 수는 없다. 이들이 세워놓은 허구의 논리는 한 시절을 풍미했고 많은 사람들을 착각에 빠뜨렸지만 여기저기 금이 가기 시작했고 서서히 무너져 내리고 있다.

"지구는 둥글다"고 주장한 갈릴레오를 단죄했던 중세의 종교재판이 보여줬듯이 '이데올로기적 억지'와 '불편한 진실'이 맞붙을 때 최종승자는 언제나 진실이기 마련이다. 비록 시간이 걸리겠지만 말이다.

남한의 반민특위, 북한의 초대내각

'보수=친일'은 귀족진보가 보수를 공격할 때마다 동원하는 가장 강력한 프레임이다. 그 공격의 정당성을 입증하는 근거로 제시되는 게 1948년 대한민국 정부수립 이후 이뤄졌던 반민특위의 설립과 해산이다.

"프랑스는 불과 4년간 독일의 지배를 받았는데도 철저하게 과거를 청산했다. 하지만 우리는 36년간이나 일제의 식민지지배를 받았는데도 제대로 된 일제청산을 하지 못했다. 그로 인해 민족정기를 바로 세우지 못한 오욕의 역사가 지금까지 계속되고 있다."

이런 주장을 많이 들어봤을 것이다.

반민특위가 해산됨으로써 악질적인 친일 반민족 행위자들에 대해 최소한의 책임도 묻지 못한 것은 분명한 사실이다. 이승만을 건국의 아버지로 생각하는 보수로서는 부끄럽고 치명적인 약점이다.

하지만 그렇다고 해서 대한민국의 민족정기가 바로 서지 못했다던가, 북한은 철저하게 친일청산을 했기 때문에 민족정통성이 그쪽에 있다는 식의 주장은 허무맹랑한 궤변에 불과하다.

흔히 프랑스의 과거청산과 대한민국의 친일청산을 동일한 선상에서 비교하지만 거기에도 심각한 논리적 오류가 있다. 지금부터 그 얘기를 시작하려고 한다.

이승만을 떠받들었던 박헌영

나라를 팔아먹는 데 앞장서고, 일제시대에 민족을 배반했던 악질적인 친일파들을 처단해야 한다는 주장은 1945년 해방 직후부터 제기됐었다. 이에 따라 3년간의 미군정이 끝나고 1948년 7월 제헌헌법이 공포되면서 반민족행위특별법이 만들어졌다. 그 법의 핵심 내용은 다음과 같다.

1. 한일합병에 적극 협력한 자는 사형 또는 무기징역.

2. 일본으로부터 작위를 수여받은 자, 일본의회 의원 그리고 독립운동가와 가족을 살상, 박해한 자는 무기 또는 5년 이상의 징역.

3. 악질적인 행위로 민족에게 해를 가한 자는 10년 이하의 징역과 재산몰수.

특별법이 제정됨에 따라 1948년 10월 반민특위가 구성돼 1949년 1월 5일부터 활동에 들어갔다. 하지만 결론적으로 말해 반민특위는 흐지부지되고 말았다.

일제시대 고등계 형사를 하다 해방 이후 수도경찰 간부로 변신한 노덕술 등은 부하 경찰들을 동원해 격렬한 방해공작을 펼쳤고, 심지어 반민특위위원들에 대한 암살 계획까지 세웠다. 1949년 6월에는 대통령 이승만의 묵인 하에 경찰이 반민특위 청사를 습격하는 사태도 벌어졌다.

그런 우여곡절 속에서도 반민특위는 악질적 친일행위 682건을 심사해

수백 명을 구속했다. 한때 독립운동에 참여했다가 변절한 육당 최남선, 춘원 이광수, 소설가 채만식, 종교지도자 최린 등이 대표적 인물들이다.

그러나 반민특위 자체가 흐지부지 되면서 정작 재판에 넘겨진 것은 40건에 불과했고 그나마 항소심 등을 통해 다 풀려나왔다. 일제시대 악질 형사로 조선인 사상범 1,000여 명을 체포해 100여 명 이상을 형장의 이슬로 사라지게 한 '고문왕' 김덕기에 대해서만 유일하게 사형이 선고됐다. 하지만 그도 결국은 항소심에서 풀려났다.

지금 돌아봐도 분통 터지는 일이다. 민족정기니 뭐니 하는 거창한 얘기를 꺼내지 않더라도 일제시대에 명백한 범죄행위를 저지른 자들에 대해서까지 아무런 책임을 묻지 못한 것은 누가 뭐래도 변명의 여지가 없기 때문이다.

그렇다면 도대체 이승만은 왜 그랬을까. 어째서 한평생 일본에 맞서 싸운 독립투사가 악질적인 친일파들에 대한 처단을 방해했을까.

이와 관련, 이승만의 항일 독립운동 경력이 과장됐다고 주장하는 사람들도 있다. 이승만은 무장투쟁을 하지도 않았고, 미국에서 독립투쟁을 하는 흉내만 내며 왔다 갔다 했을 뿐이라는 것이다. 하지만 그런 주장은 다음과 같은 역사적 사실들을 설명할 수 없다.

1919년 3·1 운동 직후 상해 임시정부가 수립됐을 때 이승만은 미국에 있었다. 하지만 임시정부는 그를 대통령으로 선출했다. 3·1 운동 직후에 국내외에서는 모두 8개의 임시정부가 만들어졌다. 8개 모두에서 주요 지도자로 추대된 사람은 오로지 이승만 한 사람뿐이었다.

미국에서 독립운동을 하던 이승만은 1941년 『일본내막기Japan Inside Out』라는 책을 썼다. 여기서 이승만은 일본의 미국 공격을 예언했다. 미국 정계의 반응은 냉소적이었다. 하지만 그해 12월 8일 일본이 하와이의 진주만을 공습하자 미국인들은 이승만의 선견지명에 놀라워했고 조선이라는 나라를 되돌아보게 됐다.

이승만은 심지어 공산주의자들로부터도 예우를 받았다.

1945년 해방이 됐을 때 공산주의자 박헌영이 수립한 조선인민공화국(인공)은 이승만을 주석 자리에 올려놓았다. 박헌영은 그해 10월 이승만이 귀국하자 "우리 인공의 주석, 이승만 박사 귀국하셨다. 그는 3,000만 민중의 경앙의 적的이었던 만큼 전국은 환호에 넘치고 있다. 위대한 지도자에게 충심의 감사와 만강의 환영을 바친다"라는 성명을 냈을 정도다. (남시욱, 『한국 진보세력 연구』, 청미디어, 2018)

백범 김구가 공개적으로 "형님"이라고 불렀던 이승만이 일제시대 독립운동을 대표하고 상징하는 인물이었다는 사실은 부인할 여지가 없다.

그에 걸맞게 대통령이 된 이승만은 초대내각을 거의 대부분 독립투사들로 구성했다. 부통령 이시영은 임시정부 내무총장, 국방장관 이범석은 광복군 참모장 출신이다. 무임소 장관 이청천은 광복군총사령관을 지냈고, 이인 법무부장관은 항일변호사로 한글학회사건 연루자다. 재무장관 김도연은 2·8독립선언을 주도해 투옥됐고, 내무장관 윤치영도 흥업구락부 사건으로 옥고를 치렀다.

윤석구 체신장관은 국내에서 항일운동을 했고 사회장관 전진한은 일제 때 노동운동가였다. 내각뿐 아니다. 국회의장 신익희는 상해임시정부 내무총장을 지냈고, 대법원장 김병로는 항일 변호사였다.

이승만 본인도 1949년 1월 11일까지는 라디오 방송연설을 통해 친일파와 민족 반역자는 처벌이 불가피하다는 입장을 계속 밝혔다. 그러다 어느 순간 반민특위를 부인하는 쪽으로 태도가 달라진 것이다. 원인 없는 결과는 없는 법이다. 무엇이 이승만으로 하여금 그런 선택을 하게 만든 것일까.

서기도 전 무너질 위기였던 대한민국

1945년 해방과 동시에 한반도에는 미국과 소련이 동시에 진주했다. 미국은 당초 한반도와 만주 일대에서 일본군의 저항이 치열할 것으로 오판했다. 그래서 소련에게 일본군 무장해제를 도와달라고 요청했다. 하지만 그로부터 한 달도 안 돼 일본이 항복했으니 소련으로선 일본과 전면전을 치르지 않고도 한반도에 진주할 수 있는 권리를 획득한 것이다.

소련은 제정 러시아 시대부터 부동항不凍港을 얻기 위해 한반도를 노려왔다. 1904년에는 한반도를 놓고 일본과 전쟁까지 치렀다. 이런 역사적 배경이 있는 만큼 소련은 김일성을 앞장세워 북한에 들어올 때부터 한반도 전체를 자신들의 영향력 하에 놓기 위한 치밀한 계획을 세워두고 있었다.

반면 미국은 한반도에 대한 사전지식은 고사하고 관심조차 거의 없었다. 해방 직후 남북을 갈랐던 38선도 미 국무부 관리들이 시간에 쫓겨 주먹구구로 결정한 것이었다. 따라서 미국 점령정책의 최대 목표는 '별 볼 일 없는' 한반도에서 하루 빨리 철군하는 것이었다. 소련과의 협상을 통해 미국에 적대적이지 않은 정부가 들어서기만 하면 바로 떠나겠다는 거였다. 돌이켜보면 미국의 대한對韓전략은 시대의 변화와 소련의 야욕을 전혀 깨닫지 못한 무지의 소산이었다.

해방 직후 북한은 소련의 체계적 지원을 받으며 전광석화처럼 나라의 틀을 잡아나갔다. 소련 국적의 한인들이 사법, 행정, 교육, 군대, 경찰을 장악해 북한의 국가 틀을 세웠다. 소련은 일본기술자들도 곧바로 귀국시키지 않고 억류한 채 북한 지역의 산업을 재건토록 했다.

1946년 2월 김일성이 임시인민위원회 의장으로 선출됐다. 한 달 뒤에는 무상몰수, 무상분배의 토지개혁이 실시돼 농민들의 환심을 샀다. 6월에는 대규모 공업시설과 통신, 은행 등이 국유화됐다. 1947년에는 소련의 지휘 하에 인민경제발전계획까지 수립됐다.

미국의 눈치를 보느라 대놓고 정부수립을 선언하진 않았지만 '북조선인민공화국 만들기'는 처음부터 계획에 따라 차곡차곡 진행됐던 것이다. 북한은 또 일본군 헌병과 경찰로 근무했던 185명을 수감 조치한 뒤 대외적으로 친일파를 청산했다는 명분으로 내걸었다.

반면 남한은 말 그대로 나라가 서기도 전에 무너질 상황이었다.

박헌영의 남로당과 연계한 파업과 폭동이 전국적으로 끊이지 않았다. 1946년 9월 철도, 운송 노동자들이 전국 총파업을 벌였고 10월에는 대구에서 폭동이 일어났다. 1947년 3월과 다음해 2월에도 전국적으로 총파업이 감행됐다.

1948년 제주도에서 남한 단독정부 수립에 반대하는 시위대를 향한 경찰 발포를 계기로 민심이 악화되자 김달삼의 남로당 제주도지부가 폭동을 일으켰다. 제주 4·3사건의 시작이었다. 또 그해 10월에는 여수·순천에서 군내부에 침투해있던 남로당 계열 장교와 병사들이 봉기해 국군과 교전을 벌였다.

1948년 8월 15일에 대한민국 정부가 출범하긴 했지만 사실상 대한민국은 전시나 다름없었다. 무엇보다 공산주의자들의 준동을 막고 치안을 확보할 인력이 절대적으로 부족했다.

일본이 항복할 당시 한반도에는 약 2만 3,000명의 경찰관이 있었다. 그 중 40%에 해당하는 약 9,000명이 한국인 하급경찰관들이었다고 한다. 하지만 해방 이후 처벌이 두려워 이들 중 약 80%가 퇴직을 하고 은신해버리는 바람에 치안공백이 심각했다.

당시 중학교 이상의 학력을 가진 사람은 남한 전체에서 2만 5,000명에 불과했고 미 군정시기에 서울시공무원, 지방공무원 연령분포는 20대가 46.5%, 20대 미만이 10.1%였다고 하니 인력난이 어느 정도였는지 상상이 간다. (이택선, 『취약국가 대한민국의 탄생』, 미지북스, 2020)

이 때문에 처음에는 일제시대 경찰들을 배제했던 미 군정美軍政도 1945년 11월 간부급 경찰직을 중심으로 일제시대 관리들의 복귀를 허용했다. 경찰 인력난이 얼마나 심각했던지 미 군정 경찰 최고책임자인 장

택상은 1938년 청구회 사건 때 자신을 고문했던 이구범과 가창현을 직접 서장으로 승진시켰을 정도다.

반민특위가 본격적으로 활동에 돌입한 1949년 2월 2일 이승만은 다음과 같은 내용의 담화를 발표했다.

> 지금 반란분자와 파괴 분자가 처처處處에서 살인 방화해 인명이 위태하며 지하공작이 긴급한 이때에 경관의 기술과 정력이 아니면 사태가 어려울 것인데, 기왕에 죄법이 있는 자라도 아직 보류하고 목하의 위기를 정돈시켜 인명을 구제하며 질서를 유지하는 것이 지혜로운 정책이 아닐까 한다. (중략) 정부의 위신상으로 보나, 인심수습책으로 보나 (반민특위) 조사위원들은 이에 대해 신중히 조처하기를 권고하는 바이다. (이택선, 앞의 책 재인용)

한마디로 폭동과 반란 등으로 인해 내부 상황이 위태로우니 친일경찰들이라고 해도 처벌을 보류하고 우선 위기를 극복하자는 것이다.

공산주의자들의 저항과 폭동이 거세질수록 이승만 정부는 이를 막아내기 위해 일제시대에 관료, 법관, 경찰, 군인 등을 지낸 이른바 '테크노크라트'들의 기술과 경험에 의존할 수밖에 없었다. 하지만 그러면 그럴수록 그것은 정부의 약점이 되는 악순환 구조였다. 공산주의자들이 친일파 청산을 앞세워 더 큰 시위를 이끌어 냈기 때문이다. 정부로선 이러지도 저러지도 못할 처지였다.

결론적으로 말해 이승만은 일제시대 한인 경찰들까지도 동원해 공산주의자들의 폭동과 반란을 막아내려고 했다. 일종의 고육지책이었다.

그것이 과연 당시 최선의 선택이었을까? 더 나은 방법은 없었을까? 알 수 없는 일이다. 하지만 이승만이 아니라 김구 혹은 그 누가 대통령이었다고 해도 그런 상황에서는 해법을 찾아내기가 결코 쉽지는 않았을 것이다.

과장된 신화, 김일성의 보천보 전투

이승만을 비판하는 사람들은 반민특위가 무산돼 남한에서는 민족정기가 사라졌다고 강조한다. 일각에서는 친일청산을 제대로 한 북한에 오히려 민족정통성이 있는 게 아니냐는 식으로 분위기를 몰아간다. 전혀 사실이 아니다.

1912년생인 김일성이 일제하에서 무장독립투쟁을 한 건 맞다. 그는 중국공산당 게릴라 부대를 거쳐 소련으로 갔다가 1945년 33살의 나이에 북한으로 돌아와 소련의 전폭적인 지원으로 권력을 잡았다. 엄밀히 말하면 김일성은 소련의 괴뢰였다.

김일성이 한 것으로 알려진 대표적인 항일 무장투쟁이 보천보 전투다. 1937년 6월 4일 동북항일연군 90여 명과 재만한인조국광복회 80여 명 등 약 170여 명이 압록강을 건너서 함경남도 갑산군 혜산진 보천면 보전

리 주재소(지금의 파출소)를 기습 공격했다. 습격 당시 주재소에는 일본인 순사가 3명, 조선인 보조원 2명이 있었지만 모두 도주했다. 하지만 순사의 두 살배기 딸과 일본인 민간인 요리사 등 2명이 유탄에 맞아 숨졌다.

보천보 전투는 다음날 동아일보가 호외로 보도하면서 조선에 알려졌다. 동아일보는 총독부 지침대로 이들을 '비적匪賊'으로 표기하면서도 중간에 김일성이라는 이름을 집어넣어 조선인이 일본 파출소를 공격했다는 사실을 분명히 했다. 언론사의 간접적인 항일운동이었던 셈이다.

일본의 식민지지배가 30년 가까이 계속되던 1930년대 후반에는 사실상 대부분의 독립운동이 지리멸렬한 상태였다. 이 때문에 동아일보의 호외는 한민족에게 "아직도 만주에서 독립운동이 이어지고 있다"는 희망을 주는 것이었다.

하지만 보천보 전투는 군사적으로는 별 의미가 없었다. 오히려 일제의 가혹한 보복작전이 시작돼 그나마 남아있던 독립운동 세력은 큰 타격을 입었다. 김일성이 보천보 전투를 벌였으니 북한에 민족정통성이 있다고 강변하는 것은 그야말로 가소로운 얘기일 뿐이다.

게다가 제2차 세계대전 이후 약소국들의 운명을 결정한 건 무장독립투쟁을 했느냐 아니냐가 아니었다. 약소국으로선 억울하기 짝이 없지만 강대국들의 이해관계가 모든 걸 결정했다. 대표적인 사례가 폴란드다.

1939년 폴란드가 독일에 점령당하자 곧바로 파리에 망명정부가 수립됐다. 망명정부의 지휘에 따라 25만 명의 자유폴란드군 병사들이 연합군의 일원으로 독일과 피 흘리며 싸웠다. 독일이 프랑스를 점령하자 폴란드 망명정부는 영국으로 옮겨가 투쟁을 이어갔다.

하지만 2차 대전이 끝난 뒤 폴란드 망명정부는 귀국하지 못했다. 미국 등 연합국이 동유럽 국가들에 대한 소련의 지배를 인정했기 때문이다. 폴란드 망명정부는 헌신짝처럼 버려졌다.

소련이 폴란드를 지배하는 동안 망명정부는 끝까지 버텼다. 그러다 1990년 소련이 물러나고 폴란드가 민주화되자 그때 비로소 "우리의 역할은 이제 끝났다"는 성명을 내고 자진 해산했다. 망명정부가 수립된 지 51년만이었다. 끝까지 조국을 사랑했던 사람들의 가슴 저린 이야기임과 동시에 냉혹한 국제사회의 현실을 보여주는 일화다.

일본이 갑자기 항복 선언을 하자 백범 김구가 크게 실망했다는 이야기는 널리 알려져 있다. 광복군이 연합군에 참여하지 못한 상태에서 해방이 됐으니 한민족에게 발언권이 주어지지 않을 것이란 우려 때문이었다.

일리 있는 분석이다. 하지만 폴란드는 망명정부가 존재했고, 수십만 명이 피 흘리며 싸웠지만 강대국들로부터 외면당했다. 국제 여론전과 외교전에서 패배했기 때문이다.

이승만은 한평생 국제무대에서 독립을 위한 외교활동을 했다. 일본의 미국 침략을 예언하는 책을 써 파장을 일으켰고, 미국 대통령들이 바뀔 때마다 한국의 독립을 지원하라는 편지를 보냈다. 그는 미 국무부의 골칫거리였다. 미국 신문사들에 수시로 기고하고, 미주 동포들을 동원해 반일 여론전을 펼치기도 했다.

그런 활동들은 무장독립투쟁이 아니었기 때문에 의미가 없는 것이다?

뭘 잘 모르는 주장일 뿐이다. 국제사회가 관심을 기울일 아무런 가치조차 없었던 보천보 전투보다는 이승만이 벌였던 외교전이 훨씬 더 대한민국의 독립에 큰 도움이 됐다.

무장독립투쟁의 의미와 중요성을 폄하하자는 게 결코 아니다. 무장투쟁이든, 외교적 활동이든, 김구의 지휘 하에 이어졌던 폭탄테러든 모두 한민족의 독립을 향한 처절한 몸부림이었다. 그런 노력들을 있는 그대로 받아들이면 된다.

북한은 미화, 대한민국은 폄하

북한정권의 출범과 관련해 완전히 잘못 알려진 게 있다. 북한은 정권 출범 당시 결코 친일파를 완전히 청산하지 않았다. 김일성의 초대 내각은 수많은 친일파들도 채워졌다. 독립운동가들이 핵심 요직을 차지했던 이승만의 초대 내각과는 딴 판이었다.

문화일보에는 광복 68돌을 앞두고 다음과 같은 기사가 실렸다.

> (중략) 김일성 초기 정권은 내각과 군부를 비롯한 권력기관에서 이처럼 친일파가 상당한 부분을 차지한다.
>
> 김일성의 친동생 김영주를 필두로 한 내각과 공군사령관 이활 등 일본군 출신이 주축을 이룬 군부는 물론이고 주요 권력기관의 핵

심 인사들이 상당수 친일파였다.

이들은 헌병, 검찰, 군수, 중추원 참의, 어용신문, 철도국장, 광산지배인, 식량수탈기관 간부 등 일제강점기에 탄압과 수탈에 앞장서온 핵심 직책이었다.

부수상 홍명희는 이광수 등과 함께 일제강점기 말 전쟁비용 마련을 위한 임전대책협의회에서 적극 활동했다.

북한의 사주로 제주도에서 폭동을 주도한 김달삼은 일본 사관학교 출신(일본군 소위)이었으며, 박팔양 노동신문 창간발기인은 일제가 만주에서 발행한 어용신문인 만선일보 편집부장 출신이다. 일제강점기에 검찰총장을 지낸 한낙규는 김일성대 교수로 재직했고, 정준택 북한 행정10국 산업국장은 일제강점기 광산지배인 출신이자 일본군에 복무한 전력이 있다. 한희진 북한 임시인민위원회 교통국장은 일제강점기에 함흥철도 국장을 지냈다. (2013년 8월 13일자)

북한은 일본기술자들을 억류해 산업재건에 동원했고 일제시대 군, 경찰, 관료 출신들도 새 조국 건설이라는 명분하에 정권에 대거 참여시켰다. 남한과의 경쟁에서 이기려면, 혹은 전쟁준비를 하기 위해선, 빨리 국가를 안정 궤도에 올려놓아야 한다는 절박감이 있었을 것이다.

이 같은 사실은 북한 스스로도 인정한다. 북한사회과학원 역사연구소가 1970년부터 1983년까지 35권으로 간행한 『조선전사』에는 다음과 같은 내용이 나온다.

“김일성 동지께서는 지난날 공부나 좀 하고 일제기관에 복무하였다고 하여 인텔리들을 의심하거나 멀리하는 그릇된 경향을 비판 폭로하시면서 그들을 새 조국 건설의 보람찬 길에 세워주시었다.”

쉽게 말해 반대를 무릅쓰고 친일파들을 채용해 국가건설을 했다는 것이다.

이쯤 되면 북한이 친일청산을 철저히 해 민족정기를 지켰고, 민족의 정통성을 이어가고 있다는 주장이 얼마나 허황된 것인지 이해가 갈 것이다. 하지만 이승만 정부의 반민특위 무산에 대해서는 그토록 열을 내는 사람들이 북한 김일성의 초대 친일 내각에 대해서는 입도 뻥긋 하지 않는다. 참으로 기이한 일이다.

이승만을 공격하는 사람들은 또 이승만이 미국의 하수인에 불과했다고 주장한다. 그 역시 완전히 틀린 허구다. 이승만은 해방 직후부터 미군정 사령관 하지와 사이가 나빠 사사건건 충돌했었다. 하지는 프린스턴대학 정치학 박사이자 윌슨 전 대통령의 제자였던 이승만을 건방지다고 생각했고, 이승만은 하지의 정치적 판단력을 무시했다. 해방 직후에도 이승만은 미국이 귀국 편의를 제공해주지 않아 개인 자격으로 돌아와야 했다.

대한민국 정부가 수립된 이후에도 마찬가지였다. 미국은 이승만을 골칫거리로 여겼다. 미국 정부는 1952년 이승만을 체포하는 군사계획을 수립했었다. 1953년에는 암호명 ‘에버레디Everready’라는 작전을 통해 이승만을 제거하려고도 했었다. 이승만이 미국의 괴뢰였다면 이런 작전이 시도

될 리 만무하다.

괴뢰를 따지자면 김일성이야말로 처음부터 소련의 철저한 꼭두각시였다. 그는 소련군 대위 계급장을 달고 귀국해 소련의 도움으로 권력을 잡았고, 경제계획을 세웠고, 전쟁까지 벌였다. 1960년대 중소분쟁이 일어나면서 비로소 등거리 외교를 시작했지만 그 이전까지 김일성은 분명히 소련의 괴뢰에 불과했다.

대한민국의 역사는 이른바 '운동권'들에 의해 너무나도 많이 왜곡돼왔다.

귀족진보는 과거 중국을 떠받들면서 제 나라 백성들을 깔봤던 조선시대 노론들처럼 북한에 대해 이유 없이 벌벌 떨면서 대한민국의 역사는 근거 없이 폄하해왔다.

친일청산을 신속하게 마무리하지 못했던 것은 안타깝고 아쉽지만 그렇다고 해서 대한민국의 정통성이 사라진 것도 아니고 민족정기가 없어진 것도 아니다.

지금부터는 다른 나라들에서의 과거청산은 과연 어떻게 진행됐는지 살펴보자. 대한민국만 엉망진창이었던 것처럼 몰아가는 게 얼마나 엉터리인지를 금방 알 수 있을 것이다.

미래를 지배하기 위한 과거청산

'친일청산'을 강조하는 사람들이 귀에 못 박히도록 하는 얘기가 있다. "2차 대전 당시 프랑스는 독일로부터 4년밖에 지배를 받지 않았는데 1,500명의 반민족 행위자를 처형했다. 하지만 대한민국은 단 한명도 처형하지 않았다. 이러니 민족정기가 바로 설 수 있겠는가."

얼핏 들으면 설득력 있어 보인다. 실제로 영국에 있던 프랑스 임시정부는 독일과의 전쟁이 끝나기도 전인 1944년 6월에 국가 반역자들을 심판하기 위한 부역재판소附逆裁判所를 설치했다.

그 뒤 독일에 협력했다는 혐의로 약 12만 명의 프랑스인이 재판을 받았다. 이중 3만 8,000명이 수감됐고 1,500명은 처형됐다. 독일에 협력한 비시정부Gouvernement de Vichy의 수반 팰리프 패탱은 종신형을 선고받았다. 총리였던 페이르 라발은 총살당했다. 얼핏 봐도 프랑스와 대한민국의 과거청산은 하늘과 땅 차이이다. 대체 이런 차이는 왜, 어떻게 생긴 걸까.

지배당한 세월이 길수록 청산은 힘들다

대한민국과 프랑스의 과거청산이 달라진 가장 큰 이유는 점령당한 기간의 차이 때문이다. 프랑스가 독일에게 지배받은 건 4년에 불과했다. 하지만 한반도는 무려 36년간이나 일제 치하에 있었다. 귀족진보는 "그러니까 더 많은 민족반역자를 처단했어야 하는 게 아니냐"고 주장한다. 얼핏 들으면 그럴 듯하지만 속사정을 들여다보면 정반대다.

독일이 프랑스를 점령하자마자 곧바로 영국 런던에 프랑스 망명정부가 들어섰다. 드골과 자유프랑스 군인들은 연합군의 일원으로 참전해 독일군과 곳곳에서 치열한 전투를 벌였다. 프랑스 전역에서는 레지스탕스들이 저격과 테러 등의 방법으로 독일에 저항했다.

쉽게 말해 독일에 부역한 프랑스인들은 나라 바깥에서는 망명정부가 독일과 전쟁을 벌이고 있고, 나라 안에서는 레지스탕스가 저항을 하고 있는데도 불구하고 4년을 못 참고 독일의 편에 서 자기 나라를 배신한 것이다.

하지만 한반도는 상황이 다르다. 일본의 실질적 지배를 받은 기간은 1905년의 을사조약부터 따지면 무려 40년이다. 한일합방이 이뤄진 1910년에 10살이던 사람이 55살이 되던 1945년에야 해방이 이뤄진 것이다. 당시의 평균수명을 고려하면 거의 한평생이다.

그 긴 세월 동안 조선 민중들은 일제의 한민족 동화정책에 따라 대부분 '황국의 신민'으로 살아야 했다. 게다가 앞서 언급했듯이 1919년 3·1 운동 이후 중국과 연해주에서 타올랐던 독립운동은 1920년의 청산리, 봉오동 전투를 정점으로 점차 시들어갔다. 반면 일본의 기세는 1941년 미국과 전쟁을 시작하기 전까지만 해도 계속 상승세였다.

이런 상황에서 한반도의 조선 백성들은 대부분 일제에 순응하며 살아갈 수밖에 없었다. 순전히 개인적 출세를 위해 그러기도 했겠지만 살아남기 위해, 잡혀갈까봐 두려워서, 공무원이어서 어쩔 수 없이, 가족의 생계를 유지하기 위해서 등 수많은 사람들이 다양한 이유와 형태로 일제에 협력하고 눈치를 보며 살아갔다. 이들에게 조선은 이미 몰락한 왕조, 되돌릴 수 없는 조국이었다. 왕조치하에서만 살아왔기 때문에 상해에 만들어진 임시정부에 대해서도 생소할 수밖에 없었을 것이다. 식민지 조선의 백성들이 결코 프랑스처럼 동포들이 코앞에서 이민족 침략자들과 전쟁을 벌이고 있는데 그걸 배신한 게 아니라는 말이다.

"나는 만일 일제시대에 태어났으면 모든 걸 때려치우고 무조건 중국으로 가서 독립운동을 했을 것"이라고 자신 있게 말하는 분들이 있을지 모르겠다.

그 용기와 마음가짐에 존경을 표한다. 하지만 보통사람들이 모두 그럴 수 있을 것이라고는 생각하지 말기 바란다. 지배를 당한 세월이 길면 길수록 이미 삶의 한 부분을 차지해버린 오욕의 과거를 청산하기가 점점 더 힘들어진다. 현실은 그렇게 복잡하고, 모순적이고, 역설적이다.

두 번째는 청산 시점의 차이다.

프랑스는 1944년 8월에 수복됐지만 앞서 말한 대로 프랑스 임시정부는 그해 6월 노르망디 상륙작전이 성공하자마자 부역재판소를 설치했다. 수많은 자유프랑스 군인들이 전쟁터에서 목숨을 잃었기 때문에 독일군에 협조한 민족배반자들에 대한 분노가 하늘을 찌르던 와중이었다.

당시 프랑스에서 진행된 건 역사청산이라기보다는 전쟁터에서 적과 내통한 배신자들에 대한 즉결 처형에 가까웠다. 정확한 통계는 없지만 재판 없이 길거리에서 성난 군중들에 의해 바로 처단된 사람들의 숫자도 적지 않다고 한다.

반면 대한민국에서의 친일청산은 김이 빠진 채 시작됐다. '반민특위'는 대한민국 정부가 출범하고 두 달 뒤인 1948년 10월에 만들어졌다. 해방이 된지 3년이 넘은 시점이었다. 그 사이에 남북한의 이데올로기 경쟁이 전면에 부상하면서 친일문제의 해법은 훨씬 복잡하게 꼬여버렸다.

'반민특위'가 무산된 건 분명 안타까운 일이다. 악질적인 민족반역자들에 대해서는 엄중한 처벌이 이뤄졌어야 한다. 하지만 "프랑스는 철저하게 과거를 청산했는데 우리는 못했다"는 식으로 여론을 몰아가는 건 역사를 너무나 단순화한 것이다.

더 아이러니한 것은 정작 프랑스에서는 그 철저했던 과거청산 때문에 일종의 '트라우마'가 생겼다는 사실이다.

"부역자 숙청에 대한 프랑스인의 여론과 기억은 숙청이 한창 진행되던 해방 직후이든 부역자 재판소가 문을 닫은 지 반세기 이상 지난 오늘이든 그다지 좋지 않다. 실망과 분노, 환멸이 숙청 당시와 그 직후의 반응이었다면 무관심과 침묵, 그리고 일부의 극단적 기억들이 오늘날의 주된 반응이다. 무엇보다 부역이라는 수치스러운 이유 때문에 자국민이 자국민을 처벌했다는 행위를 어떤 기억으로 갈무리해 후대에 전할 것인가에 대해서는 여전히 사회적 합의가 이뤄지지 않고 있는 상태이다."

『프랑스의 과거사 청산』의 저자인 동덕여대 이용우 교수의 말이다.

36년이나 지배를 당했는데 청산을 그것밖에 못 했느냐고 손가락질 하긴 쉽다. 하지만 너무나 오래 지배를 받았고, 일제에 순응하며 산 사람들이 수없이 많았기 때문에 말처럼 쉽지 않았던 측면이 분명히 있다는 걸 잊으면 안 된다.

스페인의 망각법, 남아공의 용서하되 잊지말자

과거청산은 프랑스에서만 이뤄진 게 아니다. 수많은 나라들이 과거를 어떻게 마무리해야 할지를 놓고 고민했다. 그중 스페인은 매우 독특한 방식으로 과거를 정리했다.

스페인에선 1931년 입헌군주제가 무너지고 제2공화정이 탄생했다. 하지만 1936년 프란시스코 프랑코 장군이 쿠데타를 일으켜 내전이 시작됐다. 프랑코는 독일의 히틀러와 이탈리아 무솔리니의 지원을 받으며 공화파를 공격했다. 그러자 프랑코에 맞서기 위해 전 세계 50개국에서 4만 명이 스페인으로 몰려왔다. '국제여단'이 결성된 것이다.

국제여단에는 미국작가 어니스트 헤밍웨이, 영국작가 조지 오웰 등도 있었다. 이들은 참전 경험을 바탕으로 나중에 『누구를 위하여 종은 울리나』 『카탈로니아 찬가』 등의 작품을 남겼다. 피카소의 대작 〈게르니카〉도 이때 탄생했다.

하지만 전 세계 많은 행동파 지식인들과 소련의 간접 지원에도 불구하고 공화파는 결국 패배했다. 프랑코의 독재는 1939년부터 무려 36년간 계속됐다. 이 기간 동안 수많은 사람들이 고문당하고, 실종되고, 공개적으로 살해됐다.

그렇다면 1975년 프랑코가 숨지고 민주화가 시작됐을 때 스페인에서는 과연 어떤 일이 벌어졌을까. 과거청산은 어떻게 진행됐을까. 그 질문에 대한 대답은 놀랍게도 "아무 일도 없었다"이다.

프랑코 사후 민주주의로 넘어가는 이행기 '라 트란시시온La Transicion'은 조용하고 평화로웠다. 민주적인 선거를 통해 구성된 의회가 '망각협정Pacto del olvido'을 맺고 1977년에 '사면법'을 통과시켰기 때문이다.

사면법의 내용은 파격적이다.

'1976년 12월 15일까지 저질러진 모든 정치적 의도를 가진 행위는, 그로 인해 어떤 결과가 초래되었는지 관계없이 모두 사면 대상에 포함시킨다'고 돼 있다. 가해자에게는 죄를 묻지 않으면서 피해자에게는 망각을 강요한 것이다.

피해자들 입장에선 기막힐 노릇이다. 하지만 스페인에선 망각법 때문에 큰 혼란 없이 민주화가 진행될 수 있었다는 긍정적 평가가 많다고 한다.

"화합은 무덤과 뼈를 파헤치고 서로 머리를 들이받으며 만들어지는 게 아니니다. 그건 이 나라의 미래를 위해 매일 열심히 일함으로써 만들어 지는 것이다"라는 전직 총리 호세 마리아 아스나르의 발언은 그런 시각을 반영한다. (「피렌체의 식탁」- [김진경의 '오래된 유럽'], 메디치미디어, 2020)

이 같은 상황은 1990년대 말부터 달라졌다. 프랑코 시대에 정치적 이유로 처형당한 피해자 후손들이 집단 매장된 시신을 찾아내자는 운동을 시작했기 때문이다. 그 결과 2007년 '역사기억법Memoria Historica'이 만들어졌다. 후손들이 집단매장지를 발굴할 경우 정부가 도와주고, 피해자에게 보상금을 지급한다는 내용이다. 하지만 이 법 역시 가해자에게 책임을 묻지는 않고 있다.

어찌 보면 스페인은 거꾸로 갔다. 원한이 사무친 사람들이 쌓여있을 때는 망각법을 만들고, 세월이 흘러 어느 정도 감정이 가라앉은 다음에는 오히려 기억법을 만들었기 때문이다.

흑백 갈등의 상징이었던 남아프리카공화국은 프랑스나 스페인과는 또 다른 방식으로 과거 문제를 정리했다.

극단적인 인종차별 정책인 아파르트헤이트Apartheid(분리·격리라는 뜻의 아프리칸스어)를 실시했던 남아프리카공화국은 흑인지도자 넬슨 만델라를 무려 27년간 감옥에 가둬놓았다. 하지만 국제사회의 압력과 인구의 80% 이상을 차지하는 흑인들의 저항에 못 이겨 결국 1994년 만델라에게 권력을 넘겨줄 수밖에 없었다.

백인들은 가혹한 보복을 두려워하며 해외로 달아날 준비를 했다. 만델라는 즉각적인 응징을 했던 프랑스, 진실을 덮어버린 스페인과는 다른 선택을 했다. 그는 '진실과 화해 위원회'를 만들었다. 모토는 '용서하되 잊지 않는다'였다.

과거에 백인 지배 하에서 저질러진 범죄를 모두 밝혀내되 사면을 통해 처벌하지 않기로 한 것이다. 그 결과 남아프리카공화국에서는 흑백 정권 교체가 이뤄진 뒤에도 모두가 우려했던 것처럼 백인들이 해외로 대거 빠져나가 경제가 붕괴하거나 내전이 벌어지는 사태를 피할 수 있었다.

과거사 청산을 어떻게 하느냐는 각 나라마다의 사정에 따라 달라질 수 있다. 분명한 것은 대한민국이 과거사 청산을 못해서 민족정기가 사라졌다는 주장은 완전히 헛소리에 불과하다는 것이다.

당신들도 머잖아 과거 권력이다

식민지지배-피지배라는 아픈 과거를 겪은 나라들 간의 관계가 모두 한국과 일본처럼 나쁜 것도 아니다. 유럽의 지배를 받았던 아프리카의 수많은 나라들은 말할 것도 없고 미국으로부터 약 40년간 식민지지배를 받았던 필리핀, 100년 가까이 영국의 지배를 받았던 인도, 일본의 식민지였던 대만도 대부분 과거의 종국국과 우호적인 관계를 유지하고 있다.

"그런 나라들은 일본이 조선에게 했던 것과 같은 가혹한 식민지지배를 받지 않았기 때문"이라는 주장도 있다. 사실이 아니다.

스페인 식민지였던 필리핀은 1898년 미국과 스페인이 전쟁을 벌이자 미국을 도와 스페인과 싸웠다. 독립을 위해서였다. 하지만 스페인을 꺾은 미국은 필리핀을 미국의 식민지로 만들었고, 저항하는 약 25만명의 필리핀인들을 학살했다.

영국 역시 1857년 인도에서 세포이(용병이라는 뜻) 반란이 일어나자 2년간 끊임없이 학살을 자행했다. 유럽 국가들이 아프리카를 분할 점령할 때도 전 지역에서 대부분 유사한 일들이 벌어졌다. 다른 나라를 식민지로 만드는 것은 그 자체가 잘못이다. 하지만 다른 식민지 상황과 달리 일본의 조선 지배만 유달리 잔혹했다고 말하긴 어렵다.

과거청산에는 정답이 없다. 부역자들을 대거 처형한 프랑스는 민족정기를 세웠고, 그렇지 않은 스페인이나 남아프리카공화국은 민족정기가 사라졌다고 할 수도 없다. 과거청산은 어떻게 하든 상처와 후유증이 남는다. 그걸 최소화하기 위해 노력할 뿐이다. 그러기 위해서는 과거청산이 정치적으로 악용되면 안 되고, 과거가 아니라 현재와 미래를 위한 것이어야 한다.

지금 대한민국에서 문재인 정부와 귀족진보가 외치는 과거청산은 정확히 그와는 정반대로 진행되고 있다. 철저하게 정치적이고, 국론을 분열시키고 있으며, 대한민국의 현재와 미래에 오히려 부담을 주고 있다.

지금은 문재인 정부와 귀족진보의 세상이다. 하지만 그들도 머지않아 과거 권력이 될 것이다. 그들이 지금까지 정의의 이름으로 벌여온 무지하고 불의不義한 행동을 보면 모든 게 업보가 되어 결국 그들의 목을 조르게 될 것이라는 예감이 든다. 참으로 불행한 일이다.

쇠말뚝, 애국가, 민족정기

친일파에 대해 언급할 때마다 바늘에 실 가듯 따라붙는 단어가 있다. '민족정기'다. 도대체 민족정기가 뭘까. 국어사전을 찾아보면 정기는 '얼과 정신'을 말하는 정기精氣와 '바르고 큰 기풍'을 의미하는 정기正氣 두 가지로 나온다.

따라서 민족정기는 포괄적으로 '우리민족의 얼과 정신에 깃들어 있는 바르고 큰 기풍'이라고 말하면 무난할 것이다. 그런데 이어지는 궁금증은 대체 그 바르고 큰 기풍의 실체가 뭐냐는 것이다.

"민족정기는 추상적인 개념이어서 구체적으로 설명하기 어렵다"고 반박할 수 있다. 그럴 수도 있겠다. 그렇다면 한민족의 역사에서 민족정기가 구현됐던 시기와 국가가 있을 텐데 그건 언제인가.

만주벌판을 누비고 다녔던 고구려? 아니면 일본에 문명을 전파해준 백제? 그도 아니면 그 두 나라를 멸망시킨 신라? 하지만 이상하다. 만일 고구려와 백제에 민족정기가 충만했다면 왜 신라에게 멸망당한 것일까. 역으로 당나라와 손잡고 고구려, 백제를 침략한 신라는 민족정기를 구현하기 위해 외세와 손을 잡았다는 것인가. 뭔가 설명이 어색하다.

혹시 세계 최초의 금속활자를 만들었던 고려가 민족정기를 구현했다고 할 수 있을까. 글쎄, 원나라에 침략을 당해 100년간이나 사실상 식민지지배를 받았고 원나라의 공주를 무조건 왕비로 맞아야 했던 고난의 역사를 생각해보면 그렇게 주장하기도 쉽지는 않다.

그럼 1392년 개국해 500년간 한반도를 통치했던 조선인가. 그렇다면 그 조선에 있었던 바르고 큰 기풍은 과연 무엇일까. 선비정신? 당시 전체 인구의 약 10%에 불과했던 양반들만이 추구하던 가치를 과연 민족정기라고 할 수 있을까. 일반 백성들과 노비·백정 같은 천민들은 배제된 민족정기 말이다.

한 걸음 더 나아가 보자. 일본이 조선을 침략했을 때 조선에는 과연 어떤 민족정기가 있었나. 일본이 침략을 하는 바람에 민족정기가 말살당한 것인가 아니면 애초에 민족정기가 없어서 일본에 나라를 빼앗긴 것인가.

"수없이 많은 외침을 받으면서도 끝내 살아남은 우리 한민족의 끈기, 그것이야말로 민족정기다"라고 주장할 수도 있다. 만일 그렇다면 "친일파를 청산하지 못해 민족정기를 되살리지 못했다"는 주장은 하지 말아야 한다. 그런 식의 논리라면 한민족의 민족정기는 침략을 받아야 비로소 발현되기 때문이다.

민족정기라는 표현을 일본서 베꼈다고?

민족정기에 대한 설명이 군색할 수밖에 없는 이유가 있다. 앞 장에서 설명한 대로 '민족' 자체가 근대가 시작되면서 도입된 개념이어서 그렇다. 삼국시대, 고려, 조선시대에는 왕과 백성들이 있었을 뿐 민족이란 개념이 없었다. 그러니 민족정기에 대한 생각이 있을 리 없다.

장유승 단국대 동양학연구원 연구교수의 다음과 같은 주장은 충격적이다.

> 민족정기의 원조는 멀리서 찾을 것 없다. 다름 아닌 '야마토 다마시이大和魂'다.
>
> 야마토 다마시이는 일본의 근대화 시기, 전통 정신을 바탕으로 서구 문물을 수용한다는 화혼양재和魂洋才에서 나왔다. 서구화를 추진하면서도 고유의 정체성을 지키려는 절충론으로 중국에서는 중체서용中體西用, 조선에서는 동도서기東道西器로 변주됐다. (중략)
>
> 일본은 이 슬로건으로 근대화에 성공했다. 중국과 조선의 지식인들도 자국민의 단결을 위해 이 같은 슬로건이 필요하다고 보았다. 1899년 량치차오가 먼저 '중국혼中國魂'을 제창했고, 이에 자극받은 최석하가 1906년 '조선혼朝鮮魂'을 내세웠다. 죽은 사람의 넋을 뜻하는 혼이라는 단어는 이때부터 민족 고유의 정신으로 개념이 바뀌기 시작했다. 박은식은 '국혼國魂', 문일평은 '조선심朝鮮心'이라 했고, 정인보는 혼을 우리말로 바꾸어 '얼'이라고 했다. 야마토 다마시이의 대항논리지만 그 아류라는 인상이 짙다. 그래서인지 조선의 혼과 얼은 슬그머니 '민족정기'로 대체됐다. 야마토 다마시이의 여러 이름 중 하나가 대정기大正氣라는 점을 고려하면 이 또한 그다지 독창적인 발상은 아니다. (국민일보 2020년 10월 21일자)

만일 장 교수의 주장대로 '민족정기'라는 표현 자체가 일본의 '야마토다마시이大和魂'를 차용한 것이라면 얼굴이 화끈거린다. 그것이야말로 민족정기를 가장 욕보이는 행위이기 때문이다.

궁금증은 또 있다. 귀족진보의 주장대로 해방 직후 친일파 청산을 하지 못해서 민족정기가 바로 서지 못했다면 대한민국은 어떻게 기적 같은 경제성장과 민주화를 이루고 전 세계에 한류韓流 붐을 일으킨 문화강국으로까지 성장할 수 있었을까. 혹시 경제성장과 민주화, 문화적 융성 같은 건 민족정기와는 아무런 상관이 없는 것인가. 만일 그렇다면 민족정기는 왜 필요한 것인가.

엄밀히 말하자면 민족주의와 민족정기를 강조한 건 귀족진보만은 아니었다. 박정희 정부도 '국민교육헌장'까지 만들어가며 민족의 사명을 강조했기 때문이다.

일본의 식민지지배를 받은 한민족으로서는 어떻게 해서든 민족의 자존심을 회복해야했고, 그걸 위해 민족주의와 민족정기를 강조할 수밖에 없었던 측면이 있다. 충분히 이해가 간다. 하지만 이제는 거기서 벗어날 때가 됐다. 지금은 21세기고 대한민국은 그런 열등감을 느끼지 않아도 좋을 만큼 충분히 세계 속의 한국으로 성장했기 때문이다.

민족정기는 조상들로부터 물려받는 것이 아니다. 한반도에 태어나면 저절로 생겨나는 것도 아니다. 민족정기는 지금 이 시대를 살고 있는 우리들의 마음속에 있다.

조국을 사랑하고, 자랑스러워하고, 조국이 위험에 빠지면 목숨을 걸고 나서서 지키겠다는 마음가짐. 그것이 바로 민족정기다.

국민들에게 그런 각오와 다짐이 있으면 민족정기가 있는 것이고, 그게 없으면 민족정기도 사라진다. 조선이 일본에 패망할 때 조선 백성들의 마음에는 아무런 민족정기가 없었다.

애국을 빙자한 야만

'민족정기의 회복'이라는 미명하에 맹목적인 애국주의를 부추기려는 시도는 과거부터 지금까지 끊임없이 계속돼 왔다.

대표적인 사례가 1995년 벌어진 '일제 쇠말뚝 뽑기' 소동이다. 일제가 한반도의 정기를 말살하기 위해 명산의 지맥支脈마다 쇠말뚝을 박아 놓았다는 소문은 민간에는 옛날부터 광범하게 퍼져 있었다. 하지만 그저 소문이었다. 그런데 김영삼 정부가 '역사 바로 세우기'의 일환으로 그걸 뽑겠다고 나선 것이다.

정부의 지시에 따라 공무원들이 동원돼 이 산 저 산으로 쇠말뚝을 찾으러 다녔다. 포항에선 해병대 500명이 지뢰탐지기까지 동원해 수색작업을 펼쳤다. 전국에서 쇠말뚝 신고가 쏟아졌고 토목기술자와 풍수전문가, 역술인까지 동원돼 판정에 나섰다.

하지만 일본이 박은 쇠말뚝으로 확인되는 게 거의 없었다. 대부분 해방 후 우리 군부대가 작전용으로 박은 것, 목재나 전주電柱 지지용, 광산의 물건 운반용, 측량용 삼각점 등으로 밝혀졌다.

쇠말뚝을 찾아내라는 실적 독촉에 시달리던 공무원들이 "제발 일제 쇠말뚝인 걸로 해 달라"고 전문가들에게 애원하는 사태까지 벌어졌다. 6개월간 법석을 떤 결과는 초라했다. 일제시대 때 박힌 것으로 확인된 말뚝은 18개에 불과했다. 그나마 대부분 측량용으로 보이는 것들이었다.

해외토픽에 나올만한 이 희한한 쇠말뚝 소동은 아무런 비판 없이 조용히 지나갔다. 여당, 야당, 언론, 종교계, 학계, 시민단체 모두가 입을 다물었다. 일본과 관련된 것이었기 때문이다.

문제는 그게 끝이 아니고 유사한 소동이 수시로 벌어진다는 것이다.

2019년 2월 26일 전교조 서울시지부가 '학교 내 친일자재 청산을 위한 1차 조사결과'를 발표했다. 초등학교 18곳, 중고교 95곳 등 모두 113곳의 학교에서 친일파가 작사, 작곡한 노래를 교가校歌로 부르고 있다는 것이다. 친일파의 기준은 2009년 민족문제연구소가 발간한 친일인명사전에 따랐다고 했다.

전교조 발표에 따르면 일제시대에 가장 유명한 작곡가들이었던 이흥렬(28곡), 김성태(20곡), 김동진(19곡)의 노래가 대부분이었다. 전국적으로 확대해 보면 이들이 작곡한 교가는 훨씬 많을 것이다.

일제시대 상황을 생각하면 의아할 것도 없다. 판소리 이외의 서양음악은 일본과 함께 들어왔고 조선에서 작곡이 가능한 음악가의 숫자도 많지 않았기 때문이다.

어디 교가뿐인가. 지금도 국민애창곡으로 불리는 수많은 노래들이 이들 손에서 나왔다.

이흥렬은 '나실 제 괴로움 다 잊으시고, 기르실 때 밤낮으로 애쓰는 마음'으로 시작되는 「어머니의 마음」을 작곡했다. 초등학교 음악시간에 배우는 '엄마가 섬 그늘에 굴 따러 가면'으로 시작되는 서정성 충만한 「섬집 아기」, '봄이 오면 산에 들에 진달래 피네. 진달래 피는 곳에 내 마음도 피어' 난다는 「봄이 오면」도 그가 지었다.

김동진은 마산을 배경으로 한 가곡 「가고파」와 「목련화」를, 김성태는 「방울새」 「기러기 울어 예는」 등의 동요와 가곡을 작곡했다.

이들이 친일파로 등록된 이유는 일제시대에 교향악단의 연주자나 작곡가, 지휘자로 활동했다는 것이다. 일제 군국주의 시대였기 때문에 교향악단에서는 대부분 일본을 찬양하는 노래들이 연주됐다. 음악가라는 직업을 때려치우지 않는 한 피해갈 방법은 없었다. 어찌 보면 생계형 친일親日이지만 단죄의 대상이 됐다.

당대 최고 작곡가였던 이들은 열심히 조선 학교들의 교가를 작곡해줬다. 자료가 없어 확인은 안 되지만 거액의 작곡료를 받지는 못했을 것이다. 이들이 만든 교가에 일본을 찬양하는 내용이 있는 것도 아니다. 선의善意로 해석하자면 이들은 조선인 학교에 교가를 작곡해 주면서 나름대로 동족에게 진 빚을 갚고 싶었던 건지도 모른다.

해방 직후 만들어진 반민특위는 이들을 친일파로 지목하지 않았다. 그런데 반세기가 흐른 뒤 민족문제연구소가 이들을 친일파라고 못 박았고 전교조는 거기에 근거해 교가를 폐기하라고 아우성친 것이다.

하지만 그런 식으로 따지면 대한민국에는 '폐기'되고 '제거'돼야 할 노래들이 산더미처럼 쌓여있다.

2003년 노무현 대통령 취임식 때 울려 퍼진 노래 「희망의 나라로」는 일제시대 경성후생실내악단에서 활동한 현제명이 작곡했다. 그를 친일파로 지목해 음악사에서 지워버리려면 '해는 져서 어두운데 찾아오는 사람 없어, 밝은 달만 쳐다보니 외롭기 한이 없네'로 시작하는 「고향생각」이나 「오가며」 같은 가곡도 부르지 말아야 한다.

홍난파가 작곡한 「고향의 봄」과 「봉선화」 「봄 처녀」도 없애야 하고 윤극영이 작곡한 「반달」 「까치까치 설날」 「어린이날 노래」도 금지해야 마땅하다.

독립투사 위당 정인보가 가사를 쓴 「3·1절 노래」는 친일음악인으로 분류된 박태현이 작곡했다. 김성태가 작곡한 「개천절 노래」와 이광수가 작사한 「제헌절 노래」도 다 없애야 한다. 이것이 야만이 아니면 뭐가 야만인가.

전교조가 불을 지핀 친일 교가 청산 운동은 여기저기서 '애국자'들의 화답을 받았다.

2019년 11월 광주제일고는 이흥렬이 작곡한 교가를 폐기하고 새로운 교가를 만들었다. 1920년 개교 이후 99년 동안 불렀던 교가를 없애버린 것이다. 모 방송국은 친일교가를 없애고 새 교가를 만들려는 재학생들의 '투철한 애국심'을 특집 다큐멘터리로 제작해 내보냈다.

일제시대에 광주제일고 학생들이 친일을 하기위해 교가를 불렀을 리 만무하다. 그 교가를 부른다고 친일파가 되는 것도 전혀 아니다. 오히려 그 교가를 불렀던 광주제일고 학생들은 3·1운동 이후 최대 시위라는 1929년의 광주학생의거를 일으킨 당사자들이었다.

하지만 그런 역사적 사실들은 "친일파가 만든 교가를 없애라"는 애국주의에 모두 함몰돼 버렸다. 일제시대 광주제일고를 다녔던 분들의 영령들이 하늘에서 장탄식을 할 일이다.

누가 내 애국가를 빼앗아 가나

교가만이 논란이 되고 있는 건 아니다.

2020년 광복 75주년 경축사에서 광복회장 김원웅은 '애국가'를 문제 삼았다. 작곡가 안익태가 친일파였으니 애국가를 바꾸라는 것이다. 대통령 취임식장과 올림픽 시상대, 청년들이 머리 깎고 입대하던 연병장, 혹은 그 어디가 됐든 국가의 의미를 되새길 때마다 온 국민이 수백만, 수천만 번 불러왔던 그 애국가 말이다.

장준하의 『돌베개』에는 1945년 11월, 김구와 임시정부 요인들이 탔던 귀국 비행기 안의 풍경이 그려져 있다.

"누군가 조선 해안이 보인다고 소리쳤다. 누구의 지휘도 없이 애국가가 합창으로 흘러나왔다. 애국가는 끝까지 부르지 못하고 울음으로 끝을 흐렸다."

1980년 5·18 당시 광주에서 계엄군과 맞선 시민들이 가장 많이 부른 노래도 애국가와 아리랑이었다.

정말 기가 막힌다. 애국가 작곡자인 안익태에 대해 친일논란이 있는 것은 사실이다. 하지만 안익태가 작곡했다고 해서 애국가가 안익태 개인의 것인가. 도대체 김원웅이 무슨 권리로 국민들이 애국가에 대해 갖고 있는 소중한 기억들을 빼앗아가려고 하는가. '친일'이란 단어만 갖다 붙이면 어떤 헛소리든 다 정당화할 수 있다고 생각하나.

해마다 4월이면 미국 워싱턴 DC의 포토맥 강가에서는 성대한 벚꽃 축제가 벌어진다. 일본이 1912년 양국 우호의 상징으로 보내준 벚꽃 3000여 그루가 번식해 워싱턴의 명물이 된 것이다.

1941년 12월 일본이 하와이의 진주만을 공격하자 미국에서는 이 벚꽃들을 모두 잘라버리자는 여론이 있었다. 당시 일본계 미국인 12만 명을 강제 수용소에 보낼 정도로 미국 내에서 반일 여론은 높았다.

하지만 벚꽃은 살아남았다. "일본이 밉다고 나무를 베어버리는 것은 야만에 불과하다"는 이성의 목소리가 치졸한 복수심을 이겨냈기 때문이다.

말뚝을 뽑아내고, 교가를 바꾸고, 애국가를 없애고, 지리산에서 자라고 있는 일본 철쭉을 제거해버려도 과거의 역사적 사실들은 일점일획도 달라지거나 없어지지 않는다. 오히려 과거에 있었던 부끄럽고 고통스런 역사를 있는 그대로 받아들이는 담대한 용기야 말로 진정으로 역사를 바로 세우기 위한 첫걸음이다.

아프가니스탄에서 권력을 잡은 탈레반은 2000년 5월 이슬람에 대한 모욕이라면서 세계 최대 크기의 불교 문화유산인 바미안 석불들을 로켓포로 파괴해버렸다. 그들의 행위는 전 세계의 경악과 조롱을 샀다. 그들은 '알라의 뜻'을 외쳤다.

요즘 대한민국에선 '민족정기'를 외치는 탈레반들이 너무나 많다.

누가 진짜 민족반역자인가

기이한 느낌이 든다. 도대체 왜 우리 사회는 해방된 지 75년이 지난 지금까지도 친일파 논쟁에 발목이 잡혀 쩔쩔매고 있는 걸까.

일제시대에 어린아이였던 사람을 친일파로 단죄할 순 없으니 해방 당시 최소한 20살 이상이었어야 논란의 대상이라도 될것이다. 당시 20살이면 지금은 96살이다. 살아있는 사람이 거의 없다는 얘기다.

2020년 7월 11일 99세의 나이로 숨진 6·25 전쟁영웅 백선엽은 생존자로 논란이 됐던 거의 마지막 인물일 것이다.

그는 일제시대-해방-정부수립-6·25전쟁-산업화-민주화로 이어지는 격동의 세월을 모두 살았던 '친일파'이자 '전쟁영웅'이었다. 그의 삶은 '친일논란'이 왜 복잡할 수밖에 없는지를 말해준다.

백선엽은 3·1운동 다음해인 1920년 11월 평안도에서 태어나 홀어머니 밑에서 자랐다. 생활고에 시달리던 어머니는 백선엽이 어릴 때 가족동반자살을 시도했지만 실패했다. 그 뒤 어머니와 누이들의 노동으로 생계를 꾸렸다.

백선엽은 평양사범학교를 졸업해 교사가 됐다. 하지만 군인이 되려고 다시 만주 봉천군관학교에 입학했고 1941년 12월 졸업했다.

1943년, 백선엽은 간도특설대 소대장으로 배치됐다. 만주에서 무장 항일투쟁을 하던 팔로군(중국공산당), 동북항일연군(중국공산당+조선인)

등 공산당 계열 빨치산을 토벌하는 부대였다.

마침내 1945년, 역사의 물줄기가 방향을 틀었다. 일본군 중위였던 백선엽은 25살에 해방을 맞았다. 그는 평양으로 돌아가 민족주의자 고당 조만식 선생의 비서가 됐다. 그게 일본군 장교로 근무한 과거에 대한 참회였는지, 아니면 물타기였는지 알 수는 없다. 둘 다였을 것이다.

북한에서 김일성이 권력을 강화하자 그는 월남했다. 남한에서 군사영어학교 1기를 졸업하고 국방경비대 중위로 임관했다.

6·25전쟁이 터지자 그의 군사적 재능이 빛을 발했다. 낙동강 방어선인 경북 칠곡 다부동에서 북한군을 막아내 부산을 사수하고 반격의 계기를 만드는 공을 세웠다.

그는 32살의 나이에 대한민국 최초로 대장에 진급했다. 태극무공훈장과 미국 은성무공훈장도 받았다. 북한 입장에서 보면 그는 적화통일을 막은 철천지원수다.

백선엽은 박정희도 살렸다. 군내 남로당 총책으로 몰려 사형위기에 처한 박정희를 구해줬다. 불명예제대를 한 그를 문관으로 채용해 6·25가 터졌을 때 곧바로 군에 복귀할 수 있게 했다. 박정희를 미워하는 사람들 입장에서는 백선엽의 또 다른 죄과일 것이다.

전쟁 중이던 1952년 백선엽은 전남 광주 송정리에 전쟁고아들을 위한 '백선 유아원'을 세웠다. 이 유아원은 '백선 바오로의 집'으로 명칭이 바뀌었지만 지금도 천주교 수녀회가 정신지체 아동시설로 운영 중이다.

하지만 부정적인 모습도 있다. 그는 동생 백인엽이 1980년 선인학원 사학비리 혐의로 구속되자 구명운동을 벌였고 학원의 국가헌납도 막았다.

백선엽은 2008년~2009년 '민족문제연구소'와 '친일 반민족행위진상규명위원회'에 의해 친일 반민족 행위자로 규정됐다. 젊은 시절 간도특설대에 있었다는 이유에서다.

그래도 백선엽은 주한미군 사령관이 부임하면 가장 먼저 찾아가는 한미동맹의 상징이었고 대한민국 장성들에겐 6·25의 살아있는 신화였다. 유언에 따라 그의 시신은 6·25전쟁 당시의 군복을 수의로 입고 땅속에 묻혔다.

돌이켜 보면 백선엽의 삶은 긍정과 부정, 자랑스러움과 부끄러움이 끊임없이 교차하는 모순된 것이었다. 어쩌면 그가 살았던 시대 자체가 모순이었는지도 모른다.

백선엽이 일본군 장교로 복무한 건 20대 초반이던 1942년~45년이다. 그중 간도특무대에서 2년 반을 보냈다. 그것이 그가 저지른 과오다.

하지만 그는 낙동강 방어전에서 승리해 한반도의 공산화를 막았다. 4·19때는 군대를 동원해 이승만을 보호하는 대신 군의 정치적 중립을 지켰다. 한·미동맹을 튼튼하게 했고 대한민국 군인들에게는 승리하는 군인의 표상이 됐다.

공교롭게도 박정희도 백선엽과 판박이의 행로를 걸었다.

1917년생인 박정희는 대구사범학교를 나와 교사생활을 하다 1940년 만주 신경군관학교新京軍官學校에 들어갔다. 그는 일본에 충성한다는 혈서를 썼고 최우등으로 졸업해 일본 육사에 편입했다. 일본 이름은 다카키 마사오高木正雄였다.

1944년 일본 육사 졸업과 동시에 박정희는 관동군 소위로 배치돼 1년 남짓 복무하다 28살의 나이에 해방을 맞았다.

둘 다 가난한 집안의 아들로 태어나 공부를 잘해 사범학교에 갔고, 출세를 하기 위해 일본 군인이 됐고, 20대 초반에 짧은 일본장교 생활을 했다는 공통점이 있다.

이제 질문을 해봐야 한다.

과연 식민지에서 태어나고 성장했던 백선엽과 박정희가 20대의 나이에 짧은 기간 일본군으로 복무했다는 사실이 그들의 전체 삶을 부정할 만큼 용서받지 못할 과오인가. 만일 그런 식의 기준으로 누군가의 삶을 재단하면 버텨낼 수 있는 사람은 몇 명이나 될까. 어느 누가 그렇게 한 점 부끄러움 없는 삶을 살아왔을까.

몰랐겠지만, 당신의 아버지도 친일파였다

2004년 4월 제17대 총선에서 압승한 뒤 열린우리당 신기남 의장은 곧바로 "친일 반민족 진상규명법을 개정하겠다"고 밝혔다. 친일 반민족 행위자의 범위를 넓히겠다는 것이다. 기다렸다는 듯 일제시대 육군 소위 이상은 친일파이며 국립묘지에서 친일파들의 무덤을 파내야 한다는 주장이 쏟아져 나왔다. 국립묘지에 묻힌 박정희를 겨냥한 거였다.

하지만 열린우리당의 친일청산은 예상치 못한 역풍을 맞았다.

신기남 의장 본인의 부친이 일제시대에 악명 높았던 일본군 헌병 오장伍長(하사)이었다는 사실이 드러난 것이다. '민족정기를 세우는 의원모임'의 회장으로 친일청산을 소리 높여 외쳤던 김희선 의원 부친도 만주 공안국 특무경찰이었다는 주장이 제기됐다. 그리고 당 상임중앙위원이자 문광위원장인 이미경 의원 아버지는 일본 황군의 헌병이었다. 친일청산을 떠들어대는 사람들의 조상들 중에도 '친일파'가 적지 않았던 것이다.

결국 신기남 의장이 몇 달 만에 자리에서 물러나자 기세 높던 '친일청산론'은 슬그머니 뒷전으로 사라져 버렸다.

일본이 지배했던 긴 세월 동안 한반도에서 목숨을 부지하며 살아갔던 사람들을 지금의 관점에서 본다면 비판할 게 많을 것이다. 하지만 우리가 그들의 후손이라는 사실도 부인할 수 없다.

만일 백선엽을 친일파로 규정한다면 일제시대에 흥남도청 농업계장을 지낸 문재인 대통령의 부친은 뭐라고 불러야 할까. 민주당 홍영표 의원의 경우 할아버지가 일제시대 중추원 참의를 지냈고 친일인명사전에도 등재돼 있다. 그렇다면 그를 원내대표로 선출했던 민주당은 또 뭔가.

일제시대 대표적인 친일파 지식인인 육당 최남선과 춘원 이광수도 내막을 파고 들어가면 고개를 갸우뚱하게 만드는 게 한두 가지가 아니다.

1890년생인 최남선은 와세다 대학 유학 도중 동맹휴학 사건으로 퇴학을 당했다. 고국으로 돌아온 그는 18살의 나이에 최초의 근대잡지인 「소년」을 창간했고 「새별」「청춘」 등을 만들었다. 하지만 불온한 (독립)사상을 전파시킨다는 이유로 조선총독부에 의해 차례로 폐간됐다.

1919년 최남선은 29살의 나이에 3·1 만세운동 민족대표 49인에 들어가 기미독립선언서를 작성했다. "오등吾等은 자玆에 아조선我朝鮮의 독립국獨立國임과 조선인朝鮮人의 자주민自主民임을 선언宣言하노라"로 시작되는, 교과서에 나오는 명문이다. 이로 인해 2년 넘게 감옥생활을 하고 나온 뒤에도 잡지와 신문사를 창간하는 등 독립정신을 고취시키는 활동을 했다.

그가 친일파로 전향한 건 1927년 조선총독부의 '조선사편수위원회'에 참여하면서부터다. 한일합방 이후 17년을 버티다 결국 변절을 한 것이다.

1892년생인 이광수도 첫 출발은 독립운동이었다. 1919년 3·1운동에 앞서 일본 유학생들이 벌인 2·8 독립선언문을 쓴 사람이 이광수였다. 그는 중국 상해로 건너가 임시정부의 독립신문을 운영했다. 그의 스승이 도산 안창호다.

이광수는 귀국해 동아일보 편집국장 등을 지냈고 1937년 독립정신을 고취시키기 위해 지식인들이 조직한 '수양동우회' 사건으로 감옥에 갔다. 그는 수형생활을 하던 도중 변절했다. 그의 정신적 지주였던 안창호가 1938년 사망한 것도 영향을 미쳤을 것이다. 1939년 이광수는 조선신궁神宮을 참배했고 그 이듬해 가야마 미쓰로香山光郞로 창씨개명했다. 해방을 불과 5년 앞둔 시점이었다.

조선을 대표하는 지식인이었던 최남선과 이광수의 친일은 명백한 사실이다. 그들이 독립운동을 했었기에 배신감도 더 크다. 둘 다 해방 후 반민특위에 의해 구속됐다 풀려났다.

그런데 이해하기 힘든 게 있다. 백범 김구와 독립운동가 장준하가 이들을 감쌌기 때문이다.

1957년 최남선이 병사하자 장준하는 사상계 12월호에 〈육당 최남선 선생을 애도함〉이라는 특집기사를 냈다.

"한때 선생의 지조에 대한 세간의 오해도 없지 않았다. 그러나 선생의 본의가 어디까지나 이 민족의 운명과 이 나라 문화의 소장에 있었음은 오늘날 이미 사실로서 밝혀진 바요, 항간에 떠도는 요동부녀妖童浮女들의 억설과는 전혀 그 궤를 달리하는 것이다."

최남선의 친일은 민족과 문화를 지키기 위한 것이었으니 비난하면 안 된다고 주장한 것이다.

또 다른 충격적인 사실은 독립운동의 상징인 김구의 『백범일지白凡逸志』를 윤문한 사람이 친일파 이광수라는 것이다.

『백범일지』는 1929년과 1943년에 김구가 쓴 두 권의 자전적 일기를 해방이 되고나서 1947년 이광수가 정리한 것이다. 이 같은 사실은 백범의 아들 김신이 1994년 아버지의 친필원본을 공개함으로써 확인됐다.

백범일지에서 가장 유명한 글은 '나의 소원'이다. 교과서에도 실렸다.

"네 소원이 무엇이냐"하고 하느님이 물으시면, 나는 서슴지 않고
"내 소원은 대한독립이오"하고 대답할 것이다.
"그 다음 소원이 무엇이냐"하면 나는 또 "우리나라의 독립이오"할 것이요.

하지만 이 글은 백범이 아니라 이광수가 창작했다는 게 정설이다. 이광수는 '나의 소원'에 나오는 문화국가론과 유사한 글들을 다른 잡지들에도 여러 차례 기고했었다.

도대체 장준하는 왜 최남선이 민족을 위해 친일을 했다고 주장했을까. 백범 김구는 어째서 친일파 이광수에게 자서전을 맡긴 것일까.

당사자들이 모두 세상을 떠났으니 자세한 내막을 알 도리는 없다. 하지만 후손인 우리는 과연 그 시대의 진실을 얼마나 제대로 알고 있는 건지, 심각한 의문이 든다.

도대체 누구를 위한 단죄인가

민족문화연구소가 2009년 11월 공개한 친일 인명사전에는 모두 4776명의 친일파 명단이 수록돼 있다. 1948년 출범한 반민특위가 문제 삼았던 친일 행위는 682건이었는데 무려 7배 이상 늘어난 것이다.

일제시대가 막 끝난 뒤 그 시대를 겪었던 동시대인들에 의해 지목된 친일파보다 50년 이상 세월이 흐른 뒤 후손들에 의해 친일파로 규정된 사람들의 숫자가 훨씬 많은 것이다. 이걸 어떻게 해석해야 할까.

2009년에 친일 인명사전을 만들었던 후손들이 실제로 일제시대를 살았던 조상들보다 친일파에 대해 더 잘 알기 때문인가, 아니면 무조건 친일파의 숫자를 늘려놓고 그것을 꾸짖고 단죄하기만 하면 민족정기가 되살아날 것이라고 착각한 것인가.

일제시대에는 분명히 악질적인 친일파들이 있었다. 하지만 그들은 이미 무덤에 들어가 백골이 된지 오래다. 연좌제가 적용되는 게 아니니 조상이 친일을 했다고 해서 그 책임을 자손들에게 물을 수도 없다. 물론 왕족을 포함해 나라를 팔아먹은 매국노들이 일제로부터 하사받은 토지 등을 찾아내 국고에 귀속시키는 노력은 한층 가열차게 진행돼야 할 것이다.

하지만 귀족진보는 친일논란을 정치적으로 악용하면서 걸핏하면 매국과는 아무런 상관이 없는 멀쩡한 국민들을 토착왜구로 몰아붙인다. 그러는 게 무슨 엄청난 애국 행위라도 되는 양 거들먹거리면서 말이다.

『태백산맥』을 쓴 작가 조정래는 "일본 유학을 다녀오면 무조건 친일파가 된다"면서 "반민특위는 민족정기를 위해, 왜곡된 역사를 바로잡기 위해 반드시 부활시켜야 한다"고 말했다. 그의 주장에 따르면 대한민국에는 친일파가 무려 150만 명이나 된다. 일본의 대표적인 극우파 대학인 고구시칸國士館대학을 졸업한 문재인 대통령의 딸 문다혜는 당연히 그 안에 포함돼 있을 것이다.

그러니 앞으로 친일파 소리를 듣지 않으려면 일본유학은 절대로 가면 안 될 것이다. 친미파나 친중파가 되기 싫으면 미국과 중국에도 가면 안 된다. 이래저래 어느 나라로든 유학을 가면 안 될 것이다. 그래야 민족정기를 한 몸에 구현하는 민족주의자, 애국자가 될 테니 말이다.

21세기 글로벌 시대? 다 헛소리다. 대한민국 젊은이들이여, 우리 모두 나라의 문을 꽁꽁 걸어 잠그고 민족정기를 지키며 살아가자.

이렇게 주장하는 것인가. 그러다 패망한 조선을 그대로 따라가자는 것인가?

21세기의 민족반역자는 누군가. 진정한 민족정기를 훼손하는 자들은 또 누구인가. 그리 멀리 있지 않다. 민족이 겪었던 역사의 아픈 상처를 자꾸 헤집고 왜곡해 정치적인 이득을 챙기려는 자, 국민의 감정을 자극해 책을 팔아먹고 성금을 받아내는 자, 대한민국을 갈라파고스의 섬처럼 고립된 곳으로 만들려는 자….

그들이 대한민국 청년들의 미래와 나라를 망치는 민족반역자들이다.

그들의 이름은 귀족진보다.

역사는 반드시 그들에게 죄를 물을 것이다.

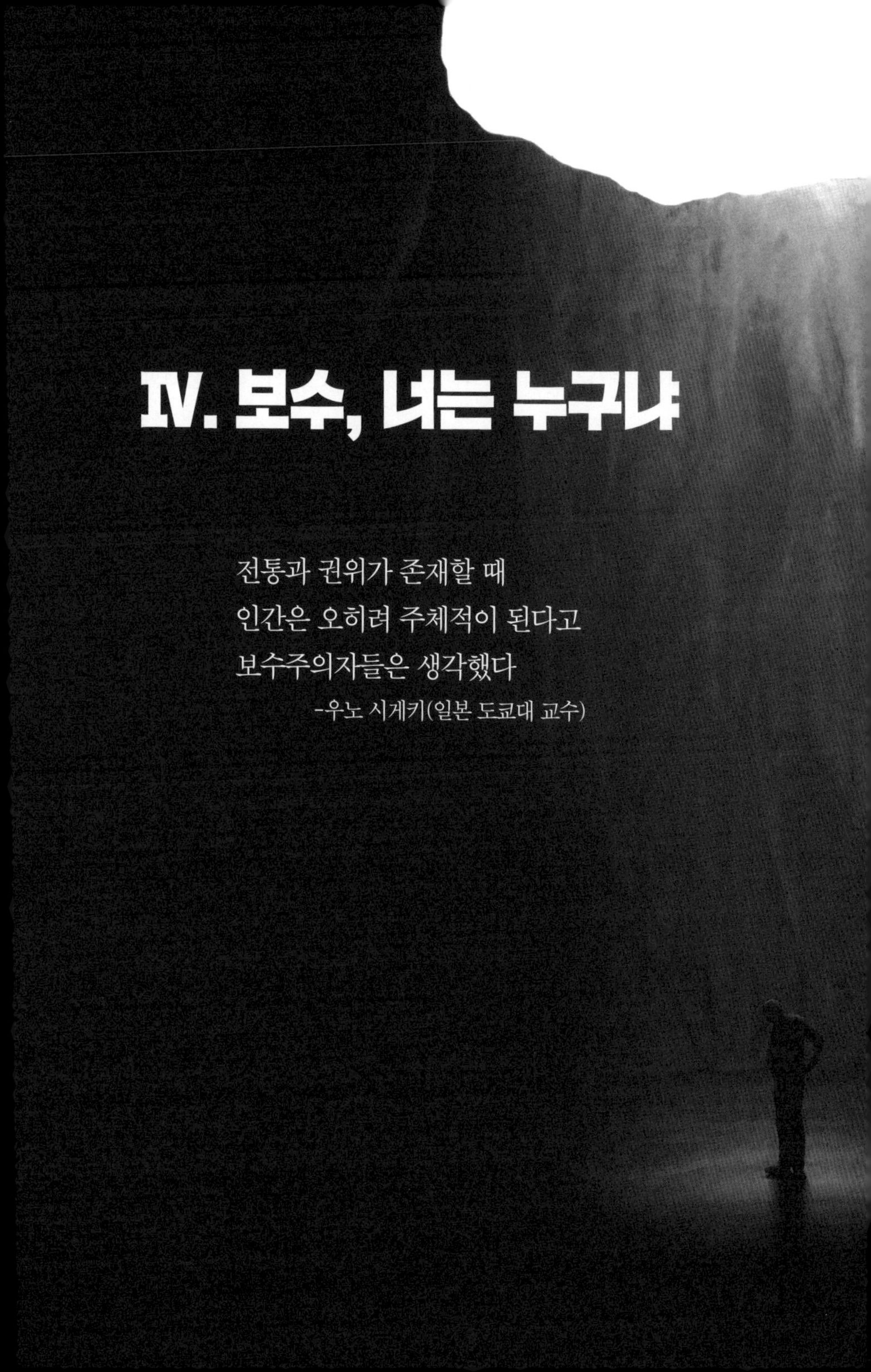

IV. 보수, 너는 누구냐

전통과 권위가 존재할 때
인간은 오히려 주체적이 된다고
보수주의자들은 생각했다
-우노 시게키(일본 도쿄대 교수)

보수우파와 진보좌파에 대한 오해

요즘 대한민국에서 진보는 상종가다. 진보라고 하지 않으면 시대에 뒤떨어진 것처럼 여겨지는 세상이 왔다. 심지어는 "나 강남진보야"라며 으스댄다. 그게 "나 위선자야"라는 고백과 별반 다르지 않다는 사실을 인식하지 못한다.

그에 반해 스스로 '보수'라고 인정하는 건 그 자체로 창피하고 부끄러운 일이 돼버렸다. 보수는 '나쁜 놈'일 뿐 아니라 '후진 놈'이 된 것이다.

특히 4·15 총선에서 민주당이 (사실상) 180석의 절대다수 의석을 차지하자 밴드웨건bandwagon(선거마차를 따라다니는 사람들처럼 분위기에 편승한 군중심리) 효과까지 겹치면서 '진보=선'이고 '보수=악'이라는 정서가 널리 퍼져가고 있다.

어찌 보면 사회 분위기를 그렇게 만들어 놓은 것이야말로 진보가 거둔 가장 값진 승리인지도 모른다. 국민들이 보수의 정책이 아니라 '보수 자체'를 혐오하게 됐으니 말이다.

길을 잃어버렸을 때의 원칙이 있다. 처음 장소로 돌아가 다시 시작하는 것이다. 지금 보수에게 가장 시급한 것도 초심으로 돌아가 스스로의 정체성을 되돌아보는 일이다. 나는 무엇 때문에 보수를 선택했는가. 보수의 철학과 가치는 무엇인가. 21세기 대한민국 보수의 소명은 무엇인가.

묻고 또 물어야 한다. 다시 말해 "보수, 너는 누구냐?"라는 질문에 대한 답을 스스로 찾아가야 하는 것이다. 그 물음에 답변할 수 있어야 비로소 진보가 덮어 씌워놓은 '보수는 후진 놈' 프레임을 떨쳐버릴 수 있을 것이다.

그렇다면 보수는 과연 어떻게 역사의 무대에 등장하게 됐는지, 거기서부터 이야기를 시작해보자.

보수의 시조始祖는 영국의 철학자이자 정치가인 에드먼드 버크(1729~1797)다. 프랑스에서 벌어진 혁명을 지켜보던 버크가 1790년 『프랑스 혁명에 관한 성찰Reflections on the Revolutions in France』이라는 책을 통해 역사상 처음으로 보수철학을 집대성했기 때문이다.

그는 여기서 기존 질서와 제도를 한꺼번에 파괴하고 새로운 세상을 건설하려는 시도는 아무리 대의명분이 고상해도 결국 더 큰 부작용을 불러일으킨다고 역설했다. 인간은 역사와 전통을 존중하고, 정당한 권위를 수용하고, 법과 질서를 지킴으로서 더 인간다워지고 행복해질 수 있다는 것이다.

버크는 혁명 같은 급격한 변화에 반대했지만 개혁을 거부한 것이 아니었다. 오히려 "변화의 수단을 갖지 않은 국가에겐 자신을 보존할 수단도 없다"고 강조했다. 스스로를 보존하기 위한 개혁이 필요하다는 것이다. '보수保守하려면 개혁改革해야 한다'는 보수주의의 역설적 신조는 거기서 탄생했다.

버크 이전에는 누구도 역사와 정치, 철학과 미학, 종교까지를 아우르며 보수적 가치의 중요성을 강조한 사람이 없었다. 버크를 통해 '보수주의'는 비로소 인간의 삶과 행동에 영향을 미치는 이데올로기로서 자리잡게 된 것이다.

정작 버크가 살아있는 동안에는 '보수'라는 단어가 없었다. 그가 사망하고 21년이 흐른 1818년 프랑스에서 르네 샤토브리앙이 「보수주의자」라는 잡지를 창간하면서 '보수'라는 단어가 회자되기 시작했다.

보수의 출발점이 버크의 이론이라면 진보는 이론보다 현실로서 먼저 세상에 모습을 드러냈다. 1789년의 프랑스 혁명이 진보의 상징이다. 혁명은 계몽주의와 공상적 사회주의의 영향을 받았지만 폭정에 대한 자연발생적 저항의 성격이 짙었다. 이론에 기초한 것이 아니었다.

진보의 이론은 훗날 칼 마르크스(1818~1883)에 의해 체계화 됐다. 마르크스는 인류가 원시공산제-노예제-봉건제-자본주의를 거쳐 궁극적으로 공산주의를 향해 간다고 주장했다. 역사 5단계 발전법칙에 따라 진보의 최종목표가 공산주의임을 명백히 한 것이다.

마르크스의 공산주의가 진보와 결합하자 보수는 자본주의를 껴안았다. 보수로선 혁명으로 기존 질서를 타도하고 공산주의로 가자는 입장을 받아들일 수 없는 게 당연했다. 이로써 '보수=자본주의', '진보=공산주의'라는 구도가 형성된 것이다.

하지만 보수와 진보는 '보수우파', '진보좌파'라는 이름으로 불리기도 한다. 그건 왜 그럴까.

프랑스 혁명으로 루이16세가 쫓겨난 뒤 국민공회(의회)가 소집됐다. 여기서 의장석 왼쪽에 앉은 자코뱅파는 왕의 처형을 요구했다. 적과 내

통했다는 것이다. 하지만 오른쪽의 지롱드파는 증거가 없다며 반대했다. 당시 자코뱅의 로베스피에르는 다음과 같은 유명한 연설을 했다.

"왕은 무죄일지 모른다. 그러나 그를 무죄라고 선언하는 순간 혁명은 유죄가 된다. 이제 와서 혁명을 잘못이라고 할 수 있는가? 왕을 죽여야 한다. 혁명이 죽을 수는 없기 때문이다."

투표는 찬성(387표)이 반대(334표)보다 많았고 루이16세는 처형됐다. 이때부터 온건파를 우파Right, 과격파를 좌파Left로 부르게 된 것이다.

우파와 좌파는 앉은 자리뿐 아니라 경제적인 이해관계도 근본적으로 달랐다. 우파인 지롱드파는 부르주아 중심의 자본가들이었다. 이들은 '사유재산'을 강조했다. 반면 좌파인 자코뱅파는 '상퀼로트'라고 불린 수공업자, 소상인, 노동자 등 빈곤층이 많았다. '사유재산 철폐'가 이들의 모토였다.

'우파'와 '좌파'는 쉽게 구분이 가능하다. 자본주의의 근간인 사유재산을 인정하고 자유를 강조하면 우파, 공산주의가 추구하는 사유재산 철폐와 평등을 지지하면 좌파라고 할 수 있다.

이에 따라 자본주의를 지지하는 보수와 우파는 '보수우파'로 합쳐졌고, 혁명을 원했던 진보와 좌파는 '진보좌파'로 불리게 된 것이다. 양쪽의 입장을 정리하면 다음과 같다.

▷보수우파=개혁, 자본주의, 시장경제, 사유재산 인정, 자유

▷진보좌파=혁명, 공산주의, 계획경제, 사유재산 철폐, 평등

우리가 흔히 하는 착각이 있다. '진보좌파'가 평화와 개혁을 지향한다

고 생각하는 것이다. 그렇지 않다. 역사를 돌아보면 그들은 평화주의자가 아니었다. 개혁이 아니라 혁명을 통해 기존 체제를 뒤집어야 한다는 것이 '진보좌파'의 주장이었기 때문이다.

복지제도도 마찬가지다. 진보좌파의 전유물인 걸로 오해하기 쉽지만 사실이 아니다. 복지제도를 역사상 처음 도입한 건 독일의 보수정치인 비스마르크(1815~1898)였다. 철혈재상鐵血宰相 비스마르크는 빌헬름 1세를 도와 독일 통일을 완성한 막강한 권력자였다. 그가 노동자들을 위한 복지제도를 밀어붙이자 자본가들이 항의했다. 그 때 비스마르크가 했다는 유명한 말이 있다.

"만일 그렇게 하지 않으면 (혁명이 일어나) 당신들은 모든 걸 잃게 될 것이다."

보수주의 철학을 체계화한 영국의 버크보다 86년 뒤 태어난 비스마르크 역시 '보존하기 위해서는 개혁해야 한다'는 사실을 정확히 인식하고 있었던 것이다.

세계사를 살펴보면 개혁은 '보수우파'가 줄기차게 추구해 온 가치였다. '진보좌파'가 혁명을 하겠다고 덤벼들 때마다 '보수우파'는 개량주의라는 비웃음을 무릅써가며 개혁을 통해 세상을 하나씩 바꿔왔다.

하지만 공산주의가 자체 모순에 의해 소멸해 버리자 '진보좌파'는 어쩔 수 없이 개혁과 평화를 앞세우며 방향을 선회하게 된다. 그 과정을 알아보자.

주사파도 외치는 진보개혁

엄밀히 따지면 '보수우파'와 '진보좌파'라는 용어는 처음부터 논리적인 결함을 안고 있었다. 보수는 모두 우파고, 진보는 모두 좌파라고 할 수 없기 때문이다. 예를 들어 자본주의를 지지하지만 혁명에 가까운 급진적 변화가 필요하다고 생각하는 진보성향 우파가 있을 수 있다. 반면 공산주의와 평등을 꿈꾸지만 혁명보다는 개혁을 선호하는 보수성향 좌파도 얼마든지 가능하다.

그럼에도 불구하고 '보수우파'와 '진보좌파'는 19~20세기 인류역사를 이끌어 간 자본주의와 공산주의라는 양대 흐름을 대변하는 용어로 특히 대한민국에서는 광범하게 사용돼 왔다.

하지만 소련이 탄생하고 중국과 동유럽에서 공산주의 국가들이 등장한 이후부터 의문이 제기되기 시작했다. 일단 권력을 잡고나자 공산주의는 '진보'가 아니라 철저하게 체제와 기득권을 수호하는 '수구'로 돌변했기 때문이다.

첫 번째 충격은 1950~60년대에 동유럽 헝가리, 폴란드, 체코에서 터져나온 '자유화 운동'이었다. 수많은 시민과 노동자들이 길거리로 쏟아져 나와 공산당의 압제에 저항하는 시위를 벌였다. 공산당은 탱크를 동원해 이들을 유혈 진압했다.

'인민의 낙원'이라던 소련의 실상도 경악스럽긴 마찬가지였다. 한줌도 안 되는 공산귀족 '노멘클라투라'가 모든 권력과 부를 독차지하고 있다는 사실이 확인됐기 때문이다. 그후 터져나온 중국의 천안문시위나 왕조국가 북한의 현실 역시 공산주의를 결코 진보라고 부를 수 없음을 보여주는 사례라고 할 것이다.

1991년 소련의 몰락과 함께 마침내 공산주의가 붕괴했다. 전 세계 진보좌파 진영은 충격에 휩싸였다. 철석 같이 믿었던 마르크스의 공산주의가 결국 엉터리였다는 사실을 받아들일 수밖에 없게 됐기 때문이다. 이해가 간다. 자신이 믿던 종교가 가짜라는 걸 알게 됐을 때 신도들이 느끼는 허탈함과 상실감. 그 비슷한 감정이었을 것이다.

유럽에서 가장 강성이던 이탈리아 공산당은 곧바로 해산해버렸다. 소련에 우호적이던 유럽의 좌파 정당들도 하나 둘 문을 닫았다. 공산주의와 함께 '진보좌파' 역시 동반 몰락하게 된 것이다.

그 이전까지만 해도 자본주의의 멸망을 예언하는 진보적인 학자들이 수두룩 했다. 하지만 이제는 아무도 계획경제나 평등한 분배를 통해 새로운 세상이 건설된다고 주장하지 않는다. 여전히 마르크스주의에서 헤어나지 못한 사람들이 있긴 하지만 극소수일 뿐이다.

『21세기의 자본』을 쓴 프랑스의 토마 피케티처럼 자본주의의 부작용과 문제점을 신랄하게 지적하는 학자들은 여전히 존재한다. 하지만 이들 역시 자본주의 이외의 다른 대안을 제시하는 건 아니다. '보수우파'와 '진보좌파'가 200년 넘게 벌였던 경쟁은 결국 '보수우파'의 완승으로 끝난 것이다.

공산주의가 멸망한 뒤 스스로 '진보좌파'를 주장하던 사람들은 곳곳으로 흩어졌다. 환경, 여성, 노동, 인권, 원자력 반대, 전쟁반대, 정부감시, 평화운동 등 다양한 시민운동과 결합한 것이다. 1990년대 이후 전 세계적으로 시민운동이 폭발적으로 증가하게 된 것은 통합된 이데올로기로서의 공산주의가 붕괴해 버린 시대적 상황이 영향을 미쳤다고 할 수 있다.

대한민국에서도 유사한 상황이 전개되고 있다.

과거의 '진보좌파'는 물론 주체사상에 빠져있는 '주사파'들까지도 자신들이 진보개혁세력이라고 주장하기 시작한 것이다. 좌파성향 시민단체들이 다양한 이름을 앞세우며 우후죽순처럼 늘어난 것도 그런 흐름과 무관하지 않을 것이다.

진보좌파가 됐든 주사파가 됐든 과거를 청산하고 대한민국 헌법의 틀 속에서 개혁에 동참하겠다면 환영할 일이다. 혁명을 포기하고, 김일성에 대한 숭배에서 벗어났다면 말이다.

하지만 이들이 자신들이야말로 개혁의 대변자이고 보수우파는 반개혁이라는 프레임을 만들어 유포하고 있는 건 어처구니가 없다. 갈 곳 없는 손님을 받아주자 주인을 몰아내고 안방을 차지한 꼴이기 때문이다.

그런데도 대한민국 보수는 개혁이야말로 보수가 추구해 온 본질적인 가치라는 사실을 잊어버린 채 진보가 짜놓은 프레임에 갇혀 쩔쩔매고 있는 것이다. 참으로 못난 보수다.

보수는 진보에 왜 패했나

2020년 4·15 총선을 앞두고 선거 전문가들은 대부분 여야의 박빙승부를 예상했다. 코로나19 정국이 길어지면서 여론조사는 계속 민주당 우세로 나왔지만 전문가들은 다르게 봤다. 2016년 총선, 2017년 대선, 2018년 지방선거까지 세 번을 민주당이 내리 이겼기 때문에 유권자들이 네 번 연속 같은 당을 밀어주지는 않을 거라는 분석이 많았다.

게다가 민주당은 국민들에게 거짓말을 했다. 불합리한 준연동형비례대표제를 밀어붙여놓고 이에 반발한 야당이 비례정당을 창당하자 민주당은 "선거법 개정 취지에 어긋나는 천벌을 받을 일"이라며 자신들은 절대로 비례정당을 창당하지 않겠다고 공언했다. 하지만 선거에서 의석이 줄어 들 것이란 예측이 나오자 대국민 약속을 헌신짝처럼 던져버리고 비례정당을 만들었다.

과거에는 이렇게 속이 뻔히 들여다보이는 꼼수를 쓰는 정당은 국민들의 심판을 받았다. 그게 상식이다.

하지만 4·15 총선은 달랐다. 유권자들은 집권 여당에 전체 의석 300석 중 무려 180석을 몰아줬다. 거기에다 열린민주당의 비례 3석, 정의당 6석, 전북의 무소속 당선자(이용호) 1석을 포함하면 실질적으로 집권당에 우호적인 의석수는 190석으로 불어난다.

민주당은 6월 5일 야당을 빼놓고 단독으로 국회를 개원했다. 여당 혼자 국회를 연 것은 박정희 정권 때인 1967년에 이어 헌정사상 두 번째다. 이때 본회의장에 참석한 의원들 숫자가 193명. 친여권 의석의 총 합계를 그 정도라고 보면 될 것이다. 헌법 개정 발의가 가능한 200석에서 불과 7석이 모자라는 압도적 다수다.

도대체 어떻게 이런 일이 벌어졌을까. 유권자들은 왜 약속을 지키지 않는 진보여당을 응징하지 않고 오히려 상을 줬을까.

물론 거기에는 앞서 살펴본 대로 코로나19 때문에 생긴 안정추구 심리와 다른 선진국들보다 한국이 대응을 잘했다는 평가가 큰 영향을 미쳤다. 하지만 보수에 대한 유권자들의 환멸감, 다시 말해 "아무리 진보가 못해도 보수를 찍기는 싫다"는 정서가 없었다면 선거 결과는 달라졌을 것이다.

잇딴 선거 패배로 기가 죽은 보수 야당을 너무 야멸차게 몰아붙이고 싶지는 않다. 하지만 보수가 도대체 왜 선거에서 졌고, 무엇 때문에 국민들로부터 환멸을 받는지는 알아야 할 것이다.

너와 손잡느니 차라리 지고 말겠다?

4·15 총선 때 보수야당을 대표한 건 미래통합당이었다. 박근혜 대통령이 탄핵된 뒤 새누리당에서 자유한국당으로 바뀌었다가 총선 두 달 전 개혁보수세력 일부를 끌어안아 출범한 당이다.

그런 미래통합당이 기록적인 패배를 하게 된 첫 번째 이유를 들라면 황교안 대표의 리더십 결여를 꼽을 수밖에 없다. 박근혜 정부에서 총리였던 황 대표는 대통령 탄핵과 보수의 추락에 대해 누구보다 책임이 큰 당사자다. 그런 인물을 앞세워 총선을 치른 것이다. 대통령이 탄핵당한 게 왜 총리 책임이냐고 반문할 수도 있다. 다음과 같은 이유에서다.

2016년 7월 26일 TV조선이 박근혜 정부를 쑥대밭으로 만들 기사를 터뜨렸다.

"미르재단이 설립 두 달 만에 대기업에서 500억 가까운 돈을 모았다. 안종범 정책조정수석이 깊이 관련돼 있다. 삼성, 현대, SK, LG, 롯데 등 자산총액 5조원 이상 16개 그룹 30개 기업이 돈을 냈다"는 내용이었다.

청와대 수석과 대기업들의 실명이 거론된 이 정도 기사가 나가면 청와대는 물론 총리실도 발칵 뒤집히게 마련이다.

황 총리가 그때까지는 청와대에 '비선실세'가 있다는 사실을 몰랐을 수도 있다. 하지만 적어도 언론보도 이후에는 최순실의 존재를 파악하게 됐을 것이다.

대통령을 보좌하고 내각을 통괄하는 권력서열 2위인 총리는 적극적으로 사태를 수습했어야 한다. 박근혜 대통령과 만나 상황을 파악하고, 최순실을 대통령으로부터 격리시키고, 청와대와 정부가 타격을 덜 받도록 정치력을 발휘했어야 한다. 그게 총리의 정상적인 역할이다.

황 총리는 그걸 못했다. 싫은 사람을 향해 눈에서 레이저를 쏜다는 대통령이 두려워서 그랬는지, 상황을 풀어갈 능력이 없었던 건지, 원래부터 실권 없는 허수아비였던 건지, 알 수는 없다. 하지만 총리로서, 정치인으로서 중대한 결격사유임은 분명하다.

박근혜 정부는 TV조선의 첫 보도가 나온 뒤에도 대책 없이 우왕좌왕하다 JTBC의 태블릿 PC보도가 터지자 맥없이 무너져 버렸다. 따라서 당사자인 박근혜, 최순실을 제외한다면 탄핵사태까지 가는 과정에서 황 총리의 책임이 결코 가볍다고 할 수 없다.

그의 리더십 한계는 당 대표가 된 뒤에도 달라지지 않았다.

황 대표는 4·15 총선에서 비례대표로 나갈지, 지역구로 출마할지를 놓고 막판까지 미적댔다. 그러다 민주당 이낙연 대표가 "종로에서 승부를 겨뤄보자"고 공개적인 도전장을 던지자 마지못해 끌려 나갔다.

총사령관이 이처럼 나약한 모습을 보이는데 일선의 사기가 올라갈 리 만무하다.

미래통합당은 선거과정 내내 민주당에 끌려 다녔다. 선거 역사상 처음으로 여당이 아니라 '야당을 심판하자'는 슬로건이 선거판을 휩쓸었으니 더 이상 할 말이 없다.

미래통합당이 총선에서 대패한 두 번째 원인은 공천실패다.

총선은 지역구에서 치르는 작은 전투들의 종합이다. 253개 지역구에 경쟁력 있는 후보들을 내보내면 해 볼만 한 싸움이 되는 것이다. 게다가 보수는 2016년 총선 때도 공천 잡음으로 선거를 망친 전력이 있다. 이번엔 달라졌을 것이란 기대가 있었다. 하지만 헛된 바람이었다.

인천에서는 공천이 확정돼 선거운동을 하던 후보가 당내 파벌 싸움

끝에 느닷없이 다른 후보로 교체됐다. 서울 관악에서는 노인 폄하 발언을 했다는 이유로 투표 일주일 전에 후보가 당 지도부에 의해 제명됐다. 선거 역사상 처음 있는 일이다. 그게 끝이 아니다. 미래통합당은 선거를 불과 이틀 앞두고도 자기당 후보를 또 제명했다. 세월호와 관련, 막말을 했다는 이유에서였다.

이런 사태가 벌어진 건 애초에 공천이 잘못됐기 때문일 수도 있고 중앙당이 과잉 대응한 것일 수도 있다. 이유가 무엇이든 유권자들이 보수를 찍고 싶어도 도저히 그럴 수 없는 분위기를 조성한 것만은 분명하다.

보수야당에게도 기회가 없었던 건 아니다.

박근혜 탄핵 때 갈라졌던 비박非朴계 인사들이 합류하면서 미래통합당으로 뭉쳤을 때다. 하지만 황교안, 홍준표, 유승민, 김무성, 오세훈, 나경원, 원희룡 등 보수를 대표했던 정치인들이 서로 손잡고 "한 번만 더 보수 재건의 기회를 달라"고 호소하는 장면은 끝내 연출되지 않았다.

보수를 살려야 한다는 대의大義보다는 서로가 갖고 있던 감정적 앙금과 정치적 이해관계가 더 중요했기 때문일 것이다. 와각상쟁蝸角相爭, 그야말로 달팽이 뿔 위에서 자기들끼리의 싸움이었을 뿐이다.

보수를 제대로 못해 망해놓고

선거과정에서 드러난 미래통합당의 리더십 부재와 공천갈등, 당내 불화 등은 어쩌면 부차적인 것인지도 모른다. 선거가 끝나고 난 뒤 비로소 보수야당의 가장 심각하고 근본적인 문제가 확인됐기 때문이다.

누군가의 진면목은 잘 나갈 때 보다는 위기상황에서 드러난다. 기업, 정당, 국가가 다 마찬가지다. 그렇다면 미래통합당은 선거에서 패배한 뒤 어떤 모습을 보여줬을까. 조선일보 최보식 기자는 당시 분위기를 다음과 같이 지적했다.

"선거 참패의 충격은 이해하지만, 요 며칠 사이 나오는 보수 야당과 관련된 비판 발언들은 뭔가 이상하다. '낡은 보수 이념을 버려야 산다'느니 '보수 가치가 시대 흐름에 뒤처졌다'고 말한다. 보수 가치가 낡았다면 표를 얻기 위해 정당 간판을 진보정당으로 바꿔 달자는 것인가. (중략) 선거 패인에 대한 치열한 논쟁, 자기반성과 성찰은 반드시 필요하다. 당 체질 개선을 위해 뼈를 깎는 노력이 뒤따라야 한다. 하지만 중심을 잡아야 한다. 가치 전도顚倒와 자해 소동까지 가는 것은 옳지 않다. 잠깐 유행에 편승해 팔랑귀처럼 움직여선 안 된다. 아무리 선거에 참패하고 저쪽 표가 많아 보여도 보수로서 지켜야 할 선을 허물면 안 된다. 보수당을 찍은 유권자들은 '그동안 내 상식이 옳다고 생각했지만 이제는 내가 잘못 살아왔나, 의문을 갖게 됐다'고 말하고 있다." (조선일보 2020년 4월 24일자)

이 칼럼이 적시한 대로 당시 미래통합당에서는 자학自虐이 난무했다.

보수 이념을 버리자는 주장도 여기저기서 터져 나왔다. 캄캄한 극장에서 "불이야"라고 소리를 지르면 놀란 관객들이 한꺼번에 빠져나오려다 깔려 죽는 사람이 더 많다고 한다. 4·15 총선 직후의 미래통합당이 딱 그랬다.

워낙 큰 패배를 당해 충격을 받았다고 해도 어이는 없다. 보수를 버리자면서 보수정당에 남아 있는 이유는 뭔가. 보수 유권자들이 얼마나 황당해 할지 한 번 생각은 해봤나.

무엇보다 보수의 이념과 가치가 낡고 시대에 뒤쳐졌다는 주장 자체가 말이 안되는 것이다. 전통과 질서를 존중하면서 점진적인 개혁을 통해 더 나은 세상을 만들어 갈 수 있다고 믿는 게 보수의 정신이자 철학이다. 혁명으로 다 뒤집자는 세력에 맞서려면 보수는 끊임없이 개혁을 할 수밖에 없다. 그것이 보수의 성실성이고 보수의 숙명이다. 그런 보수가 어떻게 낡고 시대에 뒤처질 수 있단 말인가.

이런 터무니없는 말들이 난무하는 것은 보수정치를 한다면서도 사실은 보수에 대한 아무런 확신이 없기 때문일 것이다.

4·15 총선은 대한민국 보수정치의 문제점을 여실히 보여줬다. 스스로 지켜가야 할 가치와 이념을 망각하고, 그것을 반드시 수호하겠다는 신념과 용기를 잃어버린 모습. 국민들은 그걸 목격했다. 자기 자신도 확신하지 못하는 이념을 남들에게 믿어 달라고 할 수는 없는 것이다.

분명히 해두자. 대한민국 보수는 보수여서 망한 게 아니다. 보수를 제대로 하지 못했기 때문에 망했다.

2020년 내내 우왕좌왕하던 보수에게 2021년과 함께 봄이 오는 것 같기는 하다. 문재인과 귀족진보의 무능과 위선을 국민들이 서서히 깨닫기 시작하면서 보수에 대한 지지율도 조금씩 상승하고 있다. "보수를 버리자"고 외치던 보수정치인들도 쑥 들어가 버렸다.

문제는 이런 변화가 보수야당이 잘해서가 아니라 반사이익에 불과할 뿐이라는 것이다. 견고하지 못하다. 또 다른 바람이 불면 언제든지 날아가 버릴 수 있다.

스스로 보수保守해야 할 가치에 대한 확신이 없는 보수가 과연 기회를 잘 살릴 수 있을까. 국민들에게 자신감과 긍지를 불어넣어 주면서 대한민국이 가야 할 길을 제시할 수 있을까. 물가에 내놓은 아이처럼 보수가 여전히 불안하기만 한 건 그런 의구심 때문이다.

무엇을 할 것인가

4·15 총선에서 압승한 민주당은 안하무인이다.

국회를 53년 만에 단독 개원하고 법사위원장을 비롯해 여야 협상으로 배분하던 17개 상임위원장 자리도 독차지해 버렸다. 여야 합의가 필수인 공수처(고위공직자범죄수사처)법도 단독 처리했다.

청와대와 정부도 다르지 않다. 장관들은 국회에서 질의에 답변하는 대신 설교를 늘어놓기 일쑤다. 청와대 수석들은 온갖 핑계로 출석을 거부한다. 모두가 독재정권 말기에 나타났던 모습들이다.

민주당은 총선에서 180석이나 얻었으니 세상이 모두 자기 것 같을 것이다. 그러니까 앞으로 20년을 더 집권하겠다느니, 진보가 50년을 더 해야 세상이 바뀐다느니 하는 헛소리를 거리낌 없이 뱉어대는 것이다.

하지만 대한민국 정치가 그리 호락호락하지는 않다. 과거 선거를 보면 음지가 양지되고, 양지가 음지로 변한 게 한두 번이 아니다.

2004년 4월에 치러진 제17대 총선에서는 집권여당인 열린우리당이 압승했다. 선거 직전 민주당에서 분당한 열린우리당의 의석은 불과 47석이었다. 하지만 총선에서 129석을 확보해 순식간에 제1당으로 부상했다.

당시 국회 다수당이던 한나라당이 노무현 대통령 탄핵을 밀어붙인 데 대한 거부감이 열린우리당 몰표로 이어진 것이다.

하지만 4년 뒤 치러진 2008년 18대 총선에서는 정반대 상황이 벌어졌다. 그 사이 이명박 정부가 들어선 여파도 있었겠지만 보수여당이 137석을 차지했고(한나라당 131석+친박연대 6석) 진보야당인 통합민주당(열린우리당 후신)은 66석으로 주저앉았다. 말 그대로 반토막이 난 것이다.

2016년 치러진 제20대 총선 때도 집권당인 새누리당은 선거 직전까지 압승을 자신했었다. 하지만 불과 105석을 얻어 110석을 확보한 민주당에게 제1당 자리까지 내줬다. 만일 새누리당이 다수당을 지켰다면 박근혜 탄핵 사태는 벌어지지 않았을 것이다.

2020년 4·15 총선에서 진보에게 대패한 뒤 보수는 완전한 무기력에 빠져 버렸다. 전의를 상실한 채 공포에 질린 모습이 역력했다.

하지만 불과 몇 년 전만 해도 보수는 전혀 다른 모습이었다. 정의당 노회찬 의원은 2014년에 보수를 다음과 같이 평가했다.

"자신의 생존법을 터득하며 진화해 왔다. 살아남기 위해 YS와 손잡았고, 비록 실패로 끝났지만 당대의 개혁적 인물인 대쪽판사를 영입했다. 또한 MB를 내세워 반정치, 친경제 이미지를 선점하고, MB정권 내내 대립각을 세웠던 박근혜 후보를 내세워 정권교체 효과까지 보면서 반MB 열풍을 잠재웠다. 제1야당이 2등의 기득권에 자족해하고 진보정당들이 자멸해 가는 동안 새누리당은 1등 아니면 죽는다는 각오로 혁신을 거듭했다." (노회찬, 구영식, 『대한민국 진보, 어디로 가는가』, 비아북, 2014)

보수의 요즘 처지를 생각하면 뜬금없는 소리처럼 들린다. 하지만 당시에는 진보의 경직성을 비판하고 보수의 생명력을 칭찬하는 노회찬의 분석에 동조하는 사람들이 적지 않았다.

그랬던 보수가 불과 몇 년 사이에 왜 이런 꼴이 돼버린 것일까.

기업은 3대째가 가장 위험하다고 한다. 아버지가 창업에 성공하면 아들은 맨주먹으로 시작한 아버지보다는 잘해야 한다는 책임감에 최선을 다한다. 하지만 처음부터 금수저로 태어난 손자는 자기가 누리는 모든 혜택을 당연한 것으로 착각하고 흥청대다 회사를 망가뜨린다는 것이다.

대한민국 보수도 마찬가지인 것 같다.

공산주의와 전쟁까지 치르며 지켜낸 나라, '한강의 기적'을 일궈낸 대한민국을 물려받은 보수는 금수저를 물고 태어난 재벌그룹의 손자처럼 아버지와 할아버지 세대가 쏟았던 피와 땀의 의미를 이해하지 못했던 것 같다. 그 세대가 나라를 보수保守하기 위해 살았던 치열한 삶을 외면한 채 등 따뜻하고 배부른 주류主流의 삶을 느긋하게 즐기기만 했다. 그런 세상이 언제까지나 계속될 것이라고 안이하게 생각했기 때문일 것이다.

그렇게 흥청망청 여름을 살던 보수에게 이솝 우화에서처럼 겨울이 찾아왔고 마침내 베짱이의 초라한 신세가 되어버린 것이다.

진보를 흉내내는 보수

보수는 이제 새 출발을 해야 한다. 아무도 그걸 부인하지 않는다. 문제는 '어떻게'다.

일각에서는 실용주의를 하자고 한다. 심지어 "보수라는 단어는 쓰지도 말자"는 말도 나온다. 보수라는 게 부끄러우니 숨겠다는 것이다. 과연 그것이 해법이 될 수 있을까.

실용주의를 처음 언급한 건 이명박 전 대통령이었다. 그는 2007년 8월 한나라당 대통령 후보로 선출되자 "보수 대신 실용주의로 가겠다"고 선언했다. 대통령이 된 뒤에는 선진화, 실용경제, 실용외교를 외쳤다. 그래서 어떻게 됐나.

진보는 "재벌을 편들려는 꼼수"라고 냉소했다. 보수는 "실용의 실체가 뭐냐"며 불안해했다. 결국 이명박은 집토끼도, 산토끼도 다 놓쳤다.

실용적이지 말자는 게 아니다. 이상주의를 앞세우는 진보와 달리 보수는 원래 현실적이고 실용적인 걸 추구한다. 하지만 아무리 실용을 앞세워도 보수의 정체성을 지켜가면서, 보수적 가치에 걸맞게 하라는 것이다.

보수가 진보가 주장하는 정책들을 몇 개 가져다 쓴다고 해서 국민의 마음이 돌아서진 않는다. 그래봐야 '짝퉁'이기 때문이다. 스스로를 부끄러워하며 진보를 흉내 내는 보수를 유권자들이 선택할 이유가 없다.

4·15 총선이 끝나자 보수에서는 차기 대선후보에 대한 발언들이 쏟아졌다.

김종인 비대위원장은 총선 두 달 뒤 비례대표 초선들과의 오찬에서 "차기 대선 주자로 누구를 생각하느냐"는 질문이 나오자 요리연구가 백종원 씨를 언급했다. 그는 기업인이자 다수의 TV 프로그램 등에 출연하는 유명인사다. 하지만 정작 백씨는 "나는 지금 일이 재밌고 (대선은) 꿈도 꿔본 적 없다"고 일축해버렸다.

야권의 대선주자 얘기는 돌고 돌아 문재인 대통령이 임명한 윤석열 검찰총장과 최재형 감사원장, 김동연 전 기재부장관의 이름까지 거론되고 있다. 실제로 윤 검찰총장은 추미애 법무장관과 당당히 맞서는 모습을 보여주면서 한때 지지도가 급상승하기도 했다.

보수의 조급함이 이해는 간다. 네 번 연속 선거에서 졌는데 차기 대선에서 또 패배한다고 생각하면 눈앞이 캄캄할 것이다. 하지만 치열한 혁신과 변화 없이, 그럴듯한 후보 하나만 잘 내세우면 대선에서 승리할 수 있고, 보수도 부활할 수 있다고 생각한다면 그야말로 착각일 뿐이다.

그런 식으로 대선에서 승리했다고 치자. 그 권력이 얼마나 유지될 것 같은가. 아마 6개월을 넘기기 힘들 것이다. 절대다수 의석을 가진 민주당과 진보 시민단체들의 집중공격에 새 대통령은 곧바로 레임덕 상태에 빠지고 말 것이다.

이미 전례가 있다.

2007년 12월 19일 치러진 대선에서 한나라당 이명박 후보는 민주신당 정동영 후보에게 530만 표라는 사상 최대의 표차로 승리했다. 또 다른 보수인 무소속 이회창 후보 역시 355만 표 이상을 얻었다. 둘을 합치면 보수가 진보보다 무려 900만표 가까이 더 얻은 것이다. 투표 결과로만 보면 "보수의 세상이 열렸다"고 해도 아무도 이의를 제기할 수 없는 상황이었다.

하지만 2008년 4월, 이명박 정부가 출범한 지 불과 두 달 만에 광우병 사태가 터졌다. 미국산 쇠고기를 먹으면 광우병에 걸린다는, 논리적 근거는 하나도 없는 그야말로 악랄하기 짝이 없는 선동이었다. 그 후 몇 달 동안 도심 일대는 밤마다 시위대의 물결로 뒤덮였다. 이명박 정부는 출범과 동시에 결정타를 맞고 휘청대더니 집권기간 내내 야당과 시민단체에 끌려 다녔다.

보수를 대변하고 있는 '국민의힘'이 정치공학적 환상에서 벗어나기를 바란다. 차기 대선에서 어떻게 해서든 승리해야 하겠지만 보수 대통령을 당선시킨다고 해서 보수 전체가 부활할 수 있는 건 아니다.

그 이전에 보수가 달라졌다는 걸 국민들에게 입증해 보여야 한다. 보수가 잊고 있던 변화와 개혁의 DNA를 다시금 장착해야만 한다. 젊은이들이 스스로 보수라고 말하는 게 부끄럽지 않도록 보수 정치인들은 물론 교수, 작가, 예술인, 언론인 혹은 그 누가 됐든 보수 가치에 동참하는 기성세대부터 먼저 "나는 보수를 지지한다"고 커밍아웃하는 용기를 보여줘야 한다.

그것이야말로 보수 재건운동의 출발점이 될 것이다. 그래야 비로소 2022년 3월에 치러질 차기 대선에서 승리를 향한 실낱같은 희망이라도 품을 수 있다.

말과 타이밍이 정치다

2020년 8월 국회본회의장, 미래통합당(국민의힘 전신) 초선의원 윤희숙은 엉겁결에 스타가 됐다. 누구도 예상 못한 일이었다. 본회의장은 3분의 1 이상 비어있었다. 민주당이 임대차법을 일방적으로 통과시키는 데 항의해 미래통합당 의원들은 퇴장한 상태였다. '자기편'이 떠나버린 회의장에서 윤희숙은 혼자 남아 민주당 의원들을 상대로 5분간 연설을 토해냈다.

"저는 임차인입니다"로 시작하는 연설에서 그는 마구잡이식 부동산 입법의 부당성과 그로 인해 임대인과 임차인 모두가 겪게 될 어려움을 조목조목 짚어냈다.

마지막 외침은 "도대체 무슨 배짱으로 이런 것들을 점검하지 않고 법으로 달랑 만듭니까. 민주당은 우리나라 전세 역사와 부동산 정책 역사, 민생 역사에 오래도록 기억될 것입니다"였다.

윤희숙의 연설에 국민들은 열광적인 반응을 보였다. 부동산을 잡겠다며 수십 차례 엉터리 대책을 발표하고, 집주인과 세입자 모두를 '죄인'으로 만들어 놓은 문재인 정부에 대한 분노 때문이었다. 울화통이 치밀어 오르는데 변변히 하소연조차 하지 못했던 국민들의 심정을 초선 국회의원 한 명이 대변한 것이다.

윤희숙이 쓴 『정책의 배신』은 역주행을 하며 베스트셀러가 됐다. 인터넷에선 '2021년 4월에 열릴 서울시장 보궐선거에 출마시키라'는 주문이 쏟아지기도 했다.

윤희숙은 정치인이 스타가 되는 비결이 결코 특별하거나 먼 곳에 있지 않다는 사실을 일깨워줬다. 국민들의 답답하고 억울한 심정을 필요할 때, 정확하게 대변하는 것. 그것이 최고의 비결인 것이다.

정치의 요체는 결국 말과 타이밍timing이다. 필요한 순간에 필요한 말을 할 줄 아는 능력이 정치인의 역량이기 때문이다.

정치인은 아니지만 평론가 진중권은 평가라는 것이 얼마나 극적으로 달라질 수 있는지를 보여주는 사례다. 그는 지난 수십 년간 보수층에게 가장 비호감이었던 인물 중 하나였다. 하지만 요즘 인터넷에서 진중권은 보수층으로부터 '매력적'이라는 찬사까지 받고 있다.

진중권이 잘생겨서 그러는 건 아닐 것이다. (당사자가 기분 나빠하지 않으리라 믿는다.) '귀족진보'의 타락과 위선, 모순된 언행을 거침없이 지적하는 그의 용기를 보면서 보수층이 느낀 카타르시스가 호감으로 전환된 것이다.

평가는 이렇게 극적으로 변하기도 한다. 따라서 보수 정치인들도 너무 기죽을 필요는 없다.

인기를 끌려는 노력은 연예인에게만 필요한 게 아니다. 정치인들이야말로 어떻게 해서든 유권자들의 사랑을 받기 위해 혼신의 노력을 기울여야 한다. 보수정치인들은 그동안 그런 노력을 등한시하거나 노력하는 것 자체를 쑥스러워 했었다. 이젠 달라져야 한다.

국민들의 사랑을 받는 방법은 생각보다 간단하다. 두 가지를 열면 된다. 귀와 마음이다. 국민들이 왜 힘들어 하는지, 무슨 말을 하고 싶은 건지를 경청하는 것이 출발점이다. 듣는 척만 하지 말고 진심으로 마음의 문을 열고 들어야 한다. 어떤 정책과 입법을 통해 국민들의 고통을 해결할 수 있을지 고민해야 한다. 그런 걸 하라고 국회의원 뽑아준 것 아닌가.

민초들의 절박한 심경을 제대로 대변할 줄 아는 정치인들이 새로운 스타로 등장하는 시대가 이미 왔다. 보수에서 제2, 제3의 윤희숙은 얼마든지 나올 수 있다. 아직도 기회는 많다.

보수, 용기를 내자

앞에서 나는 보수를 이솝우화에 나오는 베짱이에 비유하며 비판했다. 하지만 과연 그럴 자격이 있는지 자괴감도 든다. 나 역시 한평생 보수성향인 중앙일보에서 기자생활을 했고, 편집국장까지 지냈으니 보수가 지금 겪고 있는 좌절과 방황에 대해 일정 부분 책임이 있는 게 분명하기 때문이다.

돌이켜보면 나를 포함한 보수진영의 가장 큰 문제는 용기 부족이다. 보수의 가치와 철학을 믿으면서도 그것을 적극적으로 주장하지 않기 때문이다. 스스로를 보수라고 시인하는 경우도 거의 없다. 그래서 대한민국에는 온통 진보지식인들만 존재하는 것 같은 착각을 불러일으키는 것이다.

한신대 교수 윤평중은 "한 사회가 쌀 한 톨 생산하지 못하는 지식인들을 대접해 주는 이유는 지식인들이 말과 글로써 '검은 건 검고, 흰 건 희다'고 언표하는 존재들이기 때문"이라면서 "검은 걸 희다고 하고, 흰 걸

검다고 하는 지경으로 타락하는 것은 지식인의 죽음을 의미한다"고 말했다.

맞는 얘기다. 하지만 검은 걸 희다고 주장하는 권력에 맞서지 않고 침묵 하고 있는 것도 죽음과 별반 다를 바 없을 것이다.

문재인 정부가 출범하고 난 뒤 대한민국은 거짓말 공화국이 돼버렸다. 기초생활보호대상자보다 적은 한 달 60만원의 생활비로 살아간다는 여당 국회의원은 자식을 연간 학비가 수천 만 원인 외국인 학교에 보내고, 의정활동 기간에 병가를 내 해외여행을 다닌다. 그는 장관이 됐다.

어찌된 셈인지 청문회만 열었다 하면 부동산투기를 질타하던 진보 정치인들의 공개되지 않은 아파트와 땅들이 쏟아져 나온다.

대법원장은 온 국민에게 새빨간 거짓말을 하더니 그것이 들통 나자 "불분명한 기억이 죄송"하단다.

정권의 말에 고분고분한 판사와 검사와 기자는 '개혁세력'이라는 영광의 반열에 오르고, 정권에 이의를 제기하면 모두 '개혁대상'으로 전락한다.

분명해진 게 있다. 대한민국은 이제 '아시아의 4마리 용'에서 '바나나 리퍼블릭'으로 추락하고 있다. 이런 시대에 입을 다물고 있는 건 결국 양심에 대한 범죄를 저지르는 것이다.

그래서 쌀 한 톨 생산하지 못하는 나도 용기를 내어 말과 글로써 귀족진보의 위선·무능·종북 그리고 그 뻔뻔스러움에 맞서는 대열에 동참하고자 한다.

'보수는 악, 진보는 선'으로 치부되는 이상한 시대가 열렸지만 그럴수록 보수가 자신감을 잃지 말고 용기를 내 주기를 바란다. 그 첫걸음은 스스로 보수임을 당당하게 밝히는 것이라고 믿는다. 보수를 부끄러워 해야 할 악인 것처럼 몰아가는 귀족진보의 선전선동에 맞서 결연히 싸우는 것이다.

이렇게 외친다. "나는 보수다. 인민민주주의가 아니라 자유민주주의를, 북한 김일성 세습왕조가 아닌 공화국 대한민국을 사랑하는 우리의 이름은 보수다."

에필로그

진보와 보수, 1.0시대를 끝내자

대한민국 역사상 처음으로 탄핵을 당한 대통령 박근혜는 비유적으로 말하자면 '아버지 박정희의 무덤'이 됐다. 딸의 정치적 미숙함과 어리석음으로 인해 아버지가 이룩했던 놀라운 경제적 성취는 크게 빛이 바랬다. 이승만의 건국에서부터 시작됐던 대한민국의 보수 1.0이 박근혜에서 끝나버린 것이다.

진보도 사정은 크게 다르지 않아 보인다. 대통령 문재인은 어쩌면 오늘의 그를 만들어준 '노무현의 무덤'이 될지도 모른다. 문재인 정권에 대한 환멸이 종국적으로는 진보의 상징인 노무현 전대통령에 대한 거부감으로 이어질 수도 있기 때문이다. 아무래도 1987년 민주화와 함께 시작됐던 진보 1.0 역시 종말이 멀지 않은 것 같다. 부디 문재인 정권과 586귀족진보의 집권을 끝으로 투쟁과 반목의 시대 역시 마무리되기를 바란다.

그동안 낡은 보수 1.0과 낡은 진보 1.0은 적대적 공생관계를 맺어왔다.

한때는 보수가 진보에게 '빨갱이 딱지'를 붙여 집권의 정당성을 챙겼다. 이제는 진보가 보수에게 '적폐 딱지'를 붙인 뒤 정권 장악의 정당성을 주장한다. 서로를 잡아먹을 듯 미워하지만 서로를 필요로 한다. 둘 다 낡았고, 둘 다 철저한 기득권이다.

낡은 보수에 이어 낡은 진보가 몰락에 접어 든 것은 대한민국을 위해서는 축복이다. 이제는 보다 '품격 있는 보수'와 좀 더 '양심적인 진보'가 등장하기를 바란다. 낡고 진부함을 떨쳐버린, 최신식으로 업그레이드 된 보수와 진보 말이다.

국민들은 그동안 양 진영 모두에 대해 기대와 실망을 지겹도록 반복해야 했다. 누가 집권하든 보수와 진보가 진화하지 않으면 똑같은 악순환이 반복될 뿐이다.

보수와 진보가 지금까지와는 다른 차원에서 서로 경쟁하며 보다 나은 정치를, 경제와 사회를 만들어 가기를 진심으로 기대한다. 대한민국이 제2의 조선이 되지 않으려면 그래야만 한다. 21세기다. 이제는 정말 제대로 된 민주주의를 경험하고 싶다.

문재인 정부와 586 귀족진보의 문제점을 지적하는 책을 써야겠다는 생각은 오래전부터 해왔다. 그 생각을 실행에 옮기게 된 건 지난해 4·15 총선 때문이었다.

네 번 연속 패배한 보수야권에서는 "낡은 보수를 버리자" "보수라는 단어는 쓰지도 말자"라는 등의 주장이 난무했다. 기가 막혔다. "보수의 정신이 뭔지 고민이나 해 보고 저런 말을 하는 걸까"하는 심경이었다. 귀족진보가 짜놓은 '진보=선, 보수=악'이라는 틀에서 헤어 나오지 못하는 보수 정치인들의 모습이 안쓰럽기도 하고 밉기도 했다.

나는 운동권 대학생에서 출발해 기자가 됐고 지난 30여 년간 사회부,

정치부 기자와 워싱턴 특파원 등으로 우리 시대의 현장을 지켜보며 살아왔다.

그 세월의 경험을 통해 내가 도달한 결론은 전통이 부여하는 권위를 존중하고, 법과 질서를 지켜나가려는 보수의 이념과 그것을 실천해가는 보수의 품격이야말로 인간을 더 주체적이 되게 하고 세상을 더 살만한 곳으로 만든다는 것이다. 대한민국 보수가 지리멸렬하고 있는 이유는 보수여서가 아니라 보수를 제대로 실천하지 못하고 있기 때문이다.

급진적 변화를 추구하는 진보의 이념 또한 시대적 상황에 따라 중요한 역할을 하기도 했었다. 하지만 불행하게도 지금 대한민국에서 횡행하고 있는 귀족진보, 그리고 종북從北진보는 진보가 아니라 퇴보일 뿐이다.

실의에 빠져있는 보수에게 이 책을 통해 "보수, 기죽지 말고 제대로 된 보수의 길을 찾아가자"라고 말하고 싶었다. 그런 나의 생각이 제대로 잘 표현되고 전달됐기만을 바랄 뿐이다.

평생의 벗인 중앙일보 칼럼니스트 남정호는 책을 처음 구상할 때부터 마무리를 할 때까지 조언과 격려를 아끼지 않았다. 좋은 친구와 한평생을 할 수 있다는 것은 행복한 일이다.

중앙일보 입사 동기이고 지금은 시사저널 편집인인 전영기는 첫 챕터를 읽자마자 "혼자 박수도 치고 감탄도 했다. 어서 책을 마무리하라"고 말해줬다. 그의 독려가 큰 힘이 됐다. 임동욱 교수와 출판인인 친구 박정태, 후배 천영식도 원고를 읽은 뒤 미처 생각하지 못했던 부분들을 지적해줬다. 감사드린다.

도서출판 백년동안은 '진보라는 유행'과 상관없이 보수 필진들의 책을 끊임없이 출판해 보수의 정신과 품격을 지켜나가려 애쓰고 있다. 그 노력이 언젠가는 반드시 빛을 볼 것이라고 믿는다. 근무시간을 넘겨가면서 원고를 정리하고 다듬어준 편집자, 디자이너에게도 감사의 말씀을 전한다. 이 책은 그들과 나의 공동작업이다.

이밖에도 많은 사람들로부터 영감과 통찰을 얻었고, 조언을 들었지만 논쟁적 성격이 강한 이 책의 특징상 그들의 이름을 하나하나 언급하는 것은 오히려 부담을 줄 것 같아 마음속의 감사로만 대신하겠다.

마지막 인사는 가족들에게 돌아가야 할 것이다. 가족은 묘한 존재여서 언제나 가장 강력한 비판자이자 든든한 지원자이기도 하다. 아내와 아이들은 원고를 읽어주고, 우려를 전달하고, 힘을 내라고 격려하는 그 모든 수고스러운 일들을 가족이란 이름으로 기꺼이 떠맡았다.

잘못된 내용이 독자들에게 전달되지 않도록 하기 위해 나는 저자로서 최선을 다했다. 원고를 읽어준 모든 분들과 편집진도 마찬가지였을 것이다. 하지만 만일 책에 문제가 있다면 그것은 전적으로 나의 책임일 뿐이다.

2021년 2월

일산 식사동 서재에서 창밖에 성큼 다가온 봄을 바라보며

두 번 다시, 경험하고 싶지 않은 나라

펴낸날 초판 1쇄 2021년 3월 5일
초판 4쇄 2021년 3월 18일

지은이 김종혁
펴낸이 김광숙
펴낸곳 백년동안
출판등록 2014년 3월 25일 제406-2014-000031호

주소 경기도 파주시 광인사길 22
전화 031-941-8988 팩스 070-8884-8988
홈페이지 http://www.백년동안.com
이메일 on100years@gmail.com

ISBN 979-11-86061-76-3 03340

* 이 책은 방일영문화재단의 지원을 받아 저술·출판되었습니다.